Ihre Lebenserinnerungen hat Lina Haag 1944, noch vor ihrer Befreiung vom Nationalsozialismus, niedergeschrieben. Sie wurden bereits 1947 – zeitgleich und im selben Verlag, in dem Eugen Kogons berühmtes Buch »Der SS-Staat« erschienen war – veröffentlicht. Seitdem sind viele Auflagen im In- und Ausland erschienen.
Erzählt wird die bewegte Lebensgeschichte von einer mutigen Frau, die selber aktive Kommunistin gewesen war. Sie war mit dem Journalisten Alfred Haag verheiratet, der als jüngster KPD-Abgeordneter im Stuttgarter Landtag saß. Schon während der Weimarer Republik wurden beide von der politischen Polizei und vor allem aber von den Nationalsozialisten heftig verfolgt.
Nach dem Regierungswechsel im Jahre 1933 wurde Alfred Haag ins KZ Dachau geworfen und anschließend in andere Lager verschleppt. Auch Lina Haag wurde verhaftet und viereinhalb Jahre lang festgehalten. Es gelingt ihr, sich herauszuwinden. Schließlich schafft sie es mit dem Mute der Verzweiflung, bis zu Heinrich Himmler, dem Reichsführer SS und Chef der Deutschen Polizei, vorzudringen, um dort für die Freilassung ihres Mannes zu kämpfen. Er wird tatsächlich »freigelassen« und zur »Bewährung« an die Ostfront geschickt, wo er überlebt.
Die Lebensgeschichte von Lina Haag legt Zeugnis ab für den Widerstandswillen und den intensiv genutzten Handlungsspielraum einer einzelnen im Nazistaat. Axel Eggebrecht nannte dieses Buch ein »document humain« in der geistigen Situation der unmittelbaren Nachkriegzeit.

Lina Haag wurde 1907 als ältestes Kind einer Arbeiterfamilie in Hagkling/Württemberg geboren. Nach der Schule war sie Hilfsarbeiterin. 1929 ging sie als Kindermädchen für zwei Jahre nach Buenos Aires. Nach ihrer Rückkehr wurde sie Mitarbeiterin ihres späteren Mannes. 1933 wurde sie verhaftet und in verschiedene Gefängnisse und Konzentrationslager geworfen. 1937 wird sie aus dem KZ Lichtenburg entlassen und findet Arbeit in einer Berliner Metallfabrik. 1940 besteht sie ihr Examen als Krankengymnastin am Berliner Charité-Krankenhaus und arbeitet anschließend in verschiedenen Lazaretten. – Lina Haag lebt als Rentnerin in München.
Alfred Haag war nach dem Krieg Sekretär der Lagergemeinschaft Dachau, Mitglied des Internationalen Dachau-Komitees und im Landesvorstand der VVN Bayerns; er starb 1982.

Barbara Distel ist Publizistin und Leiterin der KZ-Gedenkstätte Dachau. Zusammen mit Wolfgang Benz gibt sie seit 1985 die »Dachauer Hefte« heraus.

Lina Haag

Eine Handvoll Staub

Widerstand einer Frau
1933–1945

Mit einem Nachwort
von Barbara Distel

Fischer Taschenbuch Verlag

Die Zeit des Nationalsozialismus
Eine Buchreihe
Herausgegeben von Walter H. Pehle

Neuausgabe
Veröffentlicht im Fischer Taschenbuch Verlag GmbH,
Frankfurt am Main, August 1995

Die Erstausgabe erschien 1947 im Nest-Verlag,
zuletzt 1977 im Röderberg-Verlag, Frankfurt am Main

Gesamtherstellung: Clausen & Bosse, Leck
Printed in Germany
ISBN 3-596-12619-3

Gedruckt auf chlor- und säurefreiem Papier

I.

Garmisch, im Mai 1944, Hotel Riessersee

Ich bin seit kurzem hier, Heilgymnastin im Lazarett. Das Hotel ist jetzt Lazarett, mußt du wissen. Unsere Berliner Wohnung ist ausgebombt, sonst würden sie mich nicht versetzt haben. Kätle habe ich zu den Eltern getan. Von dir weiß ich immer noch nichts.
Das schreibe ich dir jetzt wohl schon ein dutzendmal. Auch wenn es sinnlos ist, es hilft ein wenig, wenn ich dir schreibe. Untertags geht es noch, da hat man Arbeit. Schlimm sind die Abende.
War nicht Garmisch immer unser Traum? Sollte nicht auch unsere Hochzeitsreise über Garmisch gehen, die seit siebzehn Jahren geplante Hochzeitsreise? Befiehl du deine Wege! Sonderbare Wege. Was soll man davon halten. Warum trifft es denn gerade uns so schwer? Siehst du, so fängt die Nacht an, mit solchen Fragen, die schlaflose, endlose Nacht. Wenn ich den Kopf hebe, sehe ich über einem weißen Gipfel den ersten Stern. Wildbäche rauschen ins Tal. Garmisch im Mai. Das haut hin, sagen unsere Landser, wenn sie kommen. Ja, das haut hin.
Heute sind wieder dreißig fort, an die Front. Unausgeheilt, aber kv. Dafür kann der tüchtige Stabsarzt wieder eine Weile bleiben. Der Wundertäter, der durch Handauflegen heilt wie im Alten Testament oder im Neuen: Und ich sage dir, mein Sohn, steh auf und geh! Ich habe ihm Röntgenbilder vorgelegt von denen, die heute fort sind. Gehorsamst, ohne viel Worte. Die Bilder waren deutlich genug. Trotzdem nützte es nichts. Kein einziger Marschbefehl wurde zurückgenommen. Die Lieferung mußte weg. Die Front braucht Helden. Es war nichts zu machen. Im Gegenteil. Wahrscheinlich hat ihn nur mein Aussehen etwas irritiert, sonst hätte er mich bestimmt angepfiffen. So blieb es bei dem üblichen Hinweis auf den Endsieg. Daß es hier auch im Mai 44 immer noch schöner ist als in einem Feldlazarett bei Tarnopol, sagte er nicht. Dafür sagte er: »Für den Endsieg ist kein

Opfer zu groß!« Ich habe die Röntgenbilder in eine Ecke geworfen und bin in meine Mansarde hinaufgegangen. Ich muß das niederschreiben, sonst platze ich. Sonst schreie ich doch noch einmal alles hemmungslos heraus. So weit bin ich jetzt. Völlig fertig.
Es war zuviel in diesen letzten Jahren. Die Einzelhaft hat mich aufgerieben. Ich spüre es. Ich werde jeden Tag weniger. Die Angst gibt mir den Rest. Seit Monaten keine Post von dir. Ich frage die Verwundeten aus, die von der Ostfront kommen. Es könnte ja sein, daß einer irgend etwas weiß von deiner Formation. Nein, sie wissen nichts. Sie wissen nur, daß es drunter und drüber geht.
Die Mutter schreibt von neuen Verhaftungen daheim. Man habe sich auch nach meiner Adresse erkundigt, schreibt sie. Wollen sie mich wieder holen, zum viertenmal? Das halte ich nicht mehr aus. Ich habe eine halbe Rasierklinge in meinen Büstenhalter eingenäht. Für alle Fälle. Es beruhigt mich nicht. Ich habe Angst. Wenn das Telefon klingelt, zittern mir die Knie. Wenn hinter meinem Rücken die Tür aufgeht, steht mein Herz still. Man würde mich sehr diskret in das Empfangszimmer rufen. Dort würden zwei gutgekleidete Herren auf mich warten. Sie würden mich höflich bitten, mitzukommen. Man würde hier, im Lazarett, feiner sein als sonst. Nicht so ungeniert, nicht so hundsgemein wie bei den Verhaftungen zu Hause. Gestern bin ich bei der Röntgenbesprechung umgefallen. Ich kenne das. Wenn ich die Stimmen plötzlich wie hinter Glas höre, weiß ich Bescheid. Wenn sich alle Dinge in kreisende Spiralen auflösen, ist es Zeit, daß ich mich irgendwo anlehne. Gestern rutschte mir der Boden etwas zu früh unter den Füßen weg. »Nanu«, sagte der Stabsarzt, »wollen Sie schlappmachen?«
Nein. Ich will nicht schlappmachen. Ich darf nicht schlappmachen. Ich habe einen Mann und ein Kind. Die brauchen mich nachher, wenn dieser Wahnsinn zu Ende ist. Ich will nicht umsonst durch zwanzig Gefängnisse gegangen sein. Ich war nicht umsonst elf Jahre lang tapfer.
»Es geht vorüber«, sagte ich.
Es geht vorüber, die Schwäche, die Röntgenbesprechung, die albernen Witze der Landser, das Geschäker der Helferinnen nebenan, der Tag, alles. Alles geht vorüber. Nur die Angst nicht, das Heimweh nach Kätle, die Sehnsucht nach dir. Die Qual. Die Nacht.
Ich habe die Bildchen von euch vor mich hingelegt und betrachte dein

liebes Gesicht. Ich würde es jetzt in meine Hände nehmen und weinen. Über unser armes, erbärmliches Leben weinen.
Nur nicht weich werden, würdest du sagen. Wie oft hast du das gesagt.
Ich war es nie. Ich mußte immer hart sein. Ich habe es in den siebzehn Jahren unserer Ehe gelernt, hart zu sein. Ich war fast immer allein. Ich durfte nicht einmal unglücklich sein. Nur tapfer. Nur tapfer. Sie haben uns wie Hunde gehetzt. Sie haben uns immer wieder auseinandergerissen, dich ins KZ gesteckt, mich durch die Gefängnisse geschleift. Wann waren wir beisammen, und wenn wir beisammen waren, waren wir froh? Nein. Immer nur verfolgt, bespitzelt, unter Polizeiaufsicht. Immer nur gefaßt, stark, immer nur »nicht unterzukriegen«. Ich habe meine Liebe zu dir wie eine Heimlichkeit mit mir herumgetragen, siebzehn Jahre lang, wie ein Geschenk, das ich dir nie geben konnte.
Ach, Lieber, was weißt du von mir. Warum darf ich nicht den Kopf auf den Tisch legen und mich ausheulen. Ich bin doch eine Frau, ich bin doch deine Frau. Warum darf ich nicht auch einmal sagen: Jetzt kann ich nicht mehr.
Es geht nicht. Ich kann es mir nicht leisten. Ich darf hier nicht auffallen. Ich darf mir dieses Wunder, hier zu sein, nicht verscherzen. Es ist die einzige Chance, durchzukommen. Ich darf nicht weich werden.
Deshalb schreibe ich. Ich muß mir das ganze Elend der vergangenen Jahre von der Seele reden. Vielleicht ist es dann leichter zu ertragen. Vielleicht bin ich dir dadurch näher. Vielleicht ist dann auch das Warten nicht mehr so schwer. Ich warte schon zu lange. Seit elf Jahren warte ich. Seit dem 31. Januar 1933 warte ich. Seit sie dich holten.
Damit fing es an. Mit Hitler fing es an. Mit der Machtergreifung. Mit dem – Umbruch, sagten sie dazu. Sie haben uns wahrhaftig umgebrochen, an Leib und Seele. Als das Radio die Nachricht brachte, wußte ich, daß sie dich holen würden. Du warst Abgeordneter der KPD. Wir hatten in unseren Versammlungen vor Hitler gewarnt. Nun war er an der Macht. Von dem ehrwürdigen Herrn Reichspräsidenten und Marschall des Großes Krieges – ich habe die Worte immer noch im Ohr – mit der Regierungsbildung beauftragt. Die erwartete Volkserhebung blieb aus. Es geschah nichts. Da und dort wurde ein wenig demonstriert. Auch wir marschierten durch die kleine Stadt, begafft, belächelt, herausfordernd gemustert. Alles war auf der Straße. Alles

wartete. Auch die Spießer warteten. Sie hingen aus den Fenstern, standen im Schutz ihrer Haustüren, drückten sich fiebernd vor Spannung in die Torbogen der Bräus und warteten.
Sie warteten umsonst. Kein Schrei, kein Pfiff, kein Schlag, kein Schuß, nichts. Kein Blut. Sie waren enttäuscht. Auch wir waren enttäuscht. Wir waren keinem einzigen verständnisvollen Blick begegnet, keinem erschrockenen Gesicht, keiner sichtbaren Angst vor dem Kommenden. Nur Gaffern und stummer Feindschaft. Wir hatten Hakenkreuzfähnchen gesehen, Braunhemden, eilige Stiefel. Aber nirgends eine geballte Faust. Du kamst am Abend von Stuttgart zurück, ohne Parole der Parteien. Wo waren die Parteien? Wo war das Volk? In Berlin gab es keine Revolution, sondern einen Fackelzug. Wir hörten das Heilgeschrei der Menschenmassen auf dem Wilhelmsplatz aus den Lautsprechern bis auf die Straße. War das die Antwort? Heil unserm Führer! Wir waren so enttäuscht, daß wir es uns nicht einmal eingestehen wollten. Plötzlich hatte ich Angst. Ich packte in aller Hast deinen Rucksack. Ich wollte dich forthaben. Über die Grenze. In Sicherheit. Du wurdest wütend. »Meine Arbeiter im Stich lassen«, sagtest du, »jetzt...?« – »Wenn sie dich einsperren, bist du auch weg«, sagte ich. »Aber nicht getürmt«, schriest du. Du warst außer dir. Es war mir in diesem Augenblick ganz egal. Ich dachte nur an dich. Und an mich. Natürlich auch an mich, ich gebe es zu. Wie ein eigensinniges Kind wiederholte ich immer nur: Sie holen dich, du wirst sehen, sie holen dich!
Ach, Junge, weißt du es noch?
Gegen fünf Uhr morgens sind sie da. Sturmriemen unterm Kinn, Revolver, Gummiknüppel. Reißen die Kästen auf, werfen die Kleider heraus, stülpen die Schubladen um, durchwühlen den Schreibtisch. Ich kenne den politischen Kampf, auch Haussuchungen sind mir nicht neu. Aber das ist etwas anderes. Sie steigen auf die Stühle, fegen die Schachteln von den Schränken, hängen die Bilder aus, klopfen die Wände ab. Alles sehr rasch, rücksichtslos, mit einem widerlichen Eifer und sichtlicher Lust. Sie suchen nicht, sie hausen nur, treten mit ihren Stiefeln auf der frischen Wäsche herum, die am Boden liegt, lesen mit schamloser Neugierde unsere Briefe, lassen mich, zitternd vor Erregung und Kälte, im Unterrock an Kätles Bettchen stehen, laufen sinnlos hin und her, aus und ein, stecken die Köpfe zusammen, grinsen, fluchen, weiden sich an unserer Hilflosigkeit. Dabei sind wir

ihnen keineswegs fremd, sie kennen uns und wir kennen sie, es sind erwachsene Menschen, Mitbürger, Nachbarn, wenn man will, Familienväter, kleine ordentliche Leute. Wir haben ihnen nichts getan, und dennoch betrachten sie uns jetzt voll Haß, die entsicherten Pistolen griffbereit vor sich auf Tisch und Schrank. Das begreife ich nicht. Noch weniger begreife ich, daß du plötzlich im Mantel bist. »Was ist denn?« frage ich erschrocken. »Na ja«, sagst du und zuckst die Achseln. »Los, los!« kommandiert einer dieser Menschen. »Du bist doch Abgeordneter«, rufe ich. »Abgeordneter«, lacht der Kerl, »habt ihr's gehört!« Dann fängt er zu schreien an. »Kommune seid ihr«, schreit er, »aber mit euch Dreckspack wird jetzt aufgeräumt!« Kätle streckt die Händchen nach dir aus und will dich halten. Sehen das diese Menschen nicht? Nein, sie sehen es nicht. Sie sagen, du sollst machen, daß du weiterkommst. »Adieu!« Keine Hand. Zwischen dir und mir steht der Kerl. Ich kann nur noch nicken. Die Tränen sitzen mir im Hals. Alles verschwimmt. Ich will dir nachrufen, da geht schon die Wohnungstür.

Vom Fenster aus sehe ich euch über die Straße gehen. Du voran. Du willst dich umdrehen und noch einmal heraufwinken. Da packt dich der Kerl von hinten. Du willst dich wehren. Jetzt schlagen sie auf dich ein.

Einen Moment setzt alles aus. Ich reiße das schreiende Kind vom Fenster.

So ist das also, denke ich. Gut, denke ich, fast mit Befriedigung. Sehr gut. Das wird sich das Volk nicht lange gefallen lassen.

Vier Wochen später werde ich verhaftet.

Weil der Reichstag brennt, deshalb werde ich verhaftet. Ich weiß es nicht einmal, daß er brennt. Es ist der 28. Februar.

Diesmal sind es biedere Zentrumskriminalbeamte, die um ihre Posten bangen. Vor vier Wochen verhafteten sie noch randalierende SA-Leute, jetzt rufen sie mit erhobenem Arm »Heil Hitler!«.

»Sind Sie die Frau Haag?«

Zwei Trenchcoats stehen vor der Tür, ich sehe flüchtig zwei graue Hüte. Auf dem einen steckt ein bläulich schimmerndes Federchen hinter einer sportlichen Kordel, es fällt mir auf, weil es offenbar flott und herzhaft wirken soll. Es wirkt wie Hohn. Ehe ich antworten kann, schiebt sich ein etwas altmodischer, aber sorgfältig gedoppelter und blankgeputzter Zugstiefel zwischen Tür und Schwelle. »Machen

Sie keine Geschichten«, sagt eine kalte, unangenehme Stimme. Jetzt erst sehe ich in die Gesichter. Sind das wirklich Gesichter? Der graumelierte, bürgerliche Schnurrbart wirkt wie aufgeklebt. Er hat, jetzt sehe ich es deutlich, einen brutalen Mund zu verdecken. Die ganze joviale Biederkeit dieser starren, gelblichen Visagen ist Maske. Dahinter steckt das wahre Gesicht, das lauernde, böse. Mich fröstelt. Was sind das für Menschen? Sie sehen wie harmlose Spießer aus und sind mitleidslose Schergen. Sie tragen sich wie achtbare Bürger und leben doch in Wirklichkeit nur vom Schmutz. Sie haben keine redliche Arbeit gelernt, sie arbeiten mit Praktiken, die gemein und niederträchtig sind. Sie sind eigentlich nichts, aber sie haben Gewalt über dich. Weil sie gewissenlos sind, deshalb sind sie über dein Gewissen gesetzt. Die eigene Gesinnungslosigkeit befähigt sie, Gesinnungen zu verfolgen und jedem Regime mit gleichbleibender Beflissenheit zu dienen, gestern der Republik, heute Hitler. Sie haben kein Herz, nur ein Amt. Sie brauchen kein Herz, nur die Not. Das Chaos. Den Hunger. Die Verzweiflung. Das Elend. Das ist ihr Feld. Für dreißig Silberlinge per Ersten eines jeden Monats hängen sie ihre Trenchcoats nach jedem Wind und verfolgen alles, was gewünscht wird, gestern die Herren von heute, heute die von gestern. In jedem Falle immer uns. Das Volk.

Sie holen mich, weil der Reichstag brennt. Der Reichstag brennt, weil sie einen Anlaß brauchen, um die KPD zu zerschlagen. Ich bin bei der KPD. Deshalb holen sie mich. Ich habe keine Verbrechen begangen, aber sie führen mich ab wie eine Verbrecherin. Sie sehen, daß das Mittagessen auf dem Feuer steht, daß ich ein Kind habe, daß ich nicht einfach alles liegen- und stehenlassen kann. Trotzdem hetzen sie mich. Sie geben das Kind der Nachbarin. Sie nehmen meinen Mantel vom Haken und werfen ihn mir hin. »Hopp, hopp«, sagen sie. Sie haben es eilig. Sie müssen den neuen Herren beweisen, daß sie zuverlässig sind. Sie müssen die Gefängnisse füllen. Immer hopp-hopp. Die »unblutigste« Revolution aller Zeiten verlangt ihre Opfer. Und der Tag ist kurz.

Als wir die Treppe hinuntersteigen, höre ich überall im Haus die Türen gehen, sehr leise und vorsichtig, aber ich höre sie. Auf der Straße überläuft es mich kalt. Ich spüre die Blicke im Rücken. Aus allen Fenstern schaut man mir nach. Ich sehe es nicht, ich weiß es. Alles ist auf dem Weg, wie immer in solchen Fällen. Alles holt Milch oder kommt vom Markt. Das muß wohl so sein. Die einen bleiben gaffend stehen und kosten das aus. Die anderen schauen erschrocken weg. Für die Kinder ist es ein Fest, als der Stehkragenprolet Bihler sich mit gierigen Händen dein Motorrad holt. Er wußte, wohlverstanden, daß es dein Privateigentum war. Das wußte auch die Polizei. Trotzdem ließ man es ihm, als Lohn für seine Dienste.

Ich werde in das Landesgefängnis Gotteszell eingeliefert. Gottes-zell, ja.

Ein Tor, Gänge, Gitter, graue Gesichter, schleifende Schritte. Hinter mir fällt eine schwere Tür ins Schloß. Ich bin gefangen. Ich weiß nicht warum und nicht wie lange. Die Zelle ist klein und kahl, nicht Gottes Zelle. Der Kübel stinkt. Der Tag hat kein Ende. Es ist immer dasselbe, was ich denke: Was wird mit dir sein, mit Kätle, was wird überhaupt sein? Die Erinnerung treibt Tränen in die Augen. Die grenzenlose Verlassenheit verklärt das bißchen Glück unseres bescheidenen und harten Lebens auf eine schmerzhafte Weise.

Wir haben es bestimmt nicht leicht gehabt, aber wir haben uns gehabt. Unsere gute kleine Welt. Das Kind. Die gemütliche Küche mit dem Tisch in der Ecke, dem Sofa an der Wand. Die Abende. Bücher. Wir konnten fortgehen und heimkommen. Wir konnten uns tagsüber auf den Abend freuen. Nach dem Essen plaudern, lesen, mit Kätle spielen. Das Licht ausdrehen, wann wir wollten. Nachts einander atmen hören. Wir waren nicht allein. Wir waren beisammen. Das war das Glück. Ist es nicht so? Wie lange ist das her? Vier Wochen? Es könnten Jahre sein.

Es ist gut, daß ich nach einiger Zeit aus der Einzelhaft in eine Zelle zu anderen Frauen komme, die hier in sogenannter Schutzhaft sind. Ausgesprochen »Politische« und versehentlich Geschnappte. Das anfängliche Mißtrauen ist gegenseitig, nur ist es bei mir anhaltender. Es sind Gesichter hier, die mir nicht gefallen. Es ist laut und geladen mit Spannung. Auf den kleinen Raum zusammengedrängt, treten die Gegensätze noch schärfer hervor als draußen. Das gemeinsame Leid verbindet nicht immer.

Wir dürfen uns eine Zeitung halten. In dieser Zeitung lese ich, daß der Reichstag in Flammen aufgegangen ist und daß Göring unmittelbar darauf eine Aktion gegen die Kommunistische Partei durchgeführt hat. Jetzt weiß ich, warum ich hier bin. Der Reichstagsbrandprozeß steigt in seiner ganzen schauerlichen Lächerlichkeit. Er wird von den

Frauen hier heftig diskutiert. Ich halte mich zurück. Ich habe gehört, daß man sich durch eine Denunziation unter Umständen die Freilassung erkaufen kann. Eine starke Versuchung für schwache Charaktere. Freilich, bei vielen ist auch der Mann eingesperrt, und kleine Kinder warten daheim. Das heißt, daheim wohl nicht. Irgendwo.

Eines Tages werde ich zum Verhör geführt. Es ist soweit. Ich weiß zwar nicht, was man von mir will, aber wenigstens geschieht etwas. Man kann mir nichts nachweisen, aber man kann mir allerlei andrehen. Ich war Mitglied der KJ und später der KPD. Damals legal, jetzt gegen die Gesetze. Hinter dem Schreibtisch im Büro des Strafanstaltsdirektors sitzt ein kleiner, freundlicher Herr. Die Augen sind scharf, aber das kann auch die dicke Brille sein. Er lehnt sich bequem zurück, fragt leise und umgänglich nach Namen und Herkunft, es beginnt sehr gemütlich. »Sie haben auch ein Kind«, sagt er wie beiläufig. »Ja, bei meiner Mutter«, sage ich unbefangen. »So«, sagt er teilnehmend und schlägt die Beine übereinander, »bei Ihrer Mutter.« Der Ton, in dem er das sagt, macht mich etwas unruhig. »Nun«, sagt er, beugt sich vor und beginnt in der Akte zu blättern, die vor ihm auf dem Tisch liegt, »es wird sich ja herausstellen, ob es gut ist, wenn es dort verbleibt.« Ich fahre hoch. »Was?« sage ich entsetzt. »Beruhigen Sie sich«, sagt er, »es liegt ganz bei Ihnen, es geschieht Ihnen nichts, auch Ihrem Kind geschieht nichts, Sie können morgen nach Hause gehen...« Ich atme auf. »Wenn Sie wollen«, sagt er. Als ob ich nicht wollte. »Wenn Sie«, fährt er etwas bestimmter fort, »wenn Sie mir jetzt alles erzählen, was Sie von der illegalen Arbeit Ihrer Genossen wissen... und – wer die Genossen sind.«

Das ist es also. Ich soll die Freunde verraten. Mein Kind wird ausgespielt. Ich kann ihn nur anstarren, mehr kann ich nicht. Es ist nicht die Brille, es sind doch die Augen, die so scharf sind. Sie nageln mich fest. Ich muß alle Kraft zusammennehmen, um so ruhig wie möglich sagen zu können, daß ich nichts wisse. Ich lüge schlecht. Ich habe kaum noch Stimme, so tobt mein Herz. Er sieht es, er muß es ja sehen. Er fragt höhnisch, hinterhältig, immer wieder dasselbe, nur andersrum. Ich schüttle beharrlich den Kopf, wobei ich ihn fest anblicke. Mir ist jetzt alles egal, obwohl ich vor Aufregung schwitze.

Plötzlich springt er auf, aber nicht impulsiv, weil er die Geduld verliert, sondern ganz bewußt, um mich zu erschrecken. Sein Gesicht verändert sich, die Stimme, die ganze Gestalt verändert sich, es ist

unheimlich und wirklich erschreckend. Unausdenkbar, daß dieser kleine, sprühende und gefährliche Teufel einmal freundlich sein konnte. »Vielleicht«, schreit er und schwenkt ein Blatt in der Hand, »hilft das Ihrem Gedächtnis etwas nach!« Er liest Namen vor. Wie Hiebe fallen diese Namen. Ich soll wohl unter ihnen zusammenzucken. Ich zucke nicht zusammen, ich bin sprachlos, denn die Gesuchten sind nicht darunter. Jetzt weiß ich, daß er nichts weiß. »Nein«, sage ich aufatmend, »kenne ich nicht... nie gehört... unbekannt... tut mir leid.« Er schreit: »Wenn Sie glauben, daß Sie sich dabei nützen, Haag –.« Jetzt zucke ich zusammen. Den Titel »Frau« hat mir noch niemand verweigert. Warum sagt er »Haag«, warum nicht gleich »Dreck«? Das bin ich doch in seinen Augen. Meinetwegen. Es wäre mir unerträglich, wenn er mich für seinesgleichen hielte. Ich bin gerne nichts in seinen Augen. Von ganzem Herzen bin ich es. Ich habe meine Menschenwürde – wie oft haben wir über Menschenwürde gesprochen, erinnerst du dich? – nie stärker empfunden als in diesem Augenblick. Was habe ich mit diesem Kerl zu schaffen? Ich bin ein Mensch, eine Frau, eine Liebende. Ich habe ein Kind geboren. Ich leide, weil ich mich offen zu den primitiven Menschenrechten bekenne. Ich bilde mir ein, ein Schicksal zu haben. Und er? Was ist mit ihm? Er kann in mein Protokoll hineinschreiben, daß ich ein durchtriebenes Frauenzimmer bin. Dafür gibt mir einer, der über ihm ist und vor dem er strammzustehen hat, ein paar Monate mehr. Nicht einmal das kann er selbst. Er kann nur schreien, und das auch nur hier, im Schutze der Mauern und Gitter. Vor seinem Vorgesetzten macht er den Buckel krumm und stammelt. Er hat keine wirkliche Macht. Er ist nur Büttel. Er kann nur quälen, sonst nichts. Er weiß nichts von Menschenwürde, denn er hat keine. Für ihn ist Würde ein Titel. Kriminalrat oder was weiß ich. Er hat kein Schicksal. Höchstens das Pech, bei der nächsten Beförderung übergangen zu werden. Das ist für ihn Schicksal. Er hat keine Ehre, nur Ehrgeiz. Er leidet nicht. Er darf gar nicht leiden können, sonst müßte er dann und wann mitleiden. Dann wäre er nicht mehr Kriminalbeamter, sondern Mensch. Er ist Kriminalbeamter, das sehe ich. Unvorstellbar, wie so etwas im Innern beschaffen sein muß. Ohne Liebe. Ohne Empfindung, außer der Lust, Menschen zur Verzweiflung zu treiben.
Mich treibt er nicht mehr. Das ist vorbei. Er hat mir mein Selbstbewußtsein zurückgegeben. Zwischen mir und ihm ist nicht nur der

Schreibtisch mit dem alten gußeisernen Tintenzeug und dem blauen Aktendeckel, sondern eine Welt. Er kann alle Register seiner plumpen Überführungskunst ziehen, mahnend zureden oder fürchterlich drohen, es berührt mich nicht, ich breche nicht zusammen, ich bleibe ruhig auf meinem Stühlchen sitzen und leugne. Drei Stunden lang.

Als er wutschnaubend abzieht, weiß ich, daß in dem kümmerlichen Protokoll nichts Belastendes über einen Genossen steht. Was über mich drinnen steht, ist mir gleichgültig. Ich spüre verwundert, daß ich noch Nerven habe.

Ich brauche Nerven. Die Genossin Emmi Ramin*, auch hier in Gotteszell, kommt von einem Verhör in Stuttgart mit mancherlei beunruhigenden Gefängnisnachrichten zurück, die sie von Zelle zu Zelle aufgeschnappt hat. Von ihr erfahre ich, daß nun auch Fritz Rau und Walter Häbich verhaftet worden sind. Ich kenne die beiden patenten, mutigen Burschen von der Jugendgruppe her. Fritz Rau, erzählt sie stockend, sei bereits einem entsetzlichen Verhör bei der Berliner Gestapo erlegen. Man habe ihn an einen glühenden Ofen gedrückt.

Ich wage nicht mehr, nach dir zu fragen. Sie muß mir die Angst ansehen, denn sie fängt von selber an. Du seiest im Schutzhaftlager Kuhberg. Man habe dich zwingen wollen, eine Hakenkreuzfahne zu grüßen. Ich grüße keinen Geßlerhut, habest du geantwortet. Man habe dich furchtbar geschlagen. »Aber er lebt«, setzt sie hinzu. Ich kann die Tränen bis zum Abend hinunterschlucken, dann geht es nicht mehr. Wenn ich die Augen zumache, sehe ich dein blutüberströmtes Gesicht. Wenn ich sie öffne, habe ich den Schatten des Fenstergitters an der Zellenwand vor mir. Ich bin eingesperrt. Ich kann nicht zu dir. Du wirst irgendwo in einem dunklen Winkel liegen, kein Mensch wird sich um dich kümmern, niemand wird deine Wunden verbinden, keiner wird dir beistehen. Du wirst vielleicht nach mir rufen, und ich bin hier. Eingesperrt. Das stoßweise Schluchzen, das mich schüttelt, ist wie ein Tierlaut, nicht mehr meine Stimme. Es wirft mich auf meine Pritsche. Dann weine ich hemmungslos in meinen Strohsack. Noch nie habe ich meine Liebe so schmerzhaft empfunden wie in dieser Nacht.

* Später im Prozeß Schlotterbeck und Genossen in Stuttgart im November 1944 hingerichtet.

Kurze Zeit später kommt auf vorgedrucktem Formular deine erste Nachricht aus dem Lager. Daß es dir gutginge, schreibst du. Gut, schreibst du. Gut...

Der Terror hat Methode.

Wir werden mit unseren Feinden verfahren: Auge um Auge, Zahn um Zahn. Der das sagte, war Murr, der Reichsstatthalter von Württemberg. Er sagte es am 30. Januar auf dem Schloßplatz in Stuttgart. Er brüllte es.

Jetzt kommt seine Gattin zur Besichtigung nach Gotteszell. Mit ihr der Höchste der Stuttgarter Gestapo, der SS-Oberscharführer Mattheis. Er, der einige Monate später bei der Röhmaffäre mit über die Klinge springen muß, ist im Augenblick noch sehr lebendig, für manche der Frauen der Allmächtige in Person. Neugierige, lockende Blicke hängen an seinem roten Bulldoggengesicht. Ich schäme mich für sie. Mir wird übel, wenn ich das gefrorene Lächeln in den grauen Gesichtern sehe. Der Allmächtige mit den knarrenden Reitstiefeln und dem sinnigen Totenkopf auf der Mütze geruht, Entlassungen auszusprechen. Der Allgewaltige ist bei Laune, er läßt seine Sonne über Gerechte und Ungerechte scheinen, er fragt keine einzige nach ihrem Fall, er entläßt ganz willkürlich, wer ihm gerade zu Gesicht steht, etwa: Schon lange hier, wie... na schön... hau ab, Puppe. Dann kommt sie. Die Murr. Hochgeblondet und aufgepuppt. Man hört ihr geiferndes Getue schon vom Gang herein. Der Anstaltsdirektor stellt uns mit übertriebener Servilität vor. Ich höre nicht, was er sagt, aber es ist wie bei einer Exotenschau. Und das hier, könnte er sagen, sind die berüchtigten Untermenschen, gnädige Frau, etwas Vorsicht, wenn ich bitten darf! Die gnädige Frau kichert albern, reißt die Augen auf und geht langsam an uns vorbei wie an einem Käfig. Sie stellt törichte Fragen, sie betrachtet uns in der Tat als eine Art niedriger Lebewesen und kommt sich offenbar sehr erhaben vor. Sie muß sehr dumm sein und wirkt in der Nähe ausgesprochen gewöhnlich. Sie ist das personifizierte Beispiel, daß ein wenig Macht den Charakter des Menschen wie nichts anderes erschließt. Möglicherweise habe ich gelacht. Wahrscheinlich. Jedenfalls herrscht sie mich ungnädig an: »Und Sie, wie heißen Sie?« Wie oft habe ich diese Frage schon beantwortet. »Haag?« fragt sie und starrt mich an. »Sind Sie«, fragt sie, »vielleicht gar die Frau dieses Kommunistenhäuptlings?«

»Mein Mann«, sage ich ruhig, »war nicht Häuptling, Frau Murr, son-

dern genau dasselbe, was Ihr Mann auch war, Landtagsabgeordneter.«
»Was«, schreit sie mit schriller Stimme, »dieser gemeine, üble Hetzer... ich habe ihn ja selbst einmal im Landtag sprechen hören... dieses rote Untermenschentum gehört ausgetilgt!« Ausgetilgt, sagt sie mit einem flammenden Blick über ihr Auditorium. Man habe in unserer Wohnung eine schwarze Liste gefunden, zetert sie weiter, auf der ihr Name und der Name ihres unschuldigen kleinen Kindes gestanden hätte. »Weil man uns ermorden wollte!« schreit sie hysterisch.
Ich muß lachen, ich kann nicht anders. Was soll ich sonst auf dieses Greuelmärchen antworten. Mein Lachen bringt sie vollends in Wut. Sie schnappt nach Luft. So wütend ist sie, daß sie mir am liebsten eine runterhauen würde. Aber das geht nun doch nicht gut. »Ja, lachen Sie nur!« keift sie erbost. Und dreht sich um: »Unverschämtes Pack!«
Jetzt werden sie dich abführen, denke ich. Peinliche Stille. Aber es passiert nichts. Der Anstaltsdirektor ist ratlos. »Gehen wir!« herrscht sie ihn an. Und zieht kochend ab. Ganz beleidigte Hoheit.
Schließlich sind wir nur noch vier in unserer Zelle. Erika Buchmann aus Stuttgart, Lisl Link aus Freudenstadt, Gretl Gahr aus Göppingen und ich. Weihnachten werden auch wir entlassen.
Ich darf heim zu Kätle. Heim! Das ist mehr, als man beschreiben kann. Die Freude tut beinahe weh. Alle Dinge greifen ans Herz, auch das unscheinbarste, ein Stück Zaun, ein rauhreifübersponnener Busch, ein Hausdach hinter einem Hügel, ein ziehendes Gespann. Man geht benommen und auf eine bisher nie gekannte Weise gerührt durch die alten vertrauten Gassen. Menschen eilen an einem vorbei, Ladenglocken bimmeln, in den erleuchteten Schaufenstern ist Weihnachten. Man wird jetzt bei der Mutter vorbeigehen, Kätle holen und ein Stündchen später daheim sein. Feuer machen, Tee kochen und glücklich und geborgen in der warmen Küche sitzen. Die Hoffnung, daß auch du plötzlich kommen könntest, ist ganz unbegründet, aber sie ist da, sie erfüllt das Herz und beflügelt den Schritt.
Dann ist alles so, wie ich es mir vorgestellt habe. Kätle fliegt mir mit einem Schrei um den Hals. Die Mutter hat es auf einmal sehr wichtig. Sie deckt den Tisch mit allem Guten und besteht darauf, daß ich erst einmal ordentlich esse. Ihre Hände zittern ein wenig. Der Vater hat nasse Augen. Sie sind beide alt geworden in dem Jahr. Sie müssen sich sehr um uns gesorgt haben.

Es ist gut, so zu sitzen, warm, geborgen und verwöhnt. Aber es ist nicht daheim. Es hält mich nicht, es treibt mich nach Hause. Dort, meine ich, müßtest du sein. Vielleicht würdest du dort auf mich warten, während ich hier zu Besuch bin. Ich muß weg. Heim. Zu uns.
Die Eltern erschrecken förmlich, als ich aufbrechen will. Wohin denn? Heim! Heim? Ob ich denn nicht wisse...? Die Wohnung sei weg, an andere Leute vermietet. Man habe ja nicht ahnen können, wie lange es bei uns dauert. Die Möbel habe man auf den Speicher gestellt.
Sie sind ehrlich bekümmert, wie sie das sagen, ich sehe es. Aber es ist kein Trost. Nun haben wir also auch keine Wohnung mehr. Keinen Halt. Nichts, wo wir hingehören. Du bist im KZ, die Möbel stehen auf dem Speicher. Wohin soll ich, alles ist auseinandergebrochen, ich spüre keinen Boden mehr unter den Füßen, wie ausgestoßen komme ich mir vor. Wo wirst du mich suchen, wenn du wiederkommst? Wenn du an unserer Tür stehst und fremde Leute öffnen dir? Natürlich wirst du hierherkommen, das ist ganz klar. Trotzdem, trotzdem.
Tränen kullern mir über das Gesicht. Die Eltern sind ganz bestürzt. Sie verstehen das nicht. Ich kann doch bei ihnen bleiben, wie früher auch. Natürlich. Wie früher auch. Begreifen sie denn nicht, daß das etwas anderes ist. Daß wir nun nicht mehr heimgehen können, heim zu uns. Daß wir viel mehr verloren haben als eine Wohnung. Unsere gute kleine Welt. Mit allem Glück, das diese Wände umschlossen.
Kätle küßt mir die Tränen vom Gesicht. Ich halte das liebe Kerlchen in den Armen. Oder hält es mich? Ich kann es einfach nicht sagen. Oder doch? Ja, das Kind hält mich, ich fühle es. Sogar nachts, wenn ich aufwache, spüre ich seine Ärmchen um meinen Leib. Mit seiner ganzen Liebe hält es mich. Mit deiner ganzen Liebe. Vielleicht versteht das nur eine Mutter ganz. Aber es ist so. Wenn ich Kätle nicht hätte, mein Gott...
Du bist immer noch in den Kuhbergkasematten. Lagerkommandant ist der berüchtigte Buck. Mehr weiß ich nicht. Ich suche Leute auf, die dort waren. Vielleicht kann man irgend etwas unternehmen. Wenn man bloß einen Brief durchschmuggeln könnte. Die Genossen verstummen, wenn ich davon spreche, und schauen sich ängstlich um. An den bürgerlichen Stammtischen nennt man dieses ängstliche Umschauen den »deutschen Blick«, ein vielbelachter Witz. Ein Witz, der wirklich gelungen ist. Viele erzählen nichts, so restlos ist dieser Witz gelungen. Sie haben bei ihrer Entlassung, genau wie ich, einen Revers

unterschrieben, wonach sie sich jeder Äußerung über das Lager zu enthalten haben. Bei Zuwiderhandlung ist sofortige Verhaftung und strengste Bestrafung zu gewärtigen. Deshalb schweigen sie. Nicht, weil sie unterschrieben, sondern aus Furcht vor dem Tode. Deshalb schweigen sie. Bruno Lindner aber schweigt nicht.
Wir treffen uns in einem Wäldchen außerhalb der Stadt. Bruno lebt illegal und ist frei. Das heißt, er irrt, von der Gestapo gehetzt, umher. Er will schwarz über die Grenze und gilt bei den Gestaposchergen, die hinter ihm her sind, als besonders gefährlich. Er ist illegal und frei. Ohne Bleibe, ewig gejagt, jede Nacht anderswo, ohne Essen und Schlaf.
Er weiht mich in die Schwierigkeiten der illegalen Arbeit ein, erzählt von dem blutigen Lehrgeld, das fast jeder Funktionär zahlen muß. Denn wir waren alle ohne jegliche Erfahrung, sahen nicht die Gefährlichkeit und Heimtücke hinter jedem Baum, hinter jeder Häuserecke, hinter jeder geheuchelten Miene der Denunzianten. »Für den kleinen, angstvollen Bürger präsentiert man Trommelwirbel und dröhnenden Paradeschritt, unter dem jedes menschliche Wort und jeglicher Appell an die Vernunft erstickt«, sagt Bruno. »Und merke dir, auf Schritt und Tritt wirst du Menschen begegnen, die sich mit der verbrecherischen Bereitschaft von Leuten, die an schreckliche Befehle gewöhnt sind, auf ihre Opfer stürzen.«
Dann berichtet er trocken und ohne Umschweife von deinem Transport auf den Kuhberg. Der Lagerkommandant Buck habe dich vorher angekündigt und seiner SA und SS einen besonderen Spaß versprochen. Man habe dich zwingen wollen, wie ein Hund auf allen vieren den Berg hinaufzulaufen und dabei zu sagen: Ich bin ein Lump und habe die Arbeiter belogen und betrogen. Du seiest oben angekommen, völlig zerschunden, das Gesicht unkenntlich von Blut. – Ach, mein Fred.
Ich sitze am Waldrand, den Kopf in den Händen, die Hände auf den Knien, ganz wach und doch wie ausgelöscht. Als wir uns vorher hier niedersetzten, war strahlender Tag, Sonne, Vogellaut und blühende Wiesen. Jetzt ist das alles fremd, unwirklich und peinigend, eine Welt, zu der ich gar nicht mehr gehöre.
»Du mußt mit allen Mitteln versuchen, ihn da rauszubringen, die machen ihn sonst fertig.«
»Ja, ja«, sage ich mechanisch, »es muß etwas geschehen.« Es ist das

einzige, was ich denken kann. Die Stimme neben mir redet weiter, ich höre sie, aber sie geht an mir vorbei. Ich habe nur den einen Gedanken, er erfüllt mich ganz, löst die Erstarrung, treibt mich auf: Es muß etwas geschehen. »Ich gehe zum Minister«, sage ich plötzlich entschlossen. Das gibt mir die Verzweiflung ein.

»Na also«, sagt Bruno und reicht mir die Hand, »Hauptsache ist, daß er rauskommt. Und dann abhauen. Wie ich.«

Er kommt tatsächlich kurze Zeit später glücklich über die Schweizer Grenze. Ich laufe stadteinwärts. Wie ein Automat laufe ich. Ohne Empfindung für alles, was um mich vorgeht. Nur von der fixen Idee besessen, zum Minister zu gehen. Noch weiß ich nicht einmal, zu welchem. Am nächsten Morgen fahre ich nach Stuttgart.

Ich will den Innen- und Justizminister Dr. Schmidt sprechen. Ja. Ohne Empfehlung. Nein, nicht irgendeinen Referenten, sondern ihn selbst. Den Minister selbst. In einer persönlichen Angelegenheit. Es handelt sich um meinen Mann. Mein Mann? Schutzhäftling im Kuhberglager.

Der Beamte an der Anmeldung schüttelt den Kopf. Er hat allen Grund dazu. Ich werde vorgelassen.

Es ist nicht die Regel, sondern ein unwahrscheinliches Glück. Der Minister steht am Schreibtisch. Mein Herz klopft. Die gediegene Pracht des Raumes macht mich befangen. Ich beginne stockend und etwas konfus. Mein Onkel Fuchs in Buenos Aires, erkläre ich, würde uns die Überfahrt finanzieren, wenn man uns, meinem Mann, meinem Kind und mir, erlauben würde, nach Südamerika auszuwandern. Der Minister stellt Fragen. Ich bin ganz offen. Der Minister sagt nicht nein. Allerdings auch nicht ja. Er wolle den Fall prüfen. Nach ein paar Tagen kommt vom Innenministerium der Bescheid, daß man deine Entlassung anordnen würde, sobald ich die Fahrkarten nach Buenos Aires vorweisen könnte.

Ich kann es kaum glauben. Ich muß mich setzen. Ich presse Kätle an mein Herz. »Der Vati kommt«, sage ich mit erstickter Stimme. Ich lache und weine zugleich. Die Freude wirft mich buchstäblich um. »Wann?« fragt Kätle. »Bald«, sage ich. Bald. Sobald ich, schreiben sie, die Fahrkarten nach Buenos Aires vorweisen könnte. Also liegt es an mir. Wie gut, daß es an mir liegt. Ich gönne mir keine ruhige Minute mehr. Die Möbel werden verkauft, das Geschirr, alles, was wir uns einmal vom Munde abgespart haben. Zu Schleuderpreisen ver-

kauft, damit es schneller geht. Die Schiffskarten telegraphisch bestellt. Die Koffer gepackt. Bloß raus aus Deutschland. Bloß raus.
Dann stehe ich mit Kätle und den Eltern in der Halle des Stuttgarter Hauptbahnhofs und erwarte dich. Reisefertig. Mit den Koffern. Du darfst laut Verfügung der Gestapo nicht mehr zu den Eltern heim. Wir haben nach deiner Ankunft sofort auf das Argentinische Konsulat zu gehen, unsere Visa zu holen, zum Bahnhof zurückzukehren und mit dem Nachtschnellzug abzufahren. Direkt zum Schiff. Alles in Begleitung eines Kriminalbeamten.
Es sind zwar zwei oder drei, die sich in unserer Nähe herumdrücken, ich sehe ihre Trenchcoats schon eine ganze Weile in dem Menschengetriebe auf- und niedertauchen, aber sie schrecken mich nicht mehr.
Ich fühle mich jetzt schon ganz fremd hier, wie losgelöst von allem. Die sorglose Betriebsamkeit um mich her ist mir unverständlich. Weiß man hier nicht, woran man ist? Ich gehöre nicht mehr zu diesen Menschen, die hier eilfertig kommen und gehen, lachen und winken. Sie müssen hierbleiben. Sie sind Gefangene. Merken sie das nicht? Ich kann fort. Fort aus diesem Deutschland, das nicht mehr Heimat oder Vaterland ist, sondern nur noch ein Zustand, ein sehr beängstigender und bedrückender Zustand. Die Bahnhofshalle wölbt sich wie ein Tor über mir. Ganz weit vorne, zwischen ihrem letzten Bogen und den Gleisanlagen, Signalen und Stellwerken ist ein Stück blauer Himmel. Da hinein fahren wir. In die Freiheit. Der schallende Lärm der Halle, das Donnern der Züge, das Pfeifen und Gezisch rangierender Lokomotiven ist Musik in meinen Ohren.
Ich habe plötzlich so etwas wie Mitleid mit den Menschen, die an mir vorüberhasten, ahnungslos und voll Vertrauen in eine Zukunft, vor der ich Angst hätte. Ich bedaure sogar die herumstreichenden Kriminalbeamten, ich kann mir nicht helfen. Auch sie müssen bleiben. Sie müssen uns nachspionieren, ob wir auch tatsächlich fahren. Sie merken nicht, daß wir die Glücklicheren sind. Sie sehen nicht, daß ich vor Ungeduld fiebere, von einem Fuß auf den andern trete, immer wieder auf die vielen Bahnhofsuhren schaue, daß ich völlig außer Rand und Band bin, als der Zug langsam in die Halle rollt. Dein Zug. Es dauert eine Ewigkeit, bis er hält. Menschen quellen aus ihm heraus. Wir vier stehen plötzlich wie Wellenbrecher im Strom dieser eilenden, schwätzenden, lachenden und schleppenden Menschen, nur noch Gesichter sehe ich, Hüte, Haare, Stirnen, Augen. Und dann dich.

Jetzt hast du mich erblickt, arbeitest dich quer durch diese Menschenströmung, kommst auf uns zu, blaß, unrasiert, verfallen, aber du lachst. Kätle will dir entgegengehen, du bückst dich, um es aufzufangen, plötzlich ist einer dieser verfluchten Trenchcoats neben dir und noch einer, dann sind es auf einmal drei, die drei Kriminalbeamten von vorhin. Sie nehmen dich in die Mitte, du willst offenbar protestieren, doch drängen sie dich rücksichtslos weiter und führen dich ab. Die Mutter schreit auf, der Vater ruft irgend etwas, ich bin wie versteinert.

Du hast mir nicht einmal die Hand geben können, schon bist du wieder fort, im Menschengewühl untergetaucht. Unerreichbar.

Daß ich Kind, Eltern und Koffer habe stehenlassen, wird mir erst später bewußt, als ich verstört und mit mir selber redend durch die Straßen hetze. Wohin will ich denn überhaupt?

Der Justizminister, der deine Freilassung angeordnet hat, ist sichtlich ungehalten. Was denn? Natürlich habe er dich freigegeben. Lediglich Buck, der Lagerkommandant, habe dich neuerdings durch die Gestapo verhaften lassen. Buck also. Lediglich Buck, sagt der Minister. Ich brauche eine ganze Weile, bis ich das auffasse. Du hättest dich, sagt der Minister, bei deiner Entlassung im Lager dahingehend geäußert, daß du dich im Ausland bis zum letzten Blutstropfen für die verhafteten Kameraden einsetzen würdest. Das sei für Buck natürlich eine wunderbare Handhabe gewesen. Eine wunderbare Handhabe, sagt der Minister. Wunderbare, sagt er. Das müsse ich doch einsehen. Natürlich muß ich. Was muß ich nicht im Dritten Reich?

Ich erwirke wenigstens die Genehmigung einer Aussprache mit dir.

Mein Reisetäschchen mit den kostbaren Schiffskarten an die Brust drückend, hetze ich weiter zur Gestapo, dem ehemaligen Hotel Silber. Durch ein Telefonat des Ministers bin ich avisiert. Eine Wache empfängt mich, gibt mich an eine andere Wache weiter. Ich sehe nur Wachen in diesem Haus, SA, SS und Zivilisten. In dem öden Zimmer, in das ich geführt werde, lümmeln sich die drei Gestapobeamten vom Bahnhof. Dann wirst du gebracht, selbstverständlich wieder von einer anderen Wache. Die Gestaposchergen sind sichtlich gespannt, wie wir uns nach einer so langen Trennung begrüßen. Ihre Neugierde ist schamlos.

Du willst mich an dich ziehen, du willst mir einen Kuß geben, aber da ist dieses gemeine Lauern der andern, das jede überströmende Regung erstickt. Wir stehen uns einen qualvollen Augenblick schweigend gegenüber, wir sind voneinander bis ins Herz erschüttert, aber wir geben uns nur die Hand, so preisgegeben kommen wir uns vor. Tränen rinnen mir über die Backen, der Hals ist mir wie zugeschnürt, nicht ein liebes Wort bringe ich über die Lippen. Auch du bist wie gelähmt. Einer der drei Burschen, an den Tisch hingeflegelt, stiert mich an. Aus seinem Rock schaut ein Gummiknüppel heraus. In diesem Moment fühle ich nur noch Haß. Haß und Ekel. Sie haben Gummiknüppel in den Taschen. Hier, im Hauptquartier der Gestapo, wo es in allen Gängen von Wachen wimmelt, die auf den leisesten Pfiff da sind. Gegen eine hilflose Frau und einen wehrlosen Mann. Zu dritt. Beamte. Deutsche Beamte. »Pfui Teufel!« sage ich. Ich will es gar nicht sagen, es kommt ganz einfach so aus mir heraus. Es ist das erste Wort, das gesprochen wird. Eine der Kreaturen, den Stenogrammblock vor sich auf dem Tisch, notiert es.

Dann fängst du zu sprechen an, stockend zuerst, schmerzhaft angestrengt nach Worten suchend, mit qualvollen Pausen, als sei dein Gedächtnis zugeschüttet. Du erzählst, wie brutal dich Buck und seine SS im Lager mißhandelt haben. Nicht nur dich, alle die vielen Kameraden auf dem Kuhberg. Ich höre mit wachsender Angst die furchtbare, schonungslose Anklage. Es ist ganz ausgeschlossen, daß sie uns daraufhin noch fortlassen. Ich verstehe dich nicht mehr. Ich habe alles getan, um uns zu retten. Es nützt doch nichts, wenn du hier anklagst. Ich möchte dir am liebsten den Mund zuhalten. Doch du sprichst schon nicht mehr zu mir, du bist mir plötzlich ganz fremd mit den ausgemergelten Zügen und den dunklen Augenhöhlen, irgendein gepeinigter Mensch bist du, der nicht mehr von sich oder für sich redet, sondern der einfach die Menschheit anruft. Aber hier ist keine Menschheit, hier bin bloß ich. Und drei stramme deutsche Beamte mit Gummiknüppeln im Sack, verblüfften Mausgesichtern und herausgetriebenen Augen. Und ein alter Tisch, ein leerer Aktenschrank und ein paar Stühle. Und das Bild des Volkskanzlers Adolf Hitler. Ach, mein Fred. Der Stenograf schreibt fieberhaft mit. Das Protokoll lohnt den Eifer. Es sei dir, sagst du, bereits heute früh bei der Entlassung im Lager klar gewesen, daß Buck dich zurückhalten würde. Weil, sagst du, er deine Anklage zu fürchten habe. Groß im Beseitigen unbequemer Elemente, würde er auch dich fertigmachen, auch das sei dir klar. Aber bei dir ginge es nicht so billig, sagst du, nicht auf kaltem

Wege wie sonst, unter Ausschluß der Öffentlichkeit. »Mit dieser Faust«, rufst du, »werde ich ihm ins Gesicht schlagen, wenn ich zu ihm zurückkomme!« Mir bleibt fast das Herz stehen. »Denn dann«, rufst du, »muß er mich entweder gleich erschießen oder vor Gericht stellen!« Du bist wie von Sinnen. Merkst du denn nicht, daß du dir damit selbst dein Urteil sprichst? »Auf jeden Fall«, rufst du, »erfährt es dann die Öffentlichkeit!«

Die Öffentlichkeit. Ach, du tapferer Mann. Die Öffentlichkeit erfährt, daß du wegen Widerstandes gegen die Staatsgewalt oder auf der Flucht erschossen worden seiest. *Wenn* sie es erfährt. Denn in den Zeitungen stehen heute ganz andere Dinge. In den Zeitungen steht, daß Deutschland schöner und daß wir glücklicher geworden sind. Und daß es des Führers unerschütterlicher Wille ist, die deutschen Menschen wieder einander zuzuführen. Und daß die begeisterte Menge nach der Rede, in welcher der Führer dies sagte, in nicht enden wollende Siegheil-Rufe ausgebrochen ist. Glaubst du, daß die Öffentlichkeit nicht enden wollender Siegheil-Rufe sich darüber aufhält, wenn sie dich erschießen?

Du schweigst. Der tüchtige Schreiber setzt befriedigt das Datum unter das Stenogramm. Ich stammle noch rasch ein paar sinnlose Worte, fasse deine Hand und sage schluchzend auf Wiedersehen! Du nickst mit einem guten, tröstlichen Blick, lächelnd, voll Zuversicht. Jetzt bist du wieder ganz bei mir, ich spüre es. Dann wirst du abgeführt. In einen der dunklen Keller des alten Hotels.

Ich weine auf der Straße weiter. In vier Stunden geht der Nachtschnellzug, der uns zum Schiff gebracht hätte. In vier Stunden kannst du im Kuhberglager vielleicht auch schon erschlagen sein. Die Leute weichen mir betreten aus, manche geradezu ängstlich. Man will die Tuchfühlung mit dem Leid vermeiden. Ich komme aus dem Gestapogebäude. Da ist es besser, man schaut weg. Es ist nicht gut, so viel zu sehen in diesem schöneren, glücklicheren Deutschland.

Ich stolpere in ein Postamt. Schreibe an der Kante eines belagerten Stehpults mit gespreizter rostiger Feder an den Herrn Staatsminister des Innern und der Justiz. Ganz formlos, spontan und ohne Floskeln, wie es mir die Verzweiflung diktiert.

Der Minister antwortet. Ich solle, schreibt er, die Schiffskarten verlängern lassen. Du würdest aus der dringend gebotenen Schutzhaft so rechtzeitig entlassen, daß wir mit dem nächsten Dampfer bestimmt

fahren könnten. Ich glaube nicht daran. Als ich dich jedoch an dem vorgeschriebenen Tage bei der Gestapo in Stuttgart erwarte, kommst du wirklich die Treppe herunter und bist wirklich frei.
Laut Weisung der Gestapo dürfen wir erst am nächsten Tage fahren. Wir gehen zu meiner Schwägerin Anna nach Mettingen. Wir gehen den ganzen Weg wortlos. Hand in Hand.
Auch bei der Schwägerin reden wir kaum. Nichts vom Vergangenen, wenig über die Zukunft. Später, als wir allein sind, verstummen wir ganz. Die Gnade dieser Stunde legt schweigend den Finger auf die Lippen. Auch heute noch, nachdem sie nur noch ein Schatten der Erinnerung ist. Unnötig, daß sie mahnt. Ich halte den Atem an, wenn ich an diese Stunde denke. Es gibt Dinge im Leben, die sich nicht aussprechen lassen. Dieses Wiedersehen gehört dazu.
Mitten in der Nacht schellt die Wohnungsglocke, schrill, alarmierend. Ich liege wie erstarrt. Kätle schreckt schlaftrunken auf. Du bist im Augenblick hoch. »Da sind sie schon wieder«, sagst du tonlos. Man hört die Korridortüre gehen und die Stimme der Schwägerin. Sie schimpft anscheinend. Es sei eine Gemeinheit, höre ich sie sagen. Also doch.
Da reißen sie auch schon die Tür auf. Wieder drei. Drei andere diesmal. Auch wieder Kriminalbeamte. Auch wieder Trenchcoats. Feiste, rosige Gesichter. Gemeine Neugier. Meine Brust ist bloß. Ich will das Jäckchen zuknöpfen, die Finger gehorchen mir nicht. Es schüttelt mich, ohne daß mich friert. Du bist schon im Nebenzimmer, halb angezogen, in Hemd und Hose. Als mir Anna einen Mantel umlegt – ich will zu dir –, merke ich erst, daß ich noch im Nachthemd bin.
Natürlich holen sie dich wieder. Unser Wiedersehen hat einige Stunden gedauert. Davon sind wir eine einzige allein gewesen.
Sie lassen mich wenigstens mitgehen. Wir werden durch eine stockdunkle Nacht von Mettingen nach Eßlingen getrieben. Wie Tiere. Und wie ich aus hundert bitteren Erfahrungen wußte, machten diese Männer mit den Revolvern in der Tasche keinen Unterschied zwischen Vieh und uns. Wie Tiere. Aus der verworrenen Dunkelheit stoßen in Abständen weitere Gestaposchergen zu uns. Sie haben offenbar Schmiere gestanden, um uns bei einem Fluchtversuch niederzuknallen. Die Häuser von Eßlingen tauchen aus dem Dunkel. Der Hall unserer Schritte schlägt hart und herausfordernd an die schlafenden Giebel. Wird niemand wach bei dieser nächtlichen Unruhe? Hört

hinter diesen Fenstern kein Ohr den Schritt der Fliegenden Kommandos in der Nacht? Schlägt kein Gewissen, wird kein Herz unruhig bei diesem Schritt? Nein, Deutschland schläft. Schläft den Schlaf des Gerechten. Aus schwarzen Baumschatten tönt der wilde Schrei eines Nachtvogels. Eine Katze huscht über den Weg. Ein Brunnen rauscht. Sind wir im zwanzigsten Jahrhundert?
Du willst mir zureden, mit Kätle allein nach Amerika zu gehen, deine Gründe sind logisch und überzeugend. Die Sorge um uns spricht aus ihnen. Ich sage, daß wir ja noch gar nicht wüßten, ob sie dich wirklich behalten, aber das ist nur geredet. Diese nächtliche Eskorte, an mittelalterliche Ketzergerichte gemahnend, schließt auch die zaghafteste Hoffnung aus. Wie aus einem Schundroman ist das alles und doch Wirklichkeit. Meine Zähne schlagen aufeinander, ich zittere am ganzen Leib und habe Mühe, es vor dir zu verbergen. Du willst mich aufmuntern. »Jetzt heißt es die Ohren steifhalten«, sagst du. »Aber wenn keiner zurückkommt«, sagst du, »ich komme wieder. Da kannst du Gift drauf nehmen.« Ich nehme kein Gift darauf. Ich denke an Buck und an die wunderbare Handhabe – wunderbare, sagte der Justizminister –, die du ihm bieten wirst. Wo soll da noch eine Chance sein? . . . Du willst eine Verhandlung oder Katastrophe erzwingen. Ach, ich weiß genau, daß für einen Kämpfer wie dich familiäre Gründe nur bedingte Wichtigkeit haben, so können mir deine Worte kein Trost sein.
Vor der Polizeistation in Eßlingen wirst du gefesselt in ein wartendes Auto gesetzt. Als ich auf das Trittbrett des anfahrenden Wagens springen will, tritt mir einer dieser Kerle den Stiefel in den Leib, daß ich zurückfalle, den Kopf auf den Rinnstein aufschlage und bewußtlos liegen bleibe. Ich komme erst wieder zu mir, als die ersten Arbeiter im Morgengrauen zur Frühschicht gehen. Sie halten mich für eine Dirne, die hier ihren Rausch ausgeschlafen hat. Ihre ordinären Zurufe bringen mich sehr schnell auf die Beine.
Bei einem Bäcker, der Licht hat, frage ich nach der Wohnung deines Bruders. Ich erinnere mich, daß er irgendwo hier in der Nähe wohnt. Es ist noch sehr früh, aber er ist schon auf. Seine Wirtin bringt heiße Milch, die ich indessen nur hinunterwürge, um die gute Frau nicht zu kränken. Dein Bruder ist rührend. Dann fahren wir mit der ersten Straßenbahn in die Stadt, um den Justizminister aufzusuchen. Wir treffen ihn noch in der Wohnung an und werden tatsächlich eingelassen.

Er ist über deine neue Verhaftung ehrlich erbost. Leider könne er nun in der Sache nichts mehr tun. Denn diese neue Festnahme, sagt er, habe wohl sein werter Parteigenosse Murr angeordnet. Der Herr Reichsstatthalter, sagt er mit offensichtlicher Geringschätzung. Kein anderer, sagt er, besäße die Unverfrorenheit, ihm als dem zuständigen Justizminister in sein Ressort zu pfuschen. Auf meine Bitte hin stellt er telefonisch fest, daß man dich wieder zur Gestapo zurückgebracht habe.

Seit ich weiß, daß du nicht oder doch wenigstens noch nicht im Lager bist, kann ich wieder konzentriert denken. Ich will sofort zu Murr, so wie ich bin. Dein Bruder rät ab, überstürzt zu handeln. Zuerst, meint er, müsse ein Weg gefunden werden, um überhaupt zu ihm vorzukommen. Ein Weg zu Murr? Murrs Frau. Ich habe sie zwar beleidigt, aber das ist lange her, über zwei Jahre. Sie wird mich verstehen. Sie ist eine Frau wie ich, sie hat einen Mann wie ich, sie hat ein Kind wie ich, sie *muß* mich ja verstehen. Du darfst nicht wieder ins Lager zurück.

In der Villa Murr schläft man noch. Eine dicke Köchin läßt mich durch den Dienstboteneingang ein. Sie ist sicherlich gutmütig, doch hält sie offenbar nicht allzuviel von der Menschlichkeit ihrer Herrschaft. Immerhin werde ich durch ihre warmherzige Fürsprache wenigstens von der Gesellschaftsdame der Frau Murr angehört. Diese, ungnädig und übelgelaunt, bedauert jedoch, mir sagen zu müssen, daß die Herrschaften noch ruhen und daß im übrigen die gnädige Frau auf die politischen Anordnungen ihres Mannes keinerlei Einfluß habe. Es sei mir anheimgestellt, mich an die Reichsstatthalterei direkt zu wenden, ich wisse ja, Villa Reitzenstein.

Mit dieser billigen Auskunft ziehe ich wieder ab. Das schöne Haus mit den noblen Maßen und der verhaltenen Stille träumt hochmütig und verschlossen weiter. Hinter den herabgelassenen Jalousien schläft der Mann, der mir mit einem einzigen Wort helfen könnte. Vor drei Jahren war er noch nichts, jetzt hat er alles, was sein Herz begehrt. Sein Schlaf ist sicherlich ruhig und fest. Ein gutes Gewissen ist ein sanftes Ruhekissen. Ich kann nicht so gut schlafen. Ich bin übernächtig, zum Umfallen müde, und doch überwach. Dein Bruder wartet vor dem Portal und schimpft auf die Bonzen. Es will ihm nicht in den Kopf, daß sogenannte alte Kämpfer einer sogenannten Arbeiterpartei in solchen Villen wohnen. Das Volk findet es ganz in Ordnung. Mir selbst ist es im Augenblick völlig egal. Ich bin wie betäubt. Ich habe plötzlich die Empfindung, als seiest du auf einem anderen Planeten, zu dem ich niemals und mit keinem Mittel hingelangen könnte. Der Gedanke, deine Rettung zu erzwingen, hat keine überzeugende Kraft mehr. Eine lähmende Hoffnungslosigkeit befällt mich. Was will ich denn eigentlich? Ich, Frau eines sogenannten Staatsfeindes, arm, hilflos, allein, »politisch unzuverlässig«, selbst schon einmal eingesperrt und jetzt sicherlich auf irgendeiner schwarzen Liste. Ist es nicht glatter Wahnsinn, mit solchen Empfehlungen in einer solchen Sache von einem Gauleiter und Reichsstatthalter Verständnis zu erwarten, ein mitfühlendes Herz, die Bereitwilligkeit, eine von ihm selbst getroffene Maßnahme zurückzunehmen? Es ist Wahnsinn, das sehe ich jetzt ein.

Trotzdem gehe ich in die Reichsstatthalterei, um dort den Reichsstatthalter zu erwarten. Das hat mit Mut nichts zu tun. Auch nichts mit kühler Überlegung. Es ist reine Mechanik, von der Verzweiflung angetrieben. Selbstverständlich werde ich rausgefeuert.

Nun wirst du also wieder ins Lager kommen. Die Schiffskarten sind verfallen. Die Möbel sind verkauft. Buck wird auf dich warten.

Ich hole Kätle bei der Schwägerin in Mettingen und fahre zur Mutter heim. Um auch einmal so gut schlafen zu können wie der Reichsstatthalter von Württemberg, nehme ich eine Handvoll Tabletten. Zu viel oder zu wenig, wie man will, ich weiß es selbst nicht. Jedenfalls werde ich noch in dieser Nacht in das Krankenhaus geschafft und liege dort vierzehn Tage. Schwerkrank und völlig apathisch.

Als ich wieder daheim bin, kommt Peter. Er ist seit zwei Tagen aus dem Kuhberg entlassen. Sein erster Weg führt zu mir. Ich vermag mich kaum auf den Beinen zu halten, so elend bin ich noch. Peter sieht es und hat es auf einmal sehr eilig. Er wolle mir nur rasch im Vorbeigehen sagen, daß du wieder auf dem Kuhberg seist. Ob ich nichts für dich tun könnte? Er greift nach seiner Mütze, aber ich halte ihn. Ich rede so lange auf ihn ein, bettle und beschwöre ihn, bis er erzählt. Er erzählt stockend, sich oft verbessernd, mit der ganz deutlichen Absicht, mich zu schonen. Er erzählt dies:

Man führte dich im Triumph ins Lager zurück. Buck hatte zu deinem Empfang die Gefangenen im Hof antreten lassen. Du wurdest gefesselt vor die Front geführt. Buck hielt eine Ansprache. Du hättest in Stuttgart Lügen verbreitet über die schlechte Behandlung der Leute im Lager. Du hättest beim Justizminister zu behaupten gewagt, die

Leute würden hier mißhandelt und geprügelt. Du hättest den Dienststellen vorgelogen, daß sogar er, der Lagerkommandant, die Gefangenen schlagen würde. Ob das wahr wäre, frage er. Ob einer da wäre, der das zu behaupten wage, frage er. Als du dazwischenrufen wolltest, schlug er dir die Reitpeitsche ins Gesicht. Es meldete sich kein Mensch. Vielleicht war es gut so, sonst hätte dich Buck bestimmt zu Tode geprügelt. Robert Ditter, dein guter Kumpel, hatte in der Nacht vorher einen Holzkäfig bauen müssen. In diesen Käfig wurdest du gefesselt eingesperrt. Es gab Nazis, die sich einen Spaß daraus machten, dich durch die Gitter anzuspucken. Nach einigen Tagen wurdest du nach Ulm ausgeborgt, damit auch Bucks Freunde ihren Spaß an dir hätten. Den Vorsteher des Ulmer Landesgefängnisses hattest du früher einmal im Landtag wegen Gefangenenmißhandlung angeprangert. Außerdem war dieser Mensch im Ersten Weltkrieg von Frankreich wegen Mißhandlung von Kriegsgefangenen als Kriegsverbrecher unter Anklage gestellt worden. Zu diesem Menschen kamst du nun. Was dort mit dir geschah, war im Lager unbekannt. Jedenfalls erschrak man dort über dein Aussehen, als du von Ulm zurückkamst. Nun steckte man dich in Dunkelhaft. Diese Dunkelhaft bestand aus einer ausgehobenen Grube, über die Bohlen gelegt waren. Es war ein beliebter Sport der SA-Leute, mit ihren Motorrädern über diese Grube zu fahren, denn dann spritzte dir der nasse Dreck ins Gesicht. Es regnete auf dich herab und gefror an dir. Die Kameraden schmuggelten unter Lebensgefahr Brotrinden in deinen Klokübel. Liebster, Ärmster!

Peter wundert sich, daß ich das alles mitanhöre, ohne zusammenzubrechen. Daß ich danach noch aufstehen kann, ohne umzufallen. Daß ich ganz ruhig und vernünftig über die Möglichkeiten einer Intervention in Berlin spreche. Auch mich wundert es. Aber offenbar hat auch die Schmerzempfindlichkeit des Herzens ihre Grenzen. Was darüber ist, wird nicht mehr aufgenommen. Das ist vorüber. Ich fahre noch in derselben Nacht nach Berlin.

In Berlin bin ich fremd und habe mich durchzufragen. Wie ein Ungeheuer ist diese Stadt. Wie ein Wasserkopf, der hinter einem bösen Lächeln Finsteres brütet. Ich war noch nie in meinem Leben so allein und gottverlassen, wie ich es hier bin, inmitten der vier Millionen. Für das Hotel reicht mein Geld nicht. Deshalb wohne ich bei Alberts. Ich weiß, was du sagen wirst. Aber wo soll ich sonst hin.

Die Alberts waren einmal Genossen. Jetzt stehen sie gutgelaunt, gutgekleidet und gutgenährt auf dem Boden der Tatsachen. Er ist ein ausgesprochener Gesinnungslump, aber auf dem blitzenden Türschild steht das nicht. Da steht Redakteur. Das Blatt braucht einen Gauner mit Orthographie und ohne Gewissen. Sie leugnen nicht, die Arbeiter verraten zu haben, sie leugnen auch nicht, daß es sich gelohnt hat. Früher waren sie Proleten, jetzt bewohnen sie eine gepflegte Vierzimmerwohnung mit allem Komfort. Das Hitlerbild hängt über dem Schreibtisch, wie sich das gehört. Und in der unvermeidlichen Blut- und Bodenecke sitzt es sich entschieden gemütlicher als in deiner Dunkelhaft auf dem Kuhberg. Sie haben keine Gewissenskonflikte bei meinem Anblick, sie wundern sich nur. Sie kommen sich klug und überlegen vor, weil sie sich rechtzeitig umgestellt haben. Ihre Hilfsbereitschaft ist gönnerhaft und übertrieben. Vielleicht freuen sie sich wirklich über meinen Besuch, weil meine erbärmliche Erscheinung eine kontrastreiche Folie ihres strahlenden Glückes ist. Sie haben keine Not, sondern ein Bankkonto. Sie sind nicht verzweifelt, sondern froh und unbeschwert. Sie sagen, das Leben ist ein Spiel. Man blufft, man reizt, man bedient, und man trumpft. Sie haben getrumpft. Sie verstehen das Spiel. Sie verstehen das Leben. Sie verstehen nur eines nicht: uns! Kinder, sagen sie amüsiert, wie kann man nur so dumm sein. So dumm. Und für wen?

Bei denen wohne ich. Wohnen? Schlafen! Untertags renne ich. Warte ich. Ich warte in nüchternen Büros, in prachtvollen, dämmerigen Warteräumen, auf rotausgelegten Korridoren. Noch heute bekomme ich Zustände, wenn ich einen roten Kokosläufer sehe. Das ist von damals. Drei Tage warte ich so, erschöpft, durchgedreht, hungrig, nervös, verzagt, voll bebender Hoffnung. Bis man mich in einem der Ministerien endlich anhört, sich flüchtig einiges notiert und mir verspricht, den Fall zu untersuchen. Mehr kann ich nicht erreichen. Ob es dazu beigetragen hat, daß man dich einige Wochen später vom Kuhberg in das KZ Dachau bei München überweist, kann ich nicht sagen. Vielleicht.

Von Dachau aus schreibst du mir. Allerdings wenig und selten. Aber ich weiß wenigstens, daß du lebst. Das ist schon viel. Allmählich lernen wir, uns in Andeutungen und Umschreibungen Dinge mitzuteilen, die den Zensoren entgehen. Manchmal sind allerdings nur noch wenige Streifen im Kuvert, alles andere ist herausgeschnitten.

Es ist eine trostlose Zeit, die nicht nach Tagen, Wochen und Monaten, sondern nach spärlichen Briefen zählt. Weder Traum noch Leben. Nächtelang liege ich wach im Bett und grüble über unser Elend nach. Höre den Stundenschlag der Uhren, der nicht mir gilt. Marschierende Stiefel auf der Straße. Lautsprecher aus der Nachbarschaft durch Wand und Decke. Mit Fanfaren und preußischen Siegesmärschen geht das Unabwendbare über mein ratloses Herz hinweg. Was hat es für einen Zweck, sich dagegen aufzubäumen? Bange Zweifel schleichen sich ein. Tag für Tag erfüllen sich die dunklen Ahnungen von früher mit unheimlicher Präzision. Hitler triumphiert. Seine Macht ist unerschütterlich. Die Mehrzahl des Volkes billigt sie. Die Millionen Alberts, die sich mit affenartiger Vehemenz auf den Boden der Tatsachen gestellt haben, billigen sie. Wenn man sich auch auf den Boden der Tatsachen gestellt hätte? Mit fliegenden Fahnen gehen die zentrumstreuen Bürger unserer kleinen Stadt zu Hitler über. Auch mancher rote Prolet. Was nützt es, wenn wir beharren? Wem nützt es? Wofür opferst du dich? Für wen leide ich? Immer einsamer wird es um mich. Die Freunde verlaufen sich. Biegen in Seitengassen ein, wenn sie mich auf der Straße sehen. Fragt einer nach dir, so geschieht es verstohlen und mit sicherndem Seitenblick. Achtbare Bürger dieser Stadt, Geschäftsleute von Ansehen und Wohlstand, bitten mich um Verzeihung, weil sie mich – sie hätten Kinder daheim – verleugnen müßten. So groß ist die Furcht vor dieser gespenstischen Macht. »Wer dieses Leben verliert«, sagt Gustav Lachenmaier, der in der Schutzhaft schneeweiß geworden ist, eines Tages zu mir, »verliert nicht nur nicht viel, sondern nichts.« »In unserem Falle leider alles, was wir verlieren können«, sage ich. So beginnen unsere Debatten. Stundenlang reden wir so. Über Gott und die Welt. Über Politik. Meistens vom Tod. Wir haben allen Grund dazu. Für die Gestapo genügt es schon, daß wir zusammenkommen. Trotzdem kommen wir zusammen. Ich habe jetzt wieder ein eigenes Zimmer, wenn auch nur notdürftig eingerichtet. Jedenfalls kann ich mit Kätle allein sein. Bei den Eltern wäre es auf die Dauer zu eng gewesen. So kommen die Freunde nun zu mir, Gustav, Sepp und Lore, Fif, Karle, Osk und Ottl, alles Genossen, keine Alberts. Menschen. Menschen, an denen ich mich immer wieder aufrichte. Auch sie können kleinmütig sein, wie du siehst. Schwankend sind sie nie.

Ich bin sehr bescheiden geworden in den letzten zwei Jahren. Dennoch reichen die elf Mark Unterstützung in der Woche nicht für das Notdürftigste. Ich muß Arbeit suchen. Die Zimmersuche war demütigend, die Arbeitssuche ist ein Kreuzweg. Es ist immer dasselbe, wohin ich auch komme. Arbeit? Selbstverständlich. Verheiratet? Und der Mann? In Dachau? Ach so, im Konzentrationslager! Ja, dann allerdings... Doch ist man selten so freundlich. Manchmal bin ich froh, daß du das alles nicht mitzumachen brauchst. Der Ekel würgt mich, wenn ich abends nach vergeblicher Suche todmüde nach Hause komme. Kätle hat Hunger. Die großen runden Augen hängen an der Einkaufstasche. Was gibt es heute abend? Wieder keine Butter. Macht nichts, sagt Kätle tapfer. Wie blaß das Kind ist. Blaß und aufgeschossen. Das Kleidchen ist auch schon zu kurz. Die Schuhe sollten zum Schuster. Die Lichtrechnung ist gekommen. Der Lautsprecher nebenan dröhnt und bellt. Ich will nichts hören, aber wie Hammerschläge fallen die Führerworte in mein schmerzendes Hirn: Die Arbeit ehrt die Frau und den Mann, das Kind aber adelt die Mutter. Es wird spät, bis ich mich niederlege. Kätle lächelt im Traum. Morgen will ich wieder um Arbeit fragen.
Am nächsten Morgen ist Haussuchung.
Die Herren nehmen mich zur Polizei mit. Ich gebe dem schluchzenden Kätle den Zimmerschlüssel und schicke es zur Großmutter. Käme ich nicht bis Mittag, dann wäre ich zu Vati gegangen.
Auf der Polizei wirft man mir vor, illegale Funktionäre beherbergt zu haben. Ich sage, daß die Leute, die zu mir kommen, der Polizei genau bekannt seien, denn sie ständen wie ich unter Polizeiaufsicht. Da ich außerdem wisse, daß es Spitzel gäbe, daß es sogar Spitzel gäbe, die wiederum diese Spitzel zu bespitzeln hätten, sei ich begreiflicherweise besonders vorsichtig.
Schließlich läßt Herr Thumm, der verhörende Gestapobeamte, die Katze aus dem Sack. Man sucht einen illegalen Funktionär, hinter dem man seit langem her sei. Offenbar weiß man von ihm nur, daß er sehr rührig ist, denn die Angaben über ihn sind dürftig. Ich kann mit gutem Gewissen sagen, daß ich ihn nicht kenne – ich kenne ihn nicht. Wahrscheinlich vermutet man, daß er, zu häufigem Quartierwechsel gezwungen, eines Tages auch bei mir Unterschlupf suchen würde.
»Wissen Sie was«, sagt Herr Thumm plötzlich, er sagt es betont leichthin, als sei es die selbstverständlichste Sache der Welt, »wir ma-

chen ein Geschäft zusammen. Sie helfen uns, daß wir den Kerl fassen, wir lassen dafür Ihren Mann laufen.« Ich bin so verblüfft über diese Unverschämtheit, daß es mir im ersten Moment die Sprache verschlägt. »Sie...?« frage ich entgeistert. Er hat zwar die Hände in den Hosentaschen, wohl um zu zeigen, was er ist, aber er ist ein Würstchen, das sehe ich mit einem Auge. Er fährt gekränkt auf: »Ja, ich! Oder zweifeln Sie daran? Glauben Sie vielleicht, ich könnte Ihren Mann nicht freibekommen?« Natürlich kann er es nicht, wenn es schon der Justizminister nicht kann. »Doch«, lüge ich, denn allmählich wird es mir klar, daß es hier um mehr geht als um ein bloßes Verhör. »Na also«, sagt Herr Thumm halbwegs beruhigt und tastet mit nervösen Fingern über die linke Brusttasche, wie um sein gekränktes Herz zu beruhigen. Dabei berührt er wie zufällig sein Parteiabzeichen auf dem Rockaufschlag, sofort strafft sich seine Gestalt, und seine Miene wird bedeutend wie bei kleinen Wichtigmachern, wenn sie eine Rede halten wollen. »Ich habe Vollmachten...«, sagt er dunkel, »das dürfen Sie mir glauben.« Er hat gar nichts als den Auftrag, über den Unbekannten Recherchen einzuziehen. Höchstens noch Angst, daß es ihm nicht gelingen wird. Angst und Ehrgeiz. Er will den Mann offenbar selbst zur Strecke bringen, er scheint neu zu sein, ein kleiner Anfänger, der Karriere machen will. Ein eingebildeter Streber, der seine Niedertracht für Scharfsinn hält. Der nicht nur Thumm heißt, sondern es auch ist. Deshalb habe ich seinen Namen so gut behalten.
»Wahrscheinlich wundern Sie sich«, sagt er selbstgefällig und zündet sich mit nervöser Hast eine Zigarette an, »daß ich mit offenen Karten spiele?« Er geht mit großen Schritten auf und ab. Plötzlich fährt er herum. »Ich weiß, warum ich mit offenen Karten spiele!« Ich weiß es auch. Weil er mich braucht. Weil er mich ködern will. Die Aussicht auf deine Freilassung ist natürlich glatter Schwindel. Sein Scharfsinn ebenfalls. Nun bleibt er vor mir stehen. »Ich kann doch nur«, sagt er, er fleht beinahe, er trieft förmlich vor Aufrichtigkeit, »ich kann doch nur mit Ihrer ehrlichen Mithilfe rechnen, wenn auch ich zu Ihnen anständig und offen bin. Oder nicht?«
»Doch«, sage ich leise und starre angestrengt in seine niederträchtige Visage. Ehrliche Mithilfe, denke ich, offen, anständig...?
»Na also«, sagt er und läßt sich befriedigt in den Sessel fallen, »dann sind wir ja einig.« Es folgen noch einige Anweisungen, wie und wann

ich die Polizei zu benachrichtigen und den Gesuchten gegebenenfalls in meiner Wohnung bis zum Eintreffen der Beamten festzuhalten hätte. Geheimhaltung meines Namens wird zugesichert. Dann bin ich entlassen.
»Was Ihnen blüht«, sagt Herr Thumm mit zusammengekniffenen Augen, während ich schon die Türklinke niederdrücke, »was Ihnen blüht, wenn Sie uns hereinlegen sollten, wissen Sie ja!«
Ich weiß es. Trotzdem werde ich den Unbekannten warnen und ihm weiterhelfen, wenn er zu mir kommt. Das ist selbstverständlich. Ebenso selbstverständlich wird sich Herr Thumm an mich halten, wenn ihm der Mann durch die Lappen geht. Er wird sich in jedem Fall an mich halten. Auch dann, wenn der Gesuchte überhaupt nicht auftaucht. Dann vermutlich erst recht. Denn dann ist der ehrgeizige Gestapospitzel um seine Chance geprellt. Natürlich wird er seine Wut an mir auslassen. Er kann mir ohne weiteres unterstellen, den Unbekannten gewarnt und begünstigt zu haben. Auch in diesem Fall. In jedem Fall. Nüchtern betrachtet kann ich also dieses »offene und ehrliche«, dieses verdammte Gestapospiel nur verlieren. Das ist mir jetzt klar. Diese Erkenntnis ist so bestürzend, daß ich mitten auf der Straße stehenbleibe. (Wahrscheinlich bin ich stehengeblieben.) Denn plötzlich packt mich jemand am Arm, ein Auto wischt mit kreischenden Bremsen an mir vorbei, im Augenblick sind Leute um mich, und ein Mann schreit aufgeregt, daß man mich ums Haar überfahren hätte. Als ob das so schrecklich wäre. Der Mann ist offenbar enttäuscht und beleidigt, weil ich ihn verwundert anschaue. Was soll ich sonst? Soll ich auch schreien? Soll ich ihm sagen, daß man mich über kurz oder lang verhaften, von meinem Kind trennen und einsperren wird? Ohne Recht und Gesetz? Bloß, weil ein subalterner, ehrgeiziger Gestapospitzel sich wichtig machen will? Und daß dann keine dieser neugierigen Frauen, die jetzt so teilnahmsvoll um mich herumstehen, erschrocken oder gar empört sein wird? So ist das Leben. Mein Leben ist so. Ist das ein Leben?
Was wissen diese Leute von mir. Sie kehren mir enttäuscht den Rükken. Sie gehen weiter. Sie haben ja nichts zu fürchten, sie sind unbefangen und unbeschwert. Sie wissen nichts von einem illegalen Funktionär, der gesucht wird. Die Gestapo hat sie nicht in ihre Karten schauen lassen, kein scharfsinniger Herr Thumm erwartet von ihnen »ehrliche Mithilfe«. Sie sind nicht in die Enge getrieben wie ich, ihnen

droht keine verschärfte Polizeiüberwachung, kein Verhör, keine neue Verhaftung, kein Unbekannter. Ich kenne ihn zwar ebensowenig wie sie ihn kennen, aber sie stehen auf dem Boden der Tatsachen und ich nicht. Deshalb können sie mit gutem Gewissen guter Dinge sein, unbehelligt ihrer Arbeit nachgehen, zufrieden und vergnügt im Kaffeehaus sitzen oder in die Sonne blinzeln oder den Kindern zuschauen, die vor den alten Türen spielen. Ich kann das nicht. Ich kann nur warten. Auf dich warten. Auf den Unbekannten. Auf die Gestapo. Wie eine Ausgestoßene stehe ich da, immer noch mitten auf der Straße. Ich bin sie schon als Kind gegangen, sie ist eine Straße meiner Heimatstadt, ich kenne die Häuser, die Läden, die Tore, die Leute, aber ich gehöre nicht mehr dazu, ich bin nur noch auf Abruf in dieser Welt, ich habe keine Beziehungen mehr zu den freundlichen Dingen dieses Lebens, die mein Auge wohl sieht und mein Ohr wohl vernimmt, mein ratloses Herz aber als schmerzenden Hohn empfindet. So gehe ich langsam heim.

Kätle war natürlich nicht bei der Großmutter, sondern kauert, den Zimmerschlüssel im verkrampften Händchen, vom vielen Weinen und vor Müdigkeit eingeschlafen, vor der Wohnungstür. Der Atem geht stoßweise, das Gesichtchen zuckt, der Schrecken verfolgt es also noch im Schlaf. Ich bringe das Kind zu Bett und sitze lange da, ohne mich zu rühren, eine Gefangene meiner Ausweglosigkeit und meiner Angst. Meine Gedanken gehen im Kreis. Eigentlich ist es nur *ein* Gedanke, der immer wiederkehrt, in den ich mich verbohre, den ich verwerfe und doch immer wieder drehe und wende. Dieser Gedanke ist niederträchtig und gemein, so gemein wie der gemeine Handel, auf den ich in diesem Augenblick eingehen könnte, wenn ich, unerfahren in der Beurteilung der Machtverhältnisse, an Thumms anmaßende Sicherheit glauben würde und nicht wüßte, daß dieser Kerl doch nur ein kleiner Zutreiber ist. So völlig verzweifelt bin ich in diesem Augenblick.

Du wirst das bei deiner elementaren Ehrlichkeit nie begreifen. Vielleicht müßte ich es eingehender begründen, aber ich bin nicht für große Worte. Der Gedanke, mit der Gestapo das schmutzige Geschäft zu machen, den Genossen zu verraten, ist der Gedanke der einzigen Möglichkeit, uns zu retten. Dich zu retten. Ich bin deine Frau. Du bist der Vater meines Kindes. Das verstehst du doch. Ich habe die Liebe immer über die Politik oder, wenn du willst, über die Idee gestellt und doch der Idee und nicht der Liebe alles geopfert. Sogar die Liebe der Idee. Das

weißt du doch. Siehst du. Und deshalb kannst du mir diesen Gedanken ruhig verzeihen. Es ist das einzige Mal, daß ich schwach werde.
Auch diese Nacht geht vorbei. Ich warte, bin auf der Hut, wage außer mit Sepp Knoedler, der mit mir die laufenden Informationsbriefe weiterleitet, mit keinem der Genossen über die Sache zu sprechen. Sepp ist zuverlässig, verschwiegen, gut informiert. Über den Gesuchten weiß er allerdings auch nichts. Mit der Zeit wird meine Überwachung lockerer, ich spüre sie kaum noch, atme auf, werde sicherer, hoffe, hoffe...
An einem Sonntag morgen klopft es. Ein schmaler, blasser Mann tritt ein, schaut sich im Zimmer um, richtet Grüße aus von unserm Jugendfreund Hermann Nuding, sagt, daß dieser ihn schicke, damit die bis jetzt aufgebaute illegale Arbeit nicht wieder zurückgehe, sagt, daß man ihm vermutlich auf der Spur sei und daß er weg müsse. Er sagt das alles sehr ruhig, freundlich, mit aufmerksamen Augen.
Er ist es. Der Unbekannte ist es. Das Schicksal ist es. Nun kann ich ihm nicht mehr ausweichen, nun muß ich mich entscheiden.
Ich warne ihn. Ich erzähle ihm die ganze Geschichte von Thumm. Ich beschwöre ihn, sofort über die Grenze zu gehen. Er schüttelt indessen den Kopf, nimmt das alles nicht so tragisch, will mir zunächst einmal seine Arbeit mit allen Unterlagen über unsern Bezirk übergeben; ein vertrauenswürdiger Genosse möge die Papiere bei ihm holen, dann erst wolle er versuchen, über die Grenze zu kommen.
Ich schicke Sepp. Er kommt nicht mehr zurück.
Mußgay, der Chef der Stuttgarter Gestapo, holt mich persönlich. Ich werde im Auto nach Stuttgart gebracht. Ein Fußtritt befördert mich über eine steile Wendeltreppe in eine der Kellerzellen des Gestapogebäudes. Die Zelle ist ein Loch. An das Halbdunkel gewöhnt, unterscheide ich eine in die Wand eingelassene Steinbank. Die Eisentür ist glatt. Die Wände sind grobkörnig angeworfen, vermutlich um das Einkratzen von Parolen und Informationen zu verhindern.
Ich fühle gar nichts. Ich hocke auf der Steinbank und döse. Das Denken fällt mir schwer. Es ist nicht viel, was ich zu denken habe. Mein Kopf, dieses schmerzhafte Gefäß, sucht nach klaren Gedanken. Ob Hermanns Freund entwischen konnte? Ob sie nur mich und Sepp haben? Ob man Sepp schon verhört hat? Ob er wohl die Prügel aushält? Denn davon hängt alles ab. Ob er die Prügel aushält?
Ich werde in dieser Nacht nicht verhört, sondern in das Polizeipräsi-

dium Büchsenstraße eingeliefert. Dort ist das Einlieferungsgefängnis für alle, für Politische und Kriminelle. Es liegt mitten in der Stadt und ist wegen der Unsauberkeit als die sogenannte Büchsenschmiere bekannt und berüchtigt. Die Einweisung beginnt mit einer Reihe vorschriftsmäßiger Erniedrigungen, für welche die Amtssprache das harmlose Wort Formalitäten hat. Bei der Leibesvisitation legt man *mehr* ab als nur Kleider. Der Fingerabdruck für das Verbrecheralbum mißglückt natürlich und muß wiederholt werden. Die ausübenden Organe – die Amtssprache hätte keine bezeichnenderen Worte für diese Art von Menschen finden können – frühere Arbeitslose und Bauernsöhne dieses gesegneten Landes, nun Polizisten in grünen Uniformen und armselige Hungerleider, kommen sich ungeheuer wichtig vor und drängen mit ordinären Bemerkungen zur Eile. Man schiebt mich vor einen Fotokasten. »Was glotzen Sie denn so blöd«, schreit der Fotograf, »schauen S' gradaus!« Ich schaue geradeaus, in ein ödes, verkniffenes Gesicht, in ein Monturgesicht, in das Gesicht des »jungen Deutschland«.

Dann komme ich in eine Zelle zu zwei Frauen. Inzwischen ist es Abend geworden. Die eisernen Bettstellen sind von den Wänden geschraubt, und die Wäsche, die in der Frühe hinaus und am Abend hereinkommt, liegt auf dem Tisch. Es stinkt nach Chlor aus dem Klokübel und nach schlecht gewaschenen Menschen. Die Frauen kümmern sich kaum um mich. Ich stehe wie ein ungebetener Eindringling da. Im sogenannten Spion an der Tür erscheinen dann und wann spähende Gesichter, graue, lauernde Masken mit starren Augen. Manchmal wird die Tür aufgesperrt, und ein Polizist schaut herein. Die Neugier gilt der »Neuen«, die »Neue« bin ich. Ich setze mich mit dem Rücken zur Tür an den Tisch, um die Augen im Spion nicht mehr sehen zu müssen. Der eiserne Tisch und der eiserne Hocker sind am Boden festgeschraubt. Die Tischplatte ist vollgekritzelt mit sentimentalen Ergüssen, Unschuldsbeteuerungen und Gotthelfemirs ohne Ende. Ich stütze den Kopf in meine Hände und versuche zu denken. Die Frauen stehen an ihren Pritschen und reden leise miteinander. Ich höre nicht hin. Die Ungewißheit, ob Hermanns Freund durchgekommen oder auch verhaftet ist, quält mich. Ich muß langsam daran denken, mich zu verteidigen. Man kann mich jeden Moment zum Verhör holen.

Man holt mich jedoch erst nach drei endlosen Tagen. Man holt mich im grünen Wagen. Ich werde zur Gestapo gebracht. Es ist warm draußen. Die erste Frühlingssonne scheint. Durch den schmalen Fensterspalt beim Fahrersitz erhasche ich einen Blick der erglänzten Welt, spüre ich die Verheißung des kommenden Frühlings. In buntem Wechsel schieben sich die frohbewegten Bilder in den kleinen Ausguck. Die Straßen sind voller Menschen. Die ersten hellen Frühlingskleider leuchten aus dem Gewimmel, Kinderwagen stehen in den Anlagen, Bäume und Büsche sind von einem grünen Hauch überweht, alles ist heiter und glücklich erregt. Ich habe nie gewußt, daß die Welt so schön sein kann. Ich könnte sie mit Händen fassen, zwischen ihr und mir ist nur ein Stückchen Karosserie. Und doch ist sie unerreichbar fern.

»Ich werde mich von Ihnen nicht zum Narren halten lassen wie der Thumm, merken Sie sich das!« Damit springt mir der Gestapo-Inquisitor Mußgay förmlich ins Gesicht. Mußgay ist der Leiter der Gestapozentrale Stuttgart, bekannt als frommer Mann. Er hat etwas Zwerghaftes an sich, wirkt nur hinter seinem Schreibtisch größer als er in Wirklichkeit ist. Er schreit nicht, er kreischt. »Wenn Sie bei mir das Maul nicht aufmachen, haben Sie Ihr Kind gesehen, verstehen Sie mich?« Ich verstehe ihn. Ein Schmutzguß von Beschimpfungen folgt. Offenbar soll ich nicht mehr zur Besinnung kommen. Ich bin jedoch inzwischen einiges gewöhnt. Ich weiß auch, daß man die sogenannten Politischen brutaler anpackt als gewöhnliche Untersuchungsgefangene. Deshalb lasse ich den Ausbruch stumpf über mich ergehen. Vielleicht, denke ich, tobt sich der Kerl aus. Aber meine Ruhe macht ihn vollends rabiat. Seine erpresserischen Drohungen sind keine leeren Worte. Er ist imstande und sicher auch entschlossen, mich mit allen Mitteln kleinzuhacken. Ich habe überhaupt nichts zu sagen. Der Vormittag gilt scheinbar der Zermürbung. Mittags ist mir speiübel und sehr bange. In der Frühe habe ich den Kaffeesud aus dem verbeulten Blechnapf zur Not hinuntergewürgt. Das Mittagessen bringe ich nicht mehr hinunter, obwohl mir das Übelkeitsgefühl des überhungerten Magens den kalten Schweiß heraustreibt. Ich habe starke Kopfschmerzen und fühle mich hundeelend.

Am Nachmittag stehe ich wieder vor dem fauchenden Zwerg. »Na«, fängt er an, »haben Sie sich inzwischen eines Besseren besonnen?« Ich reiße mich gewaltsam zusammen. Nur jetzt nicht umfallen, denke ich voll Angst. »Los«, kommandiert der zappelnde Sadist, »raus mit der Sprache!« Natürlich schweige ich. Plötzlich schreit er mich an. »Das

Achselzucken«, schreit er, »treibe ich Ihnen noch aus, verlassen Sie sich darauf! Ich schmeiße Sie ins KZ, da können Sie achselzucken, bis Sie verrecken, verstehen Sie mich! Ich habe schon ganz andere zum Reden gebracht, Sie zukünftige Volkskommissarin, Sie! Kennen Sie überhaupt Ihr Strafmaß, wie? Zehn Jahre, ohne! Verstehen Sie mich: ohne! Und zwar KZ!« Mir ist sehr schlecht. Der Raum beginnt zu schwanken. Ich kann mich gerade noch an der Kante des Schreibtisches festhalten. »Was fällt Ihnen ein«, schreit der Kerl mit überschnappender Stimme und springt auf, »stehen Sie aufrecht, wenn Sie mit mir reden! Wissen Sie nicht, wo Sie sind?« Er gebärdet sich wie ein Besessener, beugt sich über den Schreibtisch wie über eine Kanzel und droht mit allen Höllen.
Nach Stunden gibt er es auf und läßt mich abführen. Man stößt mich mit harten Püffen aus dem Arbeitszimmer und durch den Korridor. Die »grüne Minna« bringt mich wieder in das Gefängnis zurück, in die Zelle zu den beiden Frauen. In dieser Nacht schlafe ich vor Erschöpfung so fest, daß ich nichts höre, weder das Geschrei der Betrunkenen, die eingeliefert werden, noch die Schläge, die man von der Einlieferungszelle bis zu uns herüberhört.
Ist es dir auch manchmal so gegangen, mein Lieber? Beim Verhör ist man die Ruhe selbst, stumpf, eisern. Schlimm ist erst die Reaktion nachhher, wenn man wieder in der Zelle ist. Man zittert an allen Gliedern, man hat keine Macht mehr über die fliegenden Nerven, man muß sich am Tisch festhalten oder auf den Boden legen, bis sich die Nerven langsam wieder beruhigen und man abgrundtief in einen todähnlichen Schlaf sinkt. So geht es mir. Ich bin zwar nicht das erste Mal eingesperrt, aber zwischen meiner Schutzhaft damals und der jetzigen Polizeihaft ist ein großer Unterschied. Diese Polizeihaft gilt auch nicht als Untersuchungshaft und wird daher bei der Verurteilung nicht angerechnet. Dennoch zählt man von Anfang an die Tage, als würden sie später abgezogen. Alle tun dies. Man lügt sich in die eigene Tasche, aber man hat doch das Bewußtsein, daß die Zeit vergeht. Es schafft Trost und eine kümmerliche Hoffnung. Das ist viel in diesem Zustand grauer Trübsal. Manchmal der einzige armselige Halt. In der ersten Zeit ist mir die Gefängnisordnung eine Marter. Die Vorstellung, daß ich mich niemals an sie gewöhnen könnte, wird zur Zwangsvorstellung und bringt mich an den Rand der Verzweiflung. Daß in diesem Gefängnis jeder Inhaftierte von vornherein als Verbrecher gilt

und dementsprechend behandelt wird, auch der, dessen Schuld erst noch festgestellt werden soll, wird mir sehr bald klar. Die Politischen gelten natürlich als Schwerverbrecher. Gefängnisverwaltung und Polizisten verfahren mit uns nach eigenem Ermessen. Vor allem die Polizeibüttel aus den Polizeischulen. Die jungen schneidigen Polizeisoldaten. Die uniformierte, auf Menschen scharf gemachte, gut gedrillte, blind gehorchende Minderwertigkeit des Volkes. Es ist ihre hämische Fratze, die hinter dem Spion lauert, ihr Kopf brütet die kleinen Schikanen aus, mit denen man uns quält, es sind ihre Püffe, ihr Brüllen, ihre Witze, ihre Schimpfworte, die uns das Leben unerträglich machen. Die älteren Polizeibeamten sind anständiger. Vielleicht, weil sie in erster Linie Beamte sein wollen, dann erst Büttel. Auch sie sind hart und roh, doch sind sie es mit einem gewissen gemütlichen Einschlag, nicht so ausgesprochen sadistisch wie die jungen. Manchmal geben sie einem unter der Zeit frisches Trinkwasser in den Krug oder eine nicht zerschnittene Zeitung als Klopapier, die man dann lesen kann. Die Jungen dagegen platzen vor Diensteifer, versuchen militärischen Drill einzuführen, brüllen, lassen strammstehen. Wehe, wenn man einen unverständlich herausgebrüllten Befehl nicht sofort befolgt. Dann ist man zum mindesten eine Dreckhure oder eine faule Stinksau. Man ist dies oft am Tag. Manchmal kann ich mir nicht vorstellen, daß diese Jungen Mütter haben oder Frauen oder Bräute. Was müssen das für Frauen sein?

Eine meiner Zellenkameradinnen heißt Johanna. Sie muß täglich in der Gefängnisküche das Geschirr abwaschen. Was sage ich: sie muß? Sie darf! Sie ist seit drei Monaten in Haft, ihr Freund ebenfalls. Er sammelte bei seinen Arbeitskollegen an Lohntagen Gelder für die Frau eines Antifaschisten, der im KZ sitzt. Johanna bestreitet entschieden, davon gewußt zu haben. Trotzdem ist sie eingesperrt. Selbst wenn sie es gewußt hat, trotzdem. Was hat Johanna mit der Kollekte ihres Freundes zu tun? Nichts. Trotzdem sitzt sie. Wegen – ja nun, wenn sie das wüßte. Vielleicht wegen Gefährdung der Sicherheit von Volk und Staat. Was muß das für ein Volk sein, vom Staat ganz zu schweigen. Stundenlang kann ich darüber nachdenken. Gehe die Menschen durch, die ich kenne, solche und solche. Sie sind im einzelnen nicht unrecht und doch zusammen dieses Volk. Mein Volk. Nein: sein Volk. Wie ist das möglich? Ich komme nicht dahinter. Es ist zum Verrücktwerden.

Johanna ist kein Heldenmädchen wie weiland die Heilige, aber ein patenter Kerl. Sie hält in der Küche Augen und Ohren offen und hört manches, was uns interessiert und nützt. Eines Tages schnappt sie auf, daß noch drei weitere Politische aus meiner Heimatstadt hier eingesperrt sind. Sie sollen, wenn sie recht verstanden hat, mit einem illegalen Funktionär zusammenhängen, der seit kurzem in der hintersten Dunkelzelle sitzt. Sie hat recht verstanden. Auch Hermanns Freund ist verhaftet. Der ganze Kreis, die mühsam aufgebaute Organisation der Informationsbriefe scheint aufgeflogen zu sein. Es sieht böse aus. Nun bin ich nicht mehr erstaunt, daß ich seit fünf Wochen hier sitze, ohne verhört zu werden. Offenbar haben sie in der Zwischenzeit die anderen ausgequetscht und fürs erste genug erfahren. Aber es geschieht nichts. Die Tage sind ohne Ende.
Plötzlich werden wir Hals über Kopf in die Stadtdirektion geschafft. Alle. Warum weiß kein Mensch. In einen uralten Bau mitten in der Stadt. In mittelalterliche Verliese mit doppelten schweren Eichentüren, schweren Riegeln und starken Stangen. Die Mauern sind so dick, daß das kleine vergitterte Fenster hoch oben wie in eine Nische eingelassen erscheint. Der erste Eindruck: ein wirkliches Gefängnis. Wie ein Kerker. Wie aus einem Märchenbuch. Nur die Eisenringe mit den Ketten fehlen. Man übersieht das alles mit einem Blick. Es ist ja nicht viel. Aber es ist wesentlich. Es schafft die Atmosphäre. Man wittert sie sofort. Man steht zögernd mitten in der Zelle und nimmt sie auf. Atmet sie förmlich ein. Befriedigt oder deprimiert, je nachdem. Hier also wird man nun leben müssen, wer weiß wie lange.
Dann geht man ins einzelne. Man untersucht und begutachtet. Wie in einem fremden Zimmer, das man zu mieten gesonnen ist. Entdeckt mit jäher Freude, daß man den Hocker wegrücken kann. Der Tisch ist allerdings auch hier festgeschraubt. Doch dafür ist die Ecke mit dem Klokübel mit Brettern verschalt, der Gestank daher nicht so groß wie in der »Büchsenschmiere«. Also Wohltat über Wohltat. Die Tür ist voller Inschriften. Das gibt für Tage zu lesen und zu enträtseln. Viel Not und Verzweiflung, Einfalt und Hoffnung ist in ihrem uralten Holz verewigt. Manches scheint mit scharfkantigen Instrumenten eingeschnitten zu sein. Unmöglich, mit dem Fingernagel so tiefe Kerben in das harte Eichenholz zu kratzen. Hilf mir, heilige Jungfrau Maria, steht da. Darunter die Jahreszahl 1789. Siebzehnhundertneunundachtzig! Beginn der Französischen Revolution. In Amerika sind

die Menschenrechte bereits proklamiert. In Württemberg regiert ein Despot. Regiert ein Despot... Wenn ich einen Bleistift hätte, würde ich 1936 daruntersetzen. Und in Klammern: Nach etwa einhundertfünfzig Jahren allgemeiner Menschenrechte.

Wenn ich einen Bleistift hätte. Ich gäbe viel um einen Bleistift. Johanna, die auch hier in der Stadtdirektion die Zelle mit mir teilt, hat wenigstens eine Zahnpastatube. Das ist fast dasselbe. Ich beneide sie um diese Kostbarkeit. Mit dem Bleimetall kann man schreiben, blaß zwar, aber leserlich. Wir machen uns damit aus einem Stück Papier ein Schachspiel. Die Figuren zeichnen wir auf kleine Papierschnitzel. Wir spielen das königliche Spiel allerdings wenig königlich, sondern ganz stur. Stundenlang. Bis es uns zum Hals heraushängt. Dann kann es sein, daß wir die angefangene Partie plötzlich abbrechen, daß wir sie mittendrin ganz unvermittelt mit einem überdrüssigen »Ach was« beiseite schieben. Am liebsten würden wir dann den ganzen Kram in Fetzen reißen oder mit einem Wisch vom Tisch fegen. Eine halbe Stunde später sitzen wir wieder, spielen mit kribbelnden Nerven, widerwillig, angewidert, wie unter einem unerbittlichen Zwang, stieren geistesabwesend und doch wie gebannt auf das abgegriffene Stück Papier, murmeln dann und wann halblaute Bemerkungen dazwischen, bittere, giftige Bemerkungen, unverständliche, sinnlose Bemerkungen, wie »diese Schweine« oder »hoppla, jetzt komme ich« oder »Kampf dem Verderb«, wenn es uns nur ein wenig Luft schafft. Es schafft indessen keine Luft, es verbittert nur noch mehr.

Luft schafft nur der viertelstündige Rundgang im Gefängnishof, zweimal in der Woche. Das sind unsere Festtage. Wir freuen uns darauf wie Kinder. Wie sich Kinder auf den Sonntagsausflug freuen. Wenngleich es nichts Trostloseres gibt als einen Gefängnishof. Nicht einmal in der Zelle empfindet man das Gefangensein so stark wie zwischen den grauen Mauern eines solchen Hofvierecks. In der Zelle ist das vergitterte Fensterloch ein Trost. Im Hof wirken die Fenster wie böse lauernde Augen. Nur wenn sie im Widerschein der Abendsonne plötzlich aufflammen, sind sie Fenster. Sonst sind sie grauenhaft.

Man geht stumm hintereinander her auf dem ausgetretenen ovalen Weg. Die Arme müssen auf dem Rücken sein. Immer rund herum. Das ist komisch und unsagbar traurig zugleich. Abscheulich. Grotesk. SA-Wachen stehen herum. Sie schauen genauso stumpf und ausdruckslos ins Leere wie wir. Es sei denn, zwei Gefangene flüstern

miteinander. Dann schauen die SA-Wachen nicht ins Leere. Dann wird gepfiffen und gebrüllt, daß es von allen Wänden gellt. Daß hinter diesen Wänden das Leben ist, Straßen, Häuser, fröhliche Menschen, Gärten, die blühende Jahreszeit, das wird man nie begreifen. Ebensowenig wie man sich vorstellen kann, daß die unansehnlichen Gestalten, die da vor einem dahinstolpern, vor noch nicht langer Zeit noch liebende oder geliebte, nette und zärtliche Frauen waren oder frische, fröhliche Mädel. In der Zelle hat man das tröstliche Bewußtsein, eine Politische zu sein. Eingereiht in den elenden Umgang im Hof, ist man nur noch Gefangene. Man kann eine Diebin sein, eine Kindsmörderin, ein Kontrollmädchen oder sonst etwas. Man tapst genauso verkrampft und erbärmlich, genauso auf Abstand bedacht hinter der anderen her, wie die andere hinter der vorderen. Und doch ist man selig. Weil über einem der Himmel ist. Wolken ziehen an diesem Himmel dahin, man spürt den leichten Wind, der sie trägt, ahnt die unendliche Weite, die sie durchwandern. Man war versucht zu verzweifeln, jetzt blickt man bewegt empor, die blaue Ferne ist über einem aufgetan, man atmet tief, die frische Luft dehnt die Lungen, Zuversicht erfüllt die arme Seele. Man weiß plötzlich wieder, daß hinter der gelben Totenmauer die Welt nicht zu Ende ist, sondern beginnt.
Zwischendurch sucht man nach bekannten Gesichtern. Die Genossin Paula Löffler aus Schwenningen taucht eines Tages unversehens in unserm tristen Reigen auf. Ich kenne sie aus der Schutzhaft von dreiunddreißig, sie hat einen Hungerstreik hinter sich und sieht elend aus. Es gelingt ihr, mir zuzuflüstern, daß sie in der gleichen Sache hier sei wie ich. Also auch wegen Hermanns Freund. Ein gutmütiger Wärter oder besser ein Wärter, der gerade gut gelaunt ist, weist sie auf ihr eindringliches Bitten hin in unsere Zelle ein. Die Freude ist groß, aber kurz. Natürlich kommt die Gestapo dahinter und holt sie wieder heraus. Immerhin habe ich einiges erfahren, was mir beim Verhör von Nutzen sein kann. Ich weiß zum mindesten, daß in meiner Sache auch noch andere sitzen. Das ist kein Trost, aber ein Anhaltspunkt.
Kurze Zeit später wird mir im Magazin, wohin man jeden Morgen das Bettzeug zu bringen hat, von einem Kriminellen ein Zettel zugesteckt. Der Zettel ist von Sepp. Sepp teilt mir mit, daß er direkt unter meiner Zelle sitzt. Dieser unwahrscheinliche Zufall, der sicherlich nicht von langer Dauer sein wird, muß ausgenutzt werden.
Wir klopfen uns zu. Das ist nicht schwierig, aber mühsam. Man hat

jedesmal das ganze Alphabet bis zu dem benötigten Buchstaben herunterzuklopfen. Das sogenannte Fünfzeichenklopfen oder Morsen ist besser, doch kann ich es nicht. Jeden Abend hat ein alter, anscheinend schwerhöriger Wachtmeister Dienst. Das ist unser Glück. In dieser Zeit klopfen wir. Es ist die Zeit, da man draußen nach dem Abendessen gemütlich beisammensitzt, an der Kinokasse steht oder in einer Versammlung Siegheil schreit.
Nachdem ich mir den Fingerknöchel aufgeschlagen habe, komme ich dahinter, daß man auch mit dem Stiel einer Zahnbürste klopfen kann.
Man könne mir, klopft Sepp, wegen Hermanns Freund nicht viel machen. Es fehle das Moment der positiven Zusammenarbeit. Im übrigen seien die bisherigen Aussagen der Genossen in dieser Sache nicht belastend für mich. Ich könne also ruhig zugeben, was sowieso bekannt sei. Da ich als Frau besser abzuschneiden und glimpflicher davonzukommen hoffe, bitte ich Sepp, die Führung des Prozesses mir zu überlassen. Er solle sich, klopfe ich, als der von mir Verführte hinstellen, der nur aus Liebe zu mir die Verteilung der Informationsbriefe und den Botengang zu Hermanns Freund übernommen habe.
Wir können uns tatsächlich über das Wesentliche verständigen. Die Sache klärt sich etwas und sieht nicht mehr so hoffnungslos aus wie zuvor. Unangenehm ist, daß man mir, wie mir Sepp heraufklopft, einen Extraprozeß anhängen will. Ich habe in der Tat einen Brief Bruno Lindners aus der Schweiz, der mit unsichtbarer Tinte geschrieben war, entwickelt und seiner Frau ins Krankenhaus geschickt. Das stimmt. Natürlich war es ein Fehler, den Brief vorher lesbar zu machen. Aber Lindners Frau lag im Krankenhaus und wartete voll Sorge auf ein Lebenszeichen ihres Mannes. Das zweite Verhängnis war, daß ich sie nicht selbst besuchen durfte, weil sie inzwischen wegen Diphtherieverdachts isoliert worden war. Ich mußte ihr also den Brief entwickelt zusenden. Wahrscheinlich wurde ihre Post kontrolliert und der Brief erwischt. Jedenfalls stehe ich nun bei der Gestapo im Verdacht, mit Bruno Lindner laufend politisch korrespondiert zu haben. Gut, daß ich das weiß.
Wie zu erwarten war, werden wir eines Abends gehört. Die Klopferei hat ein jähes Ende. Doch das Wichtigste ist besprochen. Ich bin verhältnismäßig gut informiert und habe wieder Auftrieb. Ich fühle mich auch nicht mehr so völlig ausgeliefert wie bisher. Ich weiß, was ge-

spielt wird und was »die oben« wissen. Ich kann mich also auf das Verhör in Ruhe vorbereiten. Ich bin beschäftigt. Das ist gut so. Das sinnlose Grübeln hätte mich auf die Dauer krank gemacht. Nur wer eingesperrt war, weiß, was das heißt. Wer sich der Erinnerung hingibt, ist verloren. Unterliegt. Hat seinen seelischen Knacks weg, manchmal fürs ganze Leben. Man muß vorwärts schauen, ein Ziel haben, und wenn es noch so weit an den fernen Ufern des bürgerlichen Daseins liegt. Man muß denken, nicht grübeln. Grübeln ist allerdings leichter. Naheliegender. Auch ich grüble immer noch zuviel. Trotzdem immer noch zuviel. Ich bin in Sorge um dich. Seit ich im Gefängnis bin, habe ich eine einzige Nachricht von dir bekommen. Grüße. Während du von mir überhaupt nichts mehr gehört hast. Was wirst du denken? Ich spüre deine Unruhe. Ein Gestapoagent soll nach Dachau gefahren sein, um dich in meiner Sache zu vernehmen. Ich weiß, daß die Gestapo auch bei meiner Mutter war. Man habe ihr angst gemacht, klopfte Sepp. Man habe ihr gesagt, klopfte Sepp, daß ich so lange sitzen würde, bis ich alt und grau wäre.
Und weich.
Was wird man *dir* gesagt haben?
Endlich werde ich dem Untersuchungsrichter vorgeführt. Ich mache mich auf ein scharfes Verhör gefaßt. Ich bin wohlvorbereitet und ruhig. Zuerst werden die Personalien aufgenommen. Noch einmal, denke ich. Wie oft noch? Umständlich und genau. Die Willkür gibt sich pedantisch und korrekt. Der Terror arbeitet bürokratisch, wahrscheinlich um den Anschein der Rechtlichkeit zu erwecken. Jetzt geht es los, denke ich, als die Personalien aufgenommen sind. Aber es geht nichts los. Es erfolgt lediglich die formale Verhaftung.
Wegen »Vorbereitung zum Hochverrat«.
Einzelhaft wird angeordnet. Ich komme in das Frauenuntersuchungsgefängnis in der Weimarstraße. Wachtmeister Nauer führt mich in meine Zelle. Sie ist klein, vier Schritte lang, zwei Schritte breit. Das Bett an der Wand aufgeschlossen, ein kleiner Wandschrank mit Wasserkrug und Handtuch. Eine Brotration liegt auch dabei. Es ist für alles gesorgt. Der unvermeidliche Kübel steht in der Ecke. Hocker und Tisch sind aus Holz. Im Vergleich zu dem Dreck der »Büchsenschmiere« und der Stadtdirektion ist hier Sauberkeit.
Die Tür schließt sich. Ich lege mein Bündelchen auf den Tisch. Es enthält Waschzeug und für einmal Wäsche zum Wechseln. Die Kost-

barkeiten habe ich am Körper versteckt. Es sind dies: Johannas halbe Zahnpastatube zum Schreiben, ein Abschiedsgeschenk, eine leere Puderdose, die ich von einem Kontrollmädchen bekommen habe und die ich ihres guten Parfümduftes wegen sehr liebe, einige Fotos, Briefe und etwas Papier. Die Frau des Wachtmeisters, eine gutmütige Seele, hat es mit der Körpervisitation nicht so genau genommen, deshalb sind mir diese Dinge geblieben. Ich bin allein. Die Stille ist unheimlich. Ich weiß nicht, bedrückt oder beruhigt sie mich. Es ist ein unklares Gefühl. Man hört niemanden sprechen, kein Geräusch, keinen Laut. In der »Büchsenschmiere« war ein ewiger Betrieb und viel Geschrei, hier ist es wie in einem Totenhaus. Als ob ich allein hier wäre. Ich werde diesen ersten Abend in der Weimarstraße nie vergessen.
Nun bin ich also in Untersuchungshaft. Von jetzt ab wird die abgesessene Zeit gutgeschrieben. Jede Minute, die von jetzt ab verrinnt, zählt, hat Gewicht, ist nicht mehr sinnlos vertan wie vorher. Ich kann sie abstreichen, ich weiß nur noch nicht von wieviel Jahren. Jedenfalls ist wieder Ordnung in den Dingen. Die Zeit ist wieder Zeit, mit der ich rechnen kann. Ich bin in ordentlicher Untersuchungshaft, nicht mehr in den Krallen der Polizei. Der Polizei, ja. Du kennst sie vielleicht nicht so gut wie ich. Bei dir ging alles sehr rasch: Verhaftung, KZ, aus. Ich habe die Polizei, diese anonyme Macht mit der harmlosen Bezeichnung, in allen Variationen erlebt, in allen Verkleidungen und Masken, in Trenchcoats und grünen Uniformen, als SA, als SS, in schlichtem Zivil, mit und ohne Parteiabzeichen, in der Maske des fremden Agenten und des guten Freundes. Früher war die Polizei der biedere Schutzmann an der Ecke mit dem grimmigen Schnauzbart, dem Helm und dem Säbel. Heute ist sie unfaßbar. Ein Schatten über dem Land. Der nackte, brutale Terror. Das unsichtbare Schreckgespenst im Rücken, unterm Tisch, hinter der bildergeschmückten Stammtischwand.
Noch weiß ich nicht, wie das hier werden wird. Auch hier bin ich eingesperrt. Nach wie vor. Dennoch atme ich auf. Genau besehen, kommen die schweren Schläge erst. Vorbereitung zum Hochverrat ist kein Witz. Ich bin nicht umsonst in Einzelhaft. Dennoch empfinde ich die Tatsache, hier zu sein, fast als Glück. Ich weiß, daß ich einen langen, leidvollen Weg vor mir habe, den Dienstweg der nationalsozialistischen Gerichte. Natürlich habe ich eine hohe Strafe zu gewärtigen. Und trotzdem fühle ich mich befreit.

Einzig und allein, weil ich nicht mehr in Polizeihaft bin.
Sogar die Zelle heimelt mich an. Das liegt nicht an der Zelle, sondern an mir. An meiner relativen Zufriedenheit. Vielleicht auch ein wenig an der Zelle. Das Fenster ist allerdings hoch oben. Man wird den Tisch und den Hocker brauchen, um hinaussehen zu können. Doch ist es dafür noch zu früh am Tag. Später. An Flucht ist wohl nicht zu denken. Dennoch – der Gedanke ist naheliegend und notwendig. Jeder Gefangene denkt an Flucht. Er läßt auch dann nicht davon ab, wenn er sich von der Unmöglichkeit, auszubrechen, überzeugt hat. Dann träumt er davon. Es sind Träume von verwegenen Ausbrüchen. Fluchtpläne von phantastischer Kühnheit und unwahrscheinlichem Glück. Tage und Nächte werden an diese Träume verschwendet. Auch von durchaus real denkenden, vernünftigen Menschen, die dann unter der nachfolgenden Ernüchterung ganz besonders zu leiden haben. Aus deutschen Gestapogefängnissen gibt es kaum Flucht. Trotzdem träume ich davon. Mein Verstand erkennt den Unsinn solcher Phantastereien, das Herz überspielt ihn mit verlockenden Hoffnungen. Nicht genug damit, daß ich selbst in einer atemraubenden Hetzjagd über Höfe, Mauern und Dächer aus dem Gefängnis entkomme, befreie ich mit Hilfe einer seltsamen Fügung auch noch dich und unsere Freunde in Dachau. Gerade als wir beide durch das Spalier der erschütterten Genossen gehen, wird das Abendessen hereingeschoben. Pfefferminztee mit zwei Scheiben Brot und etwas Marmelade. Das bringt mich wieder in die Wirklichkeit zurück. Wie eine Halbverhungerte stürze ich mich auf das Essen. Nach dem bisherigen allabendlichen stinkenden Gemisch von Suppe ist das ein köstliches Mahl. Später, als draußen im Gang der schlurfende Schritt der Kalfaktorinnen verstummt ist, rücke ich den Tisch unter das Fenster, stelle den Hocker drauf und turne mich hoch. Es ist Abend, aber noch hell. Ich stelle fest, daß ich auf der Hofseite bin, nicht an der Vorderfront. Das ist zwar nicht so kurzweilig, weil man weniger von der Welt sieht, aber es hat den Vorteil, daß ich die Gefangenen beim Rundgang betrachten kann. Vielleicht sind Bekannte darunter. Der Hof ist so lang wie das ganze Gebäude, dafür sehr schmal. Eine ausgetretene Ellipse zeigt mir den täglichen Luftholweg.
Meinem Fenster gegenüber ist eine Ziegelsteinmauer, anscheinend die Mauer eines Kasernenhofes. Dahinter muß ein Pferdestall sein. Man hört hin und wieder das Gepolter schlagender Hufe und das Klir-

ren von Zaumketten. Man hört Männerstimmen, offenbar von Soldaten, die ihre Pferde anrufen. Sie klappern mit ihrem Eßgeschirr und pfeifen. Die Mauer ist so nah, daß ich eine Raupe beobachten kann, die sich auf den warmen Ziegelsteinen mit zweckvollem Einziehen und Strecken des Leibes fortbewegt. Vielleicht habe ich das schon oft gesehen, aber noch nie bewußt erlebt. Ich bin von der Weisheit und dem Wunder dieses Vorgangs so gefesselt, daß ich einen Moment alles um mich herum vergesse. Bis mich plötzlich ein Geräusch von nebenan zusammenfahren läßt. Ich höre, wie ein Tisch gerückt und ein Hocker daraufgestellt wird. Jemand hüstelt am nächsten Fenster, zweimal, dreimal, sehr verhalten und vorsichtig. Ich huste auch. Als sich nichts rührt, rufe ich leise: »Hallo!«
»Ja?« flüstert es von drüben.
»Ich bin eine Politische«, antworte ich unterdrückt, »heute abend gekommen. Und du?« Ich bin sonderbarerweise aufgeregt.
»Psst«, sagt die Stimme nebenan, eine Frauenstimme, »nicht so laut! Man kontrolliert im Hof. Klopf lieber an die Wand. Aber leise. Wir sind zu zweit.«
»Auch Politische?« frage ich.
Ja, es sind auch Politische. Trudl Geßmann aus Ludwigsburg und Lisbeth Scholl aus Stuttgart. Seit einem Jahr hier. Ich höre, wie sie vom Tisch heruntersteigen und alles wieder zurechtrücken. Auch ich bringe die Zelle rasch wieder in Ordnung. Dann klopfen wir. Trudl Geßmann rät mir, das Morsen zu lernen, man würde sich besser und schneller unterhalten können. Ich solle beim Wachtmeister, der anderntags Dienst habe, eine Schiefertafel verlangen. Das Recht stehe mir als Untersuchungsgefangene zu. Der Wachtmeister sei nicht übel. Dagegen sei die diensthabende Wachtmeisterin ein verfluchtes Stück.
Fast eine Stunde dauert dieser mühsame Dialog. Morsezeichen von oben unterbrechen uns. Trudl Geßmann muß sich mit einer Zelle im oberen Stock verständigen. Zum erstenmal höre ich Gefängnismorsen. Prima geht das. Dagegen ist das Alphabetklopfen wirklich ein armseliges Gestakse. Natürlich verstehe ich nichts, aber ich höre begeistert zu. Wie einer Musik. Herrgott, denke ich, wenn jetzt du da oben sitzen würdest und wir könnten uns auf diese Weise unterhalten. Das wäre ja dann fast so, als ob man beisammen wäre. Dann hätte ich überhaupt keine Angst mehr. Wir würden von Kätle plaudern. Wir

würden Luftschlösser bauen. Wir würden uns gute Nacht sagen können. Jetzt bin ich schon wieder mitten im Träumen.
Es dämmert. Drüben bei den Ställen singt ein Soldat das Lied vom Holderstrauch. Ein anderer pfeift dazu. Man hört das Heimweh aus jedem falschen Ton. Heimwehstunde. Herüben und drüben. Erinnerungen steigen auf. Am Holderstrauch, am Holderstrauch, wir saßen Hand in Hand. Wir leider nicht. Wir druckten illegale Zeitungen bis in die späte Nacht. Manchmal summten wir dazu und pfiffen auch, um uns wach zu halten. Ich war für Innigkeit. Du warst dagegen. Für dich war das alles sentimentaler Kitsch. War es vielleicht auch. Meinetwegen. Das waren Zeiten, mein Gott. Was habt ihr mich aufgezogen und ausgelacht, wenn ich wütend wurde. Dann ging's erst richtig los: »Was sagt ihr, wir Frauen könnten nicht logisch denken?«
»Nein, ihr denkt mit dem Herzen, nicht mit dem Verstand.« »Und ihr? Bitte! Ihr seht ja, wie weit ihr es mit eurem Verstand gebracht habt!«
»Immerhin zu Ehemännern.«
»Ehemänner wollt ihr sein? Und habt nicht einmal am Sonntag ein bißchen Zeit für eure Frauen.«
»Wir sind eben Idealisten.«
»Quatsch, Männer denken immer (wenn sie denken), sie dächten etwas Ewiges. Daran leidet ihr alle. Wenn man widerspricht, haltet ihr einen, mit der gebührenden Nachsicht, versteht sich, für dämlich, oder für unausgegoren. Wenn ihr mal recht habt, feiert ihr euch gleich selbst gebührlich. Wenn ihr unrecht habt, fangt ihr an zu brüllen, weil ihr dann denkt, da merkt's keiner. Wenn ihr was leistet, haltet ihr euch für stille Helden des Alltags. Furchtbar.«
So ging das ganze Abende. Dabei druckten und falzten wir, als hinge unser Leben davon ab. Alles umsonst. Und doch waren es schöne Zeiten. Ich beschwöre sie herauf, mit köstlichen Einzelheiten ausgeschmückt, vielfarbig und mit allem Glanz der Erinnerung verklärt, um mit ihnen die graue Gegenwart zu verdrängen. Das Alleinsein in der Zelle ist gut.
Am nächsten Tag bitte ich den Wachtmeister, mir auf meine Kosten eine Schiefertafel mit Griffel zu besorgen. Der Alte zieht die buschigen Brauen hoch, starrt mich verblüfft an und poltert los, woher ich denn das, zum Donnerwetter, schon wieder wisse? Ich tue erstaunt und erkläre ihm, daß ich als Untersuchungshäftling das Recht habe, eine

Tafel zu verlangen. Er will mein Sprüchlein gar nicht zu Ende hören, sondern zieht brummend ab. Nach zwei Tagen habe ich die Tafel.
Nun geht es ans Lernen. Die Anleitung klopft mir Trudl Geßmann herüber. Sie ist so einfach wie der Schlüssel selbst. Die Buchstaben des Alphabets werden in eine senkrechte und in eine waagerechte Fünferreihe eingeordnet.

	1	2	3	4	5
1	a	b	c	d	e
2	f	g	h	j	k
3	l	m	n	o	p
4	q	r	s	t	u
5	v	w	x	y	z

Man bildet das Wort, indem man jeden einzelnen Buchstaben klopft, und zwar klopft man zuerst die senkrechte Reihe, also z. B. 3, und dann die waagerechte Reihe, z. B. 4, das ergibt dann o. Man bekommt ein unglaublich feines Gehör für Abstände und Pausen, auch wenn sie bei perfektem Klopfen noch so kurz sind.
Ich übe den ganzen Tag auf meiner Tischplatte. Nach etwa einer Woche kann ich schon annähernd zusammenhängend mit Trudl klopfen. Natürlich ist es streng verboten. Aber was ist nicht verboten! Das Klopfen hält den Geist wach, ersetzt Beschäftigung und Bücher. Man würde sonst nach drei Wochen stupide sein. Die Gefahr, abgehört zu werden, ist nicht groß. Das Aufsichtspersonal kann nicht morsen. Ich habe mich immer darüber gewundert. Nun fühlen sich hauptsächlich die alten Wachtmeister den politischen Gefangenen gegenüber fast immer unsicher. Sie bringen diese neue Art von Verbrechern in ihrer alten Vorstellungswelt nirgends unter. Sie sehen, daß es zumeist anständige und intelligente Menschen sind, sie wissen, daß diese Menschen kein Verbrechen im herkömmlichen Sinne begangen haben, etwas in ihnen sträubt sich dagegen, sie allzu rigoros anzufassen. Obgleich sie immer wieder die Erfahrung machen, daß sie von ihnen düpiert werden. Vor allem aber sind sie Beamte. In ihren Vorschriften steht wahrscheinlich, daß das Klopfen verboten ist. Daß sie das Morsen lernen sollen, um die interessanten Unterhaltungen systematisch abzuhorchen, steht nicht in den Vorschriften. Daher wird es auch nicht gelernt. Jedenfalls habe ich noch nie eine Aufsichtsperson angetroffen, die morsen konnte. Das ist gut so.

Nach kurzer Zeit klopfe ich mich durch etwa sieben Zellen bis zu Paula Löffler durch, die einen Stock tiefer sitzt. Das mag unwahrscheinlich klingen, aber es ist Tatsache. Wenn man den Willen hat, bringt man die schwierigsten Verbindungen zustande. Allerdings muß man sich vorher über alle Gepflogenheiten der diensthabenden Aufseher und Wachtmeisterinnen genau informieren. Besonders gefährlich sind die Kalfaktorinnen, die immer gern verpfeifen, um sich einen Wurstzipfel zu ergattern. Und vor allem aber müssen Menschen im Bau sein, die die gegenseitige kameradschaftliche Information höher werten als die kleinen Vergünstigungen, die selbstverständlich gestrichen werden, wenn man erwischt wird.
Ich werde nicht erwischt. Beim Klopfen nicht. Dafür ertappt mich die Wachtmeisterin beim Flüstern während des Rundgangs im Hof. Ich will einer Kriminellen, die im Männerbau jede Woche Wäsche abholen darf, gerade einen Gruß an Sepp auftragen, als mich die Alte sieht. Sie stürzt keifend auf mich zu und führt mich ab. Ich bekomme Dunkelarrest.
Ich war vorher noch nie in einer Dunkelzelle. Zuerst finde ich nichts Besonderes dabei. Es ist eben Nacht. Man döst ein bißchen, denkt verärgert an die Vergünstigungen, die einem wahrscheinlich weggenommen werden. An die Schiefertafel, an die man sich inzwischen gewöhnt hat, an die Zeitung, die ich später hätte abonnieren dürfen, an das viertel Pfund Butter, das ich mir zusätzlich hätte kaufen können, an die Bücher aus der Bibliothek. Allmählich wird die ewige Finsternis ekelhaft. Man schließt die Augen und versucht zu schlafen. Es geht nicht. Man starrt aufs neue in die fürchterliche Dunkelheit. Die Zeit steht still, die Stille ist gefährlich, das Gefühl der völligen Verlassenheit ist kaum noch zu ertragen. Dann kommt die Angst. Dann kommen die Zustände. Die fieberhaften Gedanken. Die Beklemmungen. Die Wahnideen. Die Zwangsvorstellungen. Hat man nicht gehört, daß in den KZs die Menschen auf ähnliche, auf jede erdenkliche Weise umgebracht werden? Nicht nur zu Tode geprügelt werden oder abgeknallt oder in die elektrisch geladenen Stacheldrahtzäune getrieben, nein, auch erstickt, in schalldichten Dunkelkammern umgelegt? Ist man sicher, daß einem nicht auch hier zwei Hände aus dem Dunkel plötzlich an die Gurgel fahren? Daß plötzlich ein Schuß kracht, der Boden zu glühen anfängt?
Das Herz klopft. In der Magengegend hat man ein scheußliches Ge-

fühl der Leere. Auf einmal glaubt man nicht mehr, allein zu sein. Irgend jemand muß noch in der Zelle sein. Man will um Hilfe rufen. Man fängt mit sich selbst zu reden an. »Was willst du denn«, sagt man, »blödes Frauenzimmer!« Man schimpft und tobt. Das wirkt. »Wenn das Stinkaas von Wachtmeisterin nicht gewesen wäre«, sagt man, »dann wäre das alles nicht.« »Dieses Schwein!« Eine Weile geht es nun wieder. Dann fängt das Herz von neuem an. Wenn einem etwas zustößt, denkt man, ein Herzanfall oder dergleichen, ist man völlig ohne Hilfe. Es hört einen doch niemand, wenn man schreit. Die lassen einen glatt verrecken. Die Angst steigt zum Hals herauf. Das Herz tobt. Man weiß nicht, wie lange man sich so abquält. Später döst man wieder ein. Wenn man aufwacht, ist es Nacht. Nacht? Ach so, man sitzt ja in der Dunkelzelle. Dann geht es von vorne an.

Aber einmal wird es dann doch wieder hell. Ich komme in die gute alte Zelle zurück. In eine Zelle voll Licht. Meine Augen werden naß. Nicht nur, weil das Licht sie blendet. Ein Sonnenstrahl fällt durch das kleine Fenster. Er trifft mich bis ins Herz. Ich glaube, ich war noch nie in meinem Leben so dankbar wie in diesem Augenblick. Der alte Wachtmeister brummt, daß ich die Schiefertafel behalten darf und Bücher bestellen kann. Ich danke ihm. Aber ich meine das Licht.

Natürlich freue ich mich auch über die Tafel und über die Bücher. Die Gefängnisbibliothek ist nicht schlecht. Mit der Zeit komme ich dahinter, daß man sich mit einem Kniff zu den zwei genehmigten Büchern noch ein drittes ergattern kann. Man wählt ganz einfach ein umfangreiches Werk, das man dann neben den zwei Büchern, die man sich jede Woche geben lassen kann, länger behalten darf. Dieses dritte Buch ist für mich wochenlang Corvins Illustrierte Weltgeschichte. Dann die Bibel. Dann ein großer Atlas, aus dem ich eine Weltkarte heraustrenne. Ich hüte sie wie einen kostbaren Schatz. Sie ist für mich die Weite. Die Welt. Die unbegrenzte Freiheit. Abends, wenn ich sicher bin, daß meine Zelle nicht mehr aufgeschlossen wird, breite ich sie andächtig aus, und dann reisen wir, du und ich und Kätle. Um die ganze Welt. Nicht nur in die Weite, auch in die Tiefe. In die ältesten Kulturen dieser Erde reisen wir. Fahren beispielsweise in einer uralten Dschunke den Jangtsekiang hinab. Du hast einen Zopf und bist der gütigste Mann der Welt. Du bist es natürlich auch ohne Zopf und überhaupt, nicht nur in China. An den heiligen Flüssen Indiens sind wir Pilger und diskutieren über die Seele. Warum ist, frage ich dich, wenn Brahma vollkommen und höchste Wonne ist, die von ihm erschaffene Welt unvollkommen, unrein und mit solchen Leiden behaftet? Weil sie, antwortest du, mit solchen Leuten behaftet ist. Im alten Ägypten machst du den Pharaonen einen Heidenkrach, weil sie die armen Menschen zwingen, unter unmenschlichen Bedingungen riesige Quadersteine zu Pyramiden aufzutürmen. Wir verlassen den Nil und kehren nach Deutschland zurück, wo inzwischen der »größte Deutsche aller Zeiten« mit genialer Einfachheit die seit Jahrtausenden offenstehende soziale Frage gelöst haben soll. Das Verfahren ist wirklich einfach. Jeder, der nicht dran glaubt, wird eingesperrt. Das ist schon Wirklichkeit, nicht mehr Traum. Nicht mehr die grenzenlose Wunderwelt der Phantasie, sondern die enge, kahle Zelle. Ein vergittertes Fenster, eine abgeschlossene Tür, ein kleiner Tisch mit einer zerfalteten Weltkarte, die gestohlen ist. Und eine lange schlaflose Nacht.

Träume sind gut und sind schlecht. Gut, weil man wenigstens für eine kleine Weile der Wirklichkeit entrinnen kann. Schlecht, weil sich die Wirklichkeit für diese Flucht aus ihr bitter rächt. Man muß ja zu ihr zurück. Sie ernüchtert nicht schonend, sondern brutal, mit ihrem ganzen Jammer.

Das ist die andere Seite der Einzelhaft. Die wohltuende Ruhe der ersten Tage wird mit der Zeit zur quälenden Einsamkeit. Auch in die Einzelzelle kehrt nach kurzem der graue zermürbende Alltag ein. Die Zeit vergeht, die Zuversicht vergeht, und das Leben wird immer sinnloser. Es wird nicht gelebt, sondern verbracht. Es gibt Tage, die erträglich sind, und Tage, an denen man verrückt zu werden glaubt. Nächte barmherzigen Schlafs und endlose Nächte, in denen man sich das Hirn zermartert. Stundenlang kann man mit sich selber reden, dann kommen wieder Stunden, in denen man nur horcht. Wartet und horcht. Mittlerweile kennt man jeden Schritt, der draußen geht, den schlurfenden der Kalfaktorin, den festen, eiligen Tritt der Aufseherin, den bedächtigen Gang des Wachtmeisters. Schritte außer der Zeit, am späten Abend oder in der Nacht, sind ungewöhnlich und beunruhigend. Man schreckt aus dem leichten Schlaf auf und lauscht mit klopfendem Herzen. Oder man taumelt schlaftrunken zur Tür, wenn sich die Schritte nähern, und hält den Atem an... Durchhalten, durchhalten, verdammt, es gibt Schlimmeres. –

Lilo Herrmann kommt von der Verhandlung zurück. Es ist schon spät. Der Schlüsselbund des Wachtmeisters rasselt. Ihre Zelle, die der meinen gegenüberliegt, wird aufgesperrt und wieder abgeschlossen. Lilo Herrmann ist wegen Landesverrat angeklagt. Eine böse Sache. In den Zellen der Politischen zittert man um sie. Ich warte auf ihr gewohntes Klopfzeichen. Aber es rührt sich nichts. Am nächsten Tag fehlt sie beim Rundgang. Ich bin unruhig. Ich kenne ihre tapfere Standhaftigkeit. Ich weiß, daß man sie seit einem Jahr mißhandelt und peinigt, um von ihr Geständnisse zu erpressen.

Sie war Studentin an der Technischen Hochschule in Stuttgart, später in der Industrie tätig. Hier sah sie die Aufrüstung, erkannte sie, daß Hitler den Krieg wollte. Sie wollte das Ihre tun, diesen Krieg zu verhindern. Sie fand Gleichgesinnte. Sie wagte mehr als alle andern. Sie war Mutter. Weil sie Mutter war, wollte sie alles tun, den Müttern diesen Krieg zu ersparen. Die Gestapo ließ bei den Verhören ihr Kind im Nebenzimmer nach ihr rufen. Man sicherte ihr Begnadigung zu, wenn sie ihre Mitverschworenen verraten würde, während man im Nebenzimmer ihr Kind nach ihr rufen ließ. Dennoch schwieg sie.

Und nun? Ich sehe die Frage in den blassen Gesichtern, wenn wir uns auf unserem Rundgang im Hof an der Schleife begegnen. Die Antwort ist ein unmerkliches Kopfschütteln, ein kaum wahrnehmbares Achselzucken, ein starrer besorgter Blick. Keine weiß etwas.

Am Abend flüstert mir Lilo Herrmann durch den Türspalt über den Gang herüber, daß man sie zum Tode verurteilt habe.

Ich liege am Boden, das Ohr an die Türe gepreßt, wie niedergeschlagen. Ich bringe auch nur einen ächzenden Laut hervor, kein Trostwort, nichts. Das Entsetzen schüttelt mich. Ich kauere mich auf meiner Pritsche zusammen wie ein Hund, den friert. Zum Tode verurteilt also. Eine Mutter. Eine junge Frau. Eine sechsundzwanzigjährige junge Mutter. Weil sie den Krieg nicht wollte, den Hitler will. Zum Tode auf dem Schafott. Im Namen des Volkes. Im Namen aller Mütter dieses Volkes, aller Frauen, aller liebenden Menschen. Zum Tode. Die heisere Suffstimme einer Stallwache, die in der Kaserne drüben unentwegt »Sag zum Abschied leise Servus« plärrt, macht mich halb wahnsinnig. Ich halte mir die Ohren zu. Es nützt nichts. Die Melodie geht mir nicht mehr aus dem Kopf. Es ist grauenhaft. Seitdem habe ich Angst vor diesem Schlager. Während der Nacht erfährt es der ganze Bau. Zelle um Zelle. Eine Gefangene nebenan bekommt Schreikrämpfe. Ihr gellendes Geschrei alarmiert das Haus.

Unruhe erfüllt die Gänge. Als der Wachtmeister Lilos Zelle aufschließt, hört man aus manchen Zellen lautes Weinen. Ich weine mit. Der nächste Tag ist ein Sonntag. Eine Hilfswachtmeisterin schließt aus Versehen meine Zellentür nicht ab. Ich merke es sofort und vermute eine Falle. Als die Diensthabende jedoch die Korridortür abschließt, bin ich sicher, daß es aus Versehen geschehen ist. Nun ist der ganze Gang »sauber«. Ich klopfe an Lilos Tür. Was soll ich ihr sagen, was kann ich ihr sagen? Die Tränen sitzen mir im Hals. Ich habe acht Schmerztabletten in der zusammengepreßten Hand, das einzige, was ich habe. Ich habe sie in den langen Monaten meiner Haft unter allerlei Vorwänden erbettelt und für schwere Nächte zusammengespart. Jetzt schiebe ich sie einzeln unter Lilos Zellentür durch. »Es sind Schlaftabletten«, sage ich erschüttert. »Lieb von dir«, sagt Lilo mit ruhiger Stimme, »vielen Dank!« Ob ich sonst noch etwas für sie tun könne, frage ich. Nein, meint sie, ich könne sonst nichts mehr für sie tun. Sie käme ohnehin in den nächsten Tagen weg, wahrscheinlich nach Berlin... zum Ende, ja. Und allen noch alles Gute!

Ich muß wieder in meine Zelle zurück, ich kann nichts tun sonst. Ich kann mich nicht müde arbeiten, ich kann nicht einmal hin- und hergehen, die Zelle ist zu klein. Ich kann nur dasitzen und nachdenken. Mir will das alles nicht in den Kopf. Draußen läuten die Glocken. Richtig, es ist ja Sonntag. Drüben, über dem Gang, sitzt eine junge Mutter, die zum Tode verurteilt ist. Sie hat ihr Kind seit dem Tage ihrer Verhaftung nicht mehr gesehen, nur gehört. Sie wird es nie mehr sehen. Sie weiß dies jetzt. Das Glockengeläut macht mich ganz krank vor Traurigkeit. Jetzt werden die Leute in die Kirche gehen. Die alten Portale sind aufgetan. Orgelchoräle durchbrausen die dunklen Schiffe. Von allen Kanzeln wird das Wort Gottes verkündet, das Wort der Liebe und der Gerechtigkeit. Es ist heute nicht einfach, sich dazu zu bekennen. Es gehört Mut dazu. Oder Armut. Trotzdem sind die Kirchen voll. Voll von Bekennern.

Auch die Gefängnisse sind voll von Bekennern. Warum bekennen sich die einen nicht zu den andern? Drüben überm Gang sitzt eine junge Frau, die ihr Bekenntnis zur Menschenliebe mit dem Leben bezahlen wird. Aber kein Mensch bekennt sich zu ihr. Keiner der vielen Bekenner, die jetzt in den Kirchen knien, bekennt sich zu ihr, keine Christenheit und kein Papst. Sie sitzt gottverlassen in ihrer

Zelle und hat sich mit ihrem Todesurteil ganz allein abzufinden, ohne Trost und ohne Dank für ihr Opfer.
Ihre Richter werden wohl nicht in die Kirche gehen. Sie sind Beamte, keine Bekenner. Sie haben sich zu qualifizieren, nicht zu bekennen. Ihr Gott, der da sitzet in der Reichskanzlei, duldet keine fremden Götter neben sich. Weder den Gott der Liebe noch die Göttin der Gerechtigkeit. Deshalb singen diese Richter keine frommen Choräle mehr, sondern jeweils am ersten Mai eines jeden Jahres im großen Sitzungssaal des Justizpalastes mit erhobenem Arm das Horst-Wessel-Lied. Deshalb sprechen sie auch nicht mehr Recht, sondern Volksrecht. Das ist das Recht, nach welchem recht ist, was dem Volke nützt. Nützt nun aber ein Krieg dem Volk?
Lilo Herrmann sagte sich »nein« und handelte danach.
Das war für die Herren Richter der willkommene Landesverrat. Willkommen deshalb, weil er ihnen Gelegenheit gab, sich zu qualifizieren. Sie sollten ihre politische Zuverlässigkeit nachweisen. Dazu brauchten sie ein Todesurteil. Nun hatten sie es. Gnade ist nicht zu erwarten. Manchmal begnadigen sie zwar, um Menschlichkeit vorzutäuschen. In der Hauptsache allerdings nur bei kriminellen Fällen. Bei politischen selten. Bei schweren politischen nie.
Mit Lilo ist es also wohl aus. Und mit uns, was ist mit uns? Mit mir? Wann wird mein Prozeß sein? Wie wird meine Strafe ausfallen? So ist der Mensch. Überm Gang, keine fünf Meter weit, ist Lilo in ihrer großen Not allein, und ich, ich denke an mich, an meinen Prozeß, an mein Urteil, an meine Chance, mein Leben. An mein Kind. Das Glockengeläut hat aufgehört. Der Sonntag geht vorüber, ohne daß ich es merke. Was wird mit mir sein? Ich weiß nur, daß ich mich nicht unterkriegen lasse. Niemals. Ich will mich genauso standhaft und gelassen halten wie Lilo. Nicht um Gnade betteln. Nicht winseln. Niemals. Ich fühle Kräfte in mir. Sind es wirklich Kräfte? Ist es nicht doch bloß Großspurigkeit? Weil ich weiß, daß mein Fall weniger schwer ist als der Lilos? Vorbereitung zum Hochverrat ist nicht Landesverrat. Ich kann hoffen, glimpflich davonzukommen. Ich kann damit rechnen, eines Tages wieder ins Leben zurückkehren zu dürfen. Wann? In was für ein Leben? Gleichviel. Ich bleibe am Leben. Wie oft habe ich dieses verfluchte Leben verflucht. Jetzt ist es mir plötzlich wieder wert, wohl weil der Tod in nächster Nähe wartet. So ist der Mensch. So ist der Sonntag. Die Nacht. Der Tag.

Was wird in Lilo vorgehen? Da ist keine Hoffnung, an die sich ihr junges Leben klammern könnte. Nichts. Nichts mehr. Aber aus ihrer Zelle kommt keine Klage. Kein Klopfen. Bis man sie nach einiger Zeit fortbringt. Ich höre, wie man sie holt. Man bringt sie nach Berlin. Man läßt sie dort fast ein Jahr warten, bis man sie hinrichtet. Sie lehnt es ab, ein Gnadengesuch einzureichen. Sie läßt die Freunde ihren letzten Willen wissen, ihre letzte Bitte, daß ihr Kind, ihr Söhnchen, niemals Faschist werden soll. Sie ist die erste Frau von vielen, die ihr folgen, die Hitler dem Henker überantwortet. Sie stirbt aufrecht, mit erschütternder Gefaßtheit. Das alles erfahre ich erst später. Jetzt höre ich nur ihren Schritt auf den Steinfliesen draußen und das rasselnde Gitter, das den Gang abschließt. Lilo Herrmann ist fort.

Ich bleibe zurück. Wie lange noch? Monat um Monat geht vorüber. Zwölf, dreizehn, vierzehn Monate gehen vorüber. Ohne Prozeß. Ohne Verhör. Der Unbekannte von damals, Hermann Nudings Freund, soll tot sein, wird mir gemorst. Die andern Genossen aus unserer Heimat sind entlassen. Bleiben nur noch wir beide, Sepp Knödler und ich.

Vierzehn Monate sind lang. Vierzehn Monate Einzelhaft sind länger, eine Ewigkeit. Ich wiege noch neunzig Pfund. Zusatznahrung kann ich mir schon seit langem nicht mehr leisten. Die Eltern wissen nicht, daß das Essen so knapp ist. Ich will es ihnen auch nicht schreiben, nachdem sie schon Kätle so rührend versorgen. Der Tod meines Bruders wirft mich vollends um.

Er sei plötzlich gestorben, teilt mir die Mutter mit. Ich kann es nicht fassen. Es geht mir schrecklich nahe. Wir haben sehr aneinander gehangen. Er hat mir immer geholfen, wo er konnte. Sein plötzlicher Tod ist mir unbegreiflich. Er war weder leidend noch schwer krank, als man mich damals holte. Ich habe von seinem Tod auch nichts gespürt. Er muß in seiner Not doch an mich gedacht haben. Wenn Menschen miteinander so verbunden sind, wie wir es waren, muß man des anderen höchste Not doch spüren, sollte man meinen. Hat die eigene Not das Gefühl so verschüttet, ist man wirklich schon so stumpf geworden, so taub für anderes, daß man den Notschrei des sterbenden Bruders nicht mehr vernimmt? Oder gibt es das gar nicht? Wird das nur erzählt? Steht das nur in den Büchern? Ist das Ahnungsvermögen nur Hirngespinst? Oder habe ich zuwenig an ihn

gedacht? Ich grüble viel darüber nach und fühle mich auf einmal sehr einsam und auf eine unerklärliche Weise gefährdet.
Seltsame Vorstellungen erschrecken mich. Manchmal habe ich das Gefühl, neben mir zu stehen und mich beklommenen Herzens zu betrachten. Ich sehe mich an und bin mir fremd, eine verhärmte Frau mit einem mageren gelben Gesicht und unordentlichen Haaren. Dann wieder ist mir, als sei ich plötzlich ganz allein auf der Welt. Wahrscheinlich ist es nur Angst. Die Angst, euch auch noch zu verlieren, dich, Kätle, die Eltern, die Freunde, alle und alles. Einmal will ich das Fenster öffnen und um Hilfe rufen, schiebe den Tisch an die Wand, hebe den Hocker hinauf und versuche, hinaufzukommen. Alles in fliegender Hast. Dabei falle ich bewußtlos herunter und schlage mit dem Kopf auf die Eisenkante der Pritsche.
Seitdem wiederholen sich die Ohnmachten fast täglich. Dabei lasse ich mich keineswegs gehen, im Gegenteil. Ich beobachte mich scharf und erspare mir keinen Vorwurf. Aber über das flatternde Herz habe ich keine Gewalt. Ich kann mir hundertmal vorsagen, daß ich schlapp und feige sei, das unsägliche Bangigkeitsgefühl treibe ich damit nicht aus. Ich mache Kniebeugen – die Gleichgewichtsstörungen bleiben. Es ist ganz gleich, was ich tue, ob ich tief atme oder zu träumen versuche, die Blutleere im Gehirn stellt sich präzise ein. Wenn ich sie kommen fühle, lege ich mich auf den Fußboden, weil das Bett hochgeschnallt ist, und lasse so alle Phasen dieses Zustands über mich ergehen. Nachts ist das Angstgefühl mitunter so stark, daß ich das Stöhnen nicht unterdrücken kann. Manchmal klopft Trudl Geßmann beunruhigt herüber, was los sei, aber ich bin meistens nicht mehr imstande, zurückzuklopfen.
Jetzt fürchte ich mich vor der Zelle. Sie ist nicht mehr die wohltuende, ruhige und saubere Einzelzelle von damals, sondern ein Sarg. Aber es ist nicht nur die Zelle. Es ist alles zusammen, das infernalische Geklingel, das mich jeden Morgen um sechs Uhr aus dem Schlaf reißt, das braune Gesöff und der trockene Karo, die aufgestellten Matratzen, die nach zerlegenem Seegras riechen, und der endlose Tag. Im Sommer ist es um neun Uhr schon warm, nicht sonnig warm, sondern dunstig und drückend. Der Geruch des Pferdemists vom Kasernenhof weht zum Fenster herein, er stinkt, und der Chlorkübel stinkt, und das Essen stinkt. Ich löffle die Suppe, in welcher allerlei Zeug herumschwimmt, aus, ohne hinzusehen, der Ekel würgt mich, ich muß mich

beeilen und an etwas anderes denken, mein Magen rebelliert wie mein flatterndes Herz.

Dann warte ich wieder. Um vier Uhr nachmittags kommt ein Streifen Sonne in die Zelle. Darauf warte ich. Es ist augenblicklich das einzige, worauf ich warte. Zehn Minuten lang wandern die paar Strählchen über die Wand. Ich gehe mit, halte ihnen Zentimeter um Zentimeter mein Gesicht entgegen wie eine Süchtige, spüre dankbar ihre Wärme und sehe sie mit Tränen schwinden. Was gäbe ich darum, wieder einmal in der Sonne sitzen zu können, auf einer einsamen Waldwiese oder in einem Kaffeehausgarten an einem buntgedeckten Tisch.

Hat es das wirklich einmal gegeben, so viel Sonne, zu viel Sonne manchmal, daß man in den Schatten flüchtete? In Montevideo knallte sie so erbarmungslos auf den Kai, auf Blech und Beton und auf mich herab, daß sie mir leid wurde. Unvorstellbar, daß mir die Sonne einmal leid wurde. Dabei ist das noch nicht einmal so lange her. Sieben Jahre. Ganze sieben Jährchen. Als wir über den Ozean fuhren, wurden Sonnensegel aufgezogen und auf Deck ein Schwimmbassin aufgestellt. So heiß war es. Eine tropische Hitze. Und nur Sonne, nichts als Sonne. Damals war ich ganz dunkelbraun gebrannt. Heute bin ich grau oder grün, und meine Zelle wird niemals ganz hell. Damals war alles ein Licht und ein Glanz.

Wenn ich an der Reling stand und eine Weile in den Horizont starrte, hatte ich das Gefühl, in einer gläsernen Kugel zu stehen, denn die Farben des Meeres und des Himmels waren ein Ton, ein Licht. Man sah nicht, wo das Meer aufhörte und der Himmel begann. Es war überwältigend. Ich habe es immer vermieden, daran zu denken, an meine Südamerikafahrt zu denken, weil sie eine unserer vielen verpaßten Gelegenheiten einschließt. Wärest du damals auch hinübergekommen, wäre heute alles ganz anders. Aber es muß wohl so sein, daß wir nie etwas Schönes gemeinsam erleben dürfen. Wir dürfen ja nicht einmal das Schwere und Bittere gemeinsam tragen, wie du siehst.

Ich dachte an unser junges Leben. Wir waren erst ein Jahr verheiratet, Kätle war noch ganz klein. Wir lebten in dürftigen Verhältnissen, im Vergleich zu unserer heutigen Lage waren sie allerdings glänzend. Du hattest nie länger als vier Wochen Arbeit. Lieber warfen sie dich hinaus und zahlten ihre Strafe, als daß sie dich als Betriebsrat geduldet hätten.

Ich mußte mitverdienen. Arbeitete in einer Seifenfabrik. Füllte für ein

paar Mark in der Woche das beißende Seifenpulver in Tüten. Fuhr jeden Mittag und Abend mit dem Fahrrad wie wild nach Hause, weil mir die Brust weh tat von der vielen Milch. Kätle war auch schon immer hungrig und schrie nach mir, wenn ich kam. Schön war das gewiß auch nicht. Es war die Zeit der Wirtschaftskrise und der großen Erwerbslosigkeit. Aber wir waren wenigstens beisammen, wenn auch wenig. Die Partei war dir wichtiger, es war auch immer etwas los, es gab Versammlungen, Streiks, Wahlen. Wir fingen damals erst an, uns in unsere Ehe richtig hineinzufinden, wir waren sehr jung beide und hatten einander noch nicht abgeschliffen. Unsere Ehe war, wie so viele, anfangs eine Zeit der kleinen Versäumnisse. Aber du warst ein lieber Mensch und mein Mann, und die Erinnerung hat diese Jahre golden verklärt. Wir hätten uns irgendwie schon durchgekämpft.
Da kam die Schiffskarte von Onkel Fuchs, der uns anriet, nach Buenos Aires zu kommen. Wir überlegten. Schließlich wollte ich vorausfahren. Bei günstigen Verhältnissen solltest du mit Kätle sofort nachkommen. Ohne dich und Kätle wollte ich unter keinen Umständen längere Zeit drüben bleiben. Ich hätte schrecklich Heimweh nach euch gehabt. Wir taten Kätle zur Mutter, gaben die Wohnung auf, suchten für dich ein billiges Zimmer, versprachen einander treu zu bleiben, und ich fuhr ab. Der Abschied verlief ein wenig hastig und gefühlsarm, wie das meistens bei derartigen Anlässen ist. Übrigens sind alle unsere Abschiede immer so plötzlich und überstürzt, so ganz ohne Liebe. Dabei besteht unsere Ehe bisher nur aus Abschiednehmen.
Ich hatte für die vierwöchige Reise fünfzig Mark in der Tasche und meine Schiffskarte. Dennoch war ich munter und gespannt, fuhr nach Hamburg, es war die erste Weltstadt, die ich zu sehen bekam. Ehe man den Hafenkai betreten durfte, waren eine Anzahl von Formalitäten zu erledigen, Pässe und Gepäck wurden wiederholt kontrolliert und revidiert, und schließlich mußte man sich noch einer Leibesvisitation unterziehen. Ich war über diese Zumutung empört. Inzwischen hat man auch das gelernt. Heute sind diese Formalitäten ein Bestandteil meines Lebens. Damals machte es mir den Abschied von Deutschland leicht.
Auf dem Schiff hatte ich natürlich keine Einzelkabine. Dafür habe ich jetzt eine Kabine ganz allein auf dieser langen Fahrt ins Ungewisse. Damals fuhr ich zwar auch ins Ungewisse, aber ich war ein freier

Mensch. Ich hatte einen billigen Platz auf dem Zwischendeck, das im Vorderschiff lag, wo es stank. Es waren da Hunderte von Kisten und Fässern aufgestapelt. Durch eine schwarze Luke wurde das Auswanderervolk in den Schiffsbauch gestopft, allerlei Menschen, verkrachte Existenzen aus den übervölkerten Großstädten und arme Bauern vom Balkan. Sie standen verloren herum, schlaff, mit leeren Gesichtern. Keiner der vielen Abschiede, die ich sah, war herzlicher als der unsere. Herzlich war überhaupt keiner. Die Menschen sahen sich mit einem vagen Ausdruck an und versuchten zu lächeln. Nicht einmal das gelang ihnen. In meiner Kabine waren noch zwei Mädchen. Die eine fuhr zu ihrem Bräutigam nach Montevideo, die andere nach Buenos Aires. Beide waren in großer Schale, richtige Vorstadtdamen. In meinem blauen Kostümchen kam ich mir neben ihnen wie eine Landpomeranze vor. Beim Essen spielte auch bei uns auf dem Zwischendeck eine Musikkapelle. Es gab drei Gänge und allerlei gespreizte lächerliche Höflichkeit, die nicht aus den Herzen, sondern aus den Sonntagsanzügen kam. In Lissabon und Spanien stiegen Saisonarbeiter zu, die zur Ernte fuhren, schreiende Frauen mit weißen Bündeln, von denen man nicht wußte, enthielten sie Habseligkeiten oder Säuglinge. Wohl beides. Hier sah ich auch den Unfug, kleine Jungen nach Münzen tauchen zu lassen. Die deutschen Kaufleute konnten nicht genug davon kriegen, diese Kinder ihren armseligen Groschen nachspringen zu sehen.

Auf dem Ozean wanderte das blaue Kostümchen in den Koffer, und das aus Mutters Wolkenvorhang rührend zusammengebastelte Seidenkleidchen kam an die Reihe. Mit Erlaubnis des leitenden Ingenieurs sah ich mir das Schiff an, stieg auf steilen Stahlleitern in seine Tiefen hinab, stolperte über spiegelglatte Engpässe, stand neben den verrußten Heizern vor den glühenden Öfen, geriet durch automatische Türen in eisige Kammern, kletterte in einer engen Klamm wieder hinauf, verwirrt vom Zittern und Dröhnen des Schiffsleibes und vom Flimmern der Glühbirnen im fettigen Stahl, schweißgebadet und richtiggehend erschöpft. Als ich nach zwei Stunden wieder an Deck kam, atmete ich auf. Auf dem Oberdeck, wo natürlich eine feinere Kapelle bei einem feineren Essen für feinere Leute spielte, hatte ich allerdings nichts zu suchen.

In Rio de Janeiro sah ich zum erstenmal Palmen aus der Nähe. Überall streckten sie ihre Wedel in den unwahrscheinlich blauen Himmel.

Die Häuser leuchteten weiß aus dem satten Grün tropischer Gärten. Durch das wildwuchernde Buschwerk schossen winzige bunte Vögel. Über Lianengerank und einer Fülle seltsamer Orchideen lag ein schwerer betäubender Duft. Am schönsten aber waren die Palmen. Man konnte sich vor ihnen fotografieren lassen, die Dienstmädchen aus Deutschland ließen sich jedoch lieber in einem Rennauto oder in einer der aufgestellten Flugzeugattrappen fotografieren. Die königlichen Kaufleute aus Deutschland tranken in einer Kneipe Bier.
In Montevideo flüchtete ich vor der Hitze, die glühendheiß vom Boden zurückschlug, in den Schatten der Schuppen am Kai, wo die Händler ihre Waren ausgebreitet hatten. Ich hätte gern einen Ledergürtel, angebliche Indianerarbeit, gekauft, oder einen der tollen farbigen Schlipse, oder entzückende Pantöffelchen mit klappernden Absätzen, aber ich hatte von den fünfzig Mark schon zu viel für Obst und Selterwasser ausgegeben. Natürlich gibt es auch hier neben verschwenderischem Reichtum Armut und Not.
In Buenos Aires holte mich Onkel Fuchs vom Schiff ab. Er wohnt außerhalb der Stadt in Saavedra. Das Häuschen gefiel mir sofort, der Garten war wunderbar verwildert, man fühlte gleich, daß hier Beschaulichkeit gegen Hast stand, selbstzufriedene Ruhe gegen jede effektvolle Bewegung, Zeit gegen Tempo. Von einem wütenden Daseinskampf konnte keine Rede sein. Trotzdem hatte ich Heimweh. Nicht nach Deutschland, nach euch. Ich wollte unverzüglich zu arbeiten anfangen, um möglichst rasch die Schiffskarten für euch zu verdienen. Stellen gab es genug. Ich wurde Kindermädchen bei reichen Hazienderos in Rosario. Ich sollte die drei Dienstboten beaufsichtigen und ein einjähriges Kind betreuen. Nun liegt mir das Beaufsichtigen gar nicht, das weißt du. Dazu kam, daß man mir von den ausgemachten achtzig Pesos wieder einige abhandeln wollte. Als dann schließlich eines Nachts auch noch der Haziendero in mein Zimmer schlich, packte ich meinen Koffer. Ich wollte nach Buenos Aires zurück. Aber es fuhren keine Züge, denn es war Streik. Die Verladearbeiter hatten einen neuen Filtrierapparat für ihr Trinkwasser verlangt, weil es sehr gefährlich war, unfiltriertes Wasser zu trinken. Die Unternehmer hatten natürlich abgelehnt. Wie immer und überall. So war ich gezwungen, im Hotel in Rosario die paar Kröten, die ich in sechs Wochen verdient hatte, in vier Tagen wieder auszugeben.
Habe ich dir das eigentlich schon einmal erzählt? Ich glaube nicht. Ich

habe dir von meinen zweieinhalb Jahren Südamerika überhaupt sehr wenig erzählt. Wahrscheinlich, weil es immer wie ein Vorwurf geklungen hätte. Wir könnten heute drüben sein, wenn du gewollt hättest. Aber es hat ja keinen Sinn, darüber nachzudenken. Die Erinnerungen führen zu nichts. Sie machen alles nur noch schlimmer. Es ist jetzt schon so, wie es ist. Es ist grauenhaft. Ich habe keine Widerstandskraft mehr. Am besten wäre schlafen. Nein, auch nicht. Aus dem Schlaf muß man immer wieder aufwachen. Aus dem Schlaf wird man jeden Morgen aufs neue in die trostlose Wirklichkeit zurückgeholt. Die paar Stunden Vergessenheit muß man teuer büßen. Das verdammte Gebimmel in der Frühe ist wie ein Dolchstoß ins Herz. Schon ehe man ganz wach ist, nimmt das Unterbewußtsein die erschütternde Erkenntnis vorweg, daß man hier ist. Im Gefängnis. In Einzelhaft. Als würde man an allen Haaren und Nerven in die Hölle zurückgezerrt, so ist das. Jeden Morgen ist das so. Genau so ist es mit den Erinnerungen. Auch sie führen immer wieder hierher zurück.
Frauen, die robuster, stärker sind als ich, brechen unter dieser Marter zusammen. Ich höre sie schreien und mit ihren Fäusten wie wahnsinnig an Wände und Türen hämmern. Wann werde ich soweit sein? Sind meine Zustände nicht schon deutliche Anzeichen dafür? Warum hänge ich mich nicht auf? Weil ich hoffe. Auf was hoffe ich eigentlich? Auf ein bißchen Leben, es kann das armseligste Leben sein. Früher war für mich das Leben eines Bergmanns, die Arbeit unter Tage ohne Sonnenlicht, im Kohlendreck, für einen Hungerlohn, der Inbegriff der schlimmsten Sklaverei. Jetzt erscheint es mir als unerreichbares Ideal.
Ich darf gar nicht daran denken, daß ich einmal Dienstmädchen war. Ich sage das so, wie man normalerweise Königin sagen würde. Alleinmädchen in Buenos Aires. Bei ordentlichem Lohn und ausgezeichneter Verpflegung. Mit drei bis vier freien Abenden in der Woche. Ein völlig freier, arbeitender, verdienender und lebender Mensch. Ich kann mir das gar nicht mehr so recht vorstellen. Manchmal konnte ich schon nachmittags fort, wenn ich mit meiner Arbeit fertig war.
Gleich nach den ersten Wochen schrieb ich dir. Du solltest kommen, schrieb ich. Man könnte, schrieb ich, nach ein bis zwei Jahren tüchtiger Arbeit mit dem eigenen Wagen durch ganz Amerika trampen und Eindrücke sammeln. Ich war recht begeistert. Du weniger. Du fan-

dest meinen Vorschlag nicht real. Bestimmend für deine Absage, zu kommen, schriebst du, sei jedoch die Tatsache, daß du dann keine Parteiarbeit mehr machen könntest. Es geht bei uns vorwärts, schriebst du, und ich will das, was wir jetzt mit so viel Mühe aufgebaut haben, nicht im Stich lassen.
Zuerst konnte ich deine Absage gar nicht fassen. Ich war gekränkt und fühlte mich als Kameradin verraten, denn du hattest mir versprochen, das Kind zu bringen. Von diesem Augenblick an war das Heimweh natürlich noch einmal so stark. Im Grunde war damit meine ganze Südamerikafahrt sinnlos geworden. Was wollte ich noch hier? Ich war sehr deprimiert. Sofort zurückkehren, dazu fehlte mir das Geld. Als immer lauere Briefe von dir kamen, fürchtete ich, dich zu verlieren. Von meiner Liebe wagte ich schon gar nicht mehr zu schreiben, ich hatte Angst vor deiner Antwort. Es tat mir in der Seele weh, von der Welt ein so schönes Stück zu sehen ohne dich. Es schmerzte mich, das Schöne nicht mit dir teilen zu können. Ich wollte nichts vor dir voraus haben, keine Freude, ich wollte nicht reicher sein als du, auch nicht reicher an Eindrücken. Ich wollte dich bei mir haben. Und im Ausland. Als ahnte ich, was uns bevorstand. *Wir* sind unsere eigenen notwendigen Wege gegangen. Du nach Dachau. Ich über Buenos Aires hierher in die Einzelzelle. Du aus Trotz. Ich aus Liebe. Du als Politiker. Ich als Frau. Jetzt bin ich wieder allein. Wie damals.
Lilo ist weg. Trudl Geßmann und Lisbeth Scholl haben inzwischen in irgendeiner Strafanstalt ihre Strafe angetreten. In ihre Zelle sind zwei Kriminelle eingezogen. Ich höre sie singen und Unfug treiben. Meiner Zelle schräg gegenüber sitzt seit kurzem ein altes Mutterl mit siebzig Jahren. »Wie kommen denn Sie hierher«, fragt sie eines Abends die Hilfswachtmeisterin, »in diesem Alter?« – »Mein Gott«, sagt die alte Frau, »wie's halt geht, Sie wissen schon...« Die Hilfswachtmeisterin weiß gar nichts. »Wieso?« fragt sie ärgerlich. Die Alte erzählt. Die Gestapo, erzählt sie, habe eines schönen Tages ihre Tochter geholt. »Wieso geholt?« fragt die Hilfswachtmeisterin im Verhörston. Die Alte drückt sich etwas unklar aus, aber sie haben sie offenbar wegen antifaschistischer »Umtriebe« geholt. Dabei habe man sie, die Mutter, der Beihilfe verdächtigt. Sie habe den Verdacht entrüstet zurückgewiesen mit der Versicherung, daß sie sich um Politik nicht kümmere. »Das stimmte wohl nicht?« fragt die Hilfswachtmeisterin streng. Politik, fährt die Alte unbeirrt fort, habe sie zu den Herren gesagt, Politik

komme noch vor dem Pferdestehlen. »Oho«, sagt die Hilfswachtmeisterin, »Sie sind ja gut!« Alle Lumpen, plaudert die Alte munter weiter, habe sie zu den Herren gesagt, alle Lumpen, die früher ihr Dorf unsicher gemacht hätten, seien jetzt vorne dran. »Wo, vorne dran?« will die Hilfswachtmeisterin wissen. Bei den Nazi halt, sagt die Alte, habe sie zu den Herren gesagt. Und sie wiederholt kichernd: »Bei den Nazi halt!« Deshalb habe man sie eingesperrt. »Sehen Sie«, sagt die Hilfswachtmeisterin mahnend und rasselt mit dem Schlüsselbund, »das haben Sie jetzt davon!«
Aber das ist noch nicht alles. Die alte Frau stirbt einige Monate später auf dem Transport in ein anderes Gefängnis.
Endlich gibt man mir eine Nähmaschine. Ich bekomme sie auf wiederholte Gesuche um Arbeit beim Vorsteher unseres Gefängnisses, einem Studienrat. Man stellt sie mir in die Zelle. Sie ist alt, aber für mich die schönste Nähmaschine der Welt. Ich bestaune sie wie ein Wunder, fasse sie mit beiden Händen an den Kanten und rücke sie behutsam und voll Eifer zurecht. Die Zelle ist plötzlich wie verwandelt. Auch ich bin wie verwandelt, die fällige Ohnmacht bleibt aus, neue Zuversicht erfüllt mein gequältes Herz. Ich habe nun jede Woche einen großen Korb Wäsche zu flicken. Ab und zu soll ich eine Hilfe bekommen, die morgens gebracht und abends wieder geholt wird.
Das Leben kommt in meine verdammte Büßerzelle, ein Leben, das ich nicht mehr oder auch noch nicht kenne, lebhaft, lachend, mit koketten Bewegungen und üppigen Formen, roten Backen und vollen Lippen. »Ich bin die Fritzi«, sagt das hübsche blonde Mädchen und stellt sich vergnügt vor mir auf, »und du?« Ich brauche eine ganze Weile, bis ich meine Verblüffung überwunden habe. Ich bin von dieser ungewohnten heiteren Lebensfrische völlig überrumpelt. »Was guckst du denn so«, lacht Fritzi und greift nach ihrer Frisur, »hab ich was?« Jetzt muß ich auch lachen. »Na also«, sagt Fritzi befriedigt, »ich dachte schon, du könntest nicht einmal lachen.« Sie schaut mich prüfend an, faßt mich plötzlich an den Schultern, dreht mich ein wenig zum Licht und sagt: »Aber ich glaube, du brauchst ein bißchen Unterhaltung. Keine Sorge, da bin ich gerade die Richtige.«
Fritzi ist die Richtige. Ich lebe wieder. Ich lerne bei ihr wieder das Lachen. Ein Mensch. Von einer Offenheit, die schamlos ist, aber auch in ihrer Schamlosigkeit nicht gemein. Ihr hübsches Mundwerk geht

den ganzen Tag. Die Wäsche, die wir flicken sollen, ist ihr Nebensache. Sie war früher Dienstmädchen, aber sie hat wohl noch nie ordentlich gearbeitet, das sieht man. Sie will auch nicht arbeiten. Sie will leben. Ihr Leben leben, ein unproblematisches, vergnügtes Leben.

Warum ich hier bin, will Fritzi wissen. Sie ist ohne Hinterhältigkeit, das merke ich, sie ist nur neugierig. Ich erzähle ihr von unserem Kampf. Sie starrt mich sprachlos an. Dann lacht sie schallend. Sie begreift das nicht. »Ich weiß wenigstens, warum ich hier bin«, sagt sie, »du nicht. Oder?« Wegen Vorbereitung zum Hochverrat, obwohl das auch nur ein Vorwand ist. »Was heißt Hochverrat?« sagt sie, »ich habe geklaut, das ist doch wenigstens etwas.« Sie hat ihre eigene Vorstellung von sozialer Gerechtigkeit. »Kein Schwein gibt dir etwas, wenn du dir nicht selber hilfst«, sagt sie. Sie ist mir völlig fremd in ihrem Wesen, das pure Gegenteil von mir, aber sie hilft mir, zerstreut und erheitert mich. Sie klaute einem ihrer älteren Kavaliere, als er besoffen war, Geld aus der Brieftasche. Deshalb brummt sie. »Vier Monate«, sagt sie, »aber das muß er mir büßen, der Filz, der schäbige, den kaufe ich mir, wenn ich wieder draußen bin, den mache ich fertig, meine Liebe, den haue ich herum, bis er Zähne spuckt, so wahr ich hier bin!«

Ob sie wirklich soviel Macht über Männer hat, weiß ich nicht. Vielleicht prahlt sie ein wenig. Jedenfalls ist es amüsant, ihr zuzuhören. »Du glaubst ja nicht«, sagt sie, »wie doof die Männer sind. Man braucht ihnen nur ein bißchen Busen vor die Augen zu zaubern, schon sind sie weg.« Sie gibt offen zu, nicht verführt worden zu sein. Sie machte mit ihren Reizen von Anfang an ein Geschäft. »Und kein schlechtes«, sagt sie.

Manchmal steht unsere Stationsaufseherin am Spion und horcht. Sie ist eine ausgemachte Schnüfflerin. Fritzi haßt sie mit wahrer Inbrunst. Sie zeigt ihr das auch unverhohlen. Immer wenn das widerliche Frauenzimmer horcht, erzählt sie mit besonderer Vorliebe die raffiniertesten Geschichten. Wir tun dann so, als fühlten wir uns unbelauscht. Ich lasse die Nähmaschine sausen. Fritzi sortiert mit gut gespieltem Eifer die Wäschestücke und schreit dabei, daß es die Schnüfflerin draußen auch sicherlich hört. »Weißt du«, schreit sie durch das Geratter, »so ein Miststück wie unsere Aufseherin ist doch eigentlich auch wieder ein armes Luder, oder nicht? Kriegt im Leben

keinen Mann ins Bett. Muß als alte Jungfer sterben. Ist das nicht furchtbar?« Der Schatten am Spion verschwindet. Fritzi lacht. Sie macht aus der tristesten Situation eine vergnügliche Szene.
Hin und wieder philosophieren wir. Fritzi hat ihre Weltanschauung auf einen Generalnenner gebracht. »Ich will leben«, sagt sie. Freut euch des Lebens, trällert Fritzi, solang noch das Lämpchen glüht. Ist das nicht die Hymne des Doktor Ley? Die Hymne der sogenannten NS-Gemeinschaft »Kraft durch Freude«? Der Hymne der Millionen Arbeiter, die heute auf den buntbeflaggten Festwiesen Hitler zujubeln?
»Pflücket die Rose, eh sie verblüht«, singt Fritzi mit ihrer wohlklingenden Stimme. Sie sitzt da und näht, als säße sie gemütlich zu Hause. Das Gitter vor dem Fenster stört sie nicht sehr. Die enge, kahle Zelle bedrückt sie nicht. Die verschlossene Tür scheint ihr egal zu sein. Aber wir sind Gefangene, du und ich. Nicht nur Gefangene der Gestapo, Gefangene aus eigenen Stücken. Gut, wir haben diesen Weg gewählt. Den Weg durch Gefängniszellen und KZ-Baracken. »Eigentlich«, sage ich, »ist es schade um dich, Fritzi. Du wärst eine prima Frau.« Sie schaut mich verwundert an. »Wärst, ist gut«, sagt sie und lacht, »bin ich doch! Frag nur die Männer.« Das ist Fritzi.
Eines Tages erscheint statt ihr eine farblose, kleine Frau. Sie kommt sozusagen hereingehuscht und macht sich noch kleiner, als sie ist. Sie hat sich, wie sie mir schüchtern erzählt, zu einem Diebstahl hinreißen lassen. Sie macht ein frommes Gesicht, aber ihre Augen gehen flink rundum. Ich bin enttäuscht und verärgert und schweige mich aus. Sie gefällt mir gar nicht. Schon wie sie dasitzt und mit sanfter Stimme um die Dinge herumredet, ist mir nicht geheuer. Sie gibt keine Meinung von sich, sie tippt nur an und wartet, was ich dazu sage. Meine Antworten sind einsilbig und vorsichtig. Ich bin davon überzeugt, daß sie mich bei der geringsten politischen Bemerkung festnageln und denunzieren würde. Glücklicherweise bleibt sie nur ein paar Tage. Ich bin heilfroh, als sie schließlich von Kläre abgelöst wird.
Kläre ist eine sehr nette Frau. Sie ist mir vom ersten Moment an sympathisch. Ihr Schicksal ist nicht ungewöhnlich. Ungewöhnlich wird es erst in den Händen der Gestapo. Sie ist Mutter wie ich. Sie war jahrelang eine brave, treue Ehefrau, bis sie sich eines schönen Tages in einer schwachen Stunde mit einem anderen Mann einließ, der aufmerksamer und zärtlicher zu ihr war als der ewig nörgelnde Gatte. Ihr

Freund war ein jüdischer Arzt. Damit wurde die kleine Liebesgeschichte politisch und der Ehebruch Rassenschande. Für die Gestapo ein gefundenes Fressen. Nun wird die Frau von einem Verhör zum andern geschleift und mit gemeinem Wohlbehagen über die intimsten Dinge ihrer Freundschaft ausgefragt. Nach den Verhören kommt sie jedesmal ganz erschöpft und zitternd vor Scham in die Zelle zurück. Wenn im Gang draußen jemand geht und ein Schlüsselbund rasselt, fährt sie entsetzt zusammen und packt mich am Arm. So groß ist ihre Angst vor diesen Vernehmungen. Namentlich am Sonntag wird sie gerne geholt. Da wissen die Herren der Gestapo vor Langeweile nicht, was sie anfangen sollen. Es muß für sie ein besonderes Vergnügen sein, die arme Frau mit ekelhaften Fragen auszupressen und sich an ihrer Scham zu ergötzen. Die Verhöre beginnen in der Regel mit »Na, du Judensau, erzähl uns mal ein bißchen was, du warst ja bei deinem Kerl auch nicht so schamhaft!« Einmal kommt sie vollkommen verstört zurück. Man habe, erzählt sie außer sich, von ihr gewisse Aufzeichnungen verlangt und ihr damit gedroht, diese ihrem Mann zu zeigen und im »Stürmer« zu veröffentlichen. »Ich habe doch ein Kind«, schreit sie, »nein, ich halte das nicht mehr aus!« Sie ist mit ihren Nerven fertig. Ich habe Mühe, sie zu beruhigen. Ich will ihr erklären, daß sie genauso wie ich ein Opfer der politischen Verhältnisse ist, nichts weiter. Hätte sie, will ich ihr erklären, statt mit einem Juden mit einem anderen etwas gehabt, würde sich kein Mensch darum kümmern. Als alles Zureden nichts hilft, werde ich grob. Ich muß es werden, weil sie sonst unter ihren Selbstvorwürfen vollends zusammenbricht. »Du bist nicht schlecht«, schreie ich, »du bist nur blöd! Glaubst du, diese Gestaposchweine sind Heilige! Was in deiner Ehe geschieht, geht andere einen Dreck an! Das mit dem ›Stürmer‹ ist ja glatte Erpressung. Erzähl das doch einmal deinem Anwalt, du sollst sehen, wie die Brüder klein und häßlich werden!« Das wirkt. Kläre beruhigt sich, spricht mit ihrem Anwalt, dieser hat Erfolg, die Vernehmungen hören auf, der Prozeß steigt. Kläre bekommt ein Jahr Gefängnis wegen Rassenschande, der Arzt Zuchthaus. Später kommt er ins KZ.

Das fremde Schicksal lenkt vom eigenen ab. Es belastet zwar, aber es weckt auch Kräfte. Ich bin nicht mehr allein, nicht mehr so grenzenlos verlassen wie vorher. Ich kann wieder mit Menschen sprechen, mit manchen mich sogar aussprechen. Ich bin wieder müde am Abend.

Schlafe wieder. Die Zustände bessern sich. Es ist alles leichter, wenn sich auch in meiner Sache immer noch nichts rührt. Auch von dir kommen nur dann und wann kurze vorgeschriebene Nachrichten. Aber ich weiß, daß du lebst. Ich bin im Begriffe, wieder ein wenig aufzuatmen, da wirft mich der Besuch meiner Mutter völlig um.
Sie hat Kätle bei sich. Es ist an irgendeinem dieser sogenannten nationalen Feiertage. Jedenfalls hat der alte Wachtmeister, der mich holt, sämtliche Orden- und Ehrenzeichen an seiner Galauniform baumeln. Er informiert mich auf dem Wege in das sogenannte Besucherzimmer. Eine jähe Freude schießt mir ins Herz. Am liebsten würde ich heulen. Die Mutter und Kätle stehen erwartungsvoll mitten im Zimmer, das nüchtern und häßlich ist. Sie sind verlegen und schauen mich wortlos an. »Da seid ihr ja«, sagte ich leise. Meine Mutter beginnt sofort zu weinen. Kätle rührt sich nicht, kommt mir nicht entgegen wie sonst. Sie starrt immer nur den Wachtmeister an, der wie ein Feuerwehrhauptmann aussieht. Die Uniform flößt ihr Respekt ein, vielleicht sogar Furcht. Wahrscheinlich Furcht. Sie betrachtet staunend den Ordensklimbim auf der Heldenbrust. Der Wachtmeister setzt sich geräuschvoll auf einen Stuhl bei der Tür und tut so, als wolle er nicht stören. Gerade diese betonte Abwendung ist unerträglich. Wie ein Lauern ist das. Da soll man sprechen. Ich frage nach Vater, nach meinem verstorbenen Bruder, nach zu Hause. Die Mutter kann vor Weinen kaum reden. Kätle ist groß geworden. Sie geht das zweite Jahr zur Schule. Das neue Kleidchen steht ihr gut. Wenn sie lacht oder spricht, sieht man ihre Zahnlücke vorn, die, wie bei allen Kindern in diesem Alter, rührend wirkt. Mir fällt ein, daß Buben meistens durch diese Lücke pfeifen. Kätle empfindet sie anscheinend schon durchaus als Schönheitsfehler und ist ängstlich darauf bedacht, ihn zu verbergen. Das kleine kokette Persönchen bewegt die Oberlippe so wenig wie möglich. Schau, schau, denke ich. Das Herz geht mir über. Die Augen gehen mir über. Ich möchte mein Kind in den Arm nehmen und an mich drücken. Aber das ist hier unmöglich, es geht ganz einfach nicht. So frage ich statt dessen nach dem Schulzeugnis. Ich möchte meiner Mutter ein liebes Wort sagen, sie trösten, aufrichten, ihre Hände nehmen – ich kann es nicht. Der alte Wachtmeister schaut auf die Uhr. Er hat darüber zu wachen, daß die Worte, die gewechselt, und die Gefühle, die geäußert werden, zulässig sind. Die ganze Trostlosigkeit dieser Begegnung kommt mir zum Bewußtsein. Ich kann

mein Herz nicht unter Aufsicht öffnen. Ich verschließe mich. Bitte Kätle, weiterhin brav und fleißig zu sein. Danke meiner Mutter für ihre fürsorgliche Güte. Es schneidet mir ins Herz, daß sie verhärmt und alt geworden ist. Ich bin froh, als der Wachtmeister aufsteht und der Qual ein Ende macht. Der Abschied ist kurz, ein Händedruck, ein Kuß und ein auf Wiedersehen. An der Tür schaue ich mich noch einmal um und winke. Die Mutter schluchzt hemmungslos wie bei einer Beerdigung, wenn der Sarg in die Tiefe sinkt. Kätle steht mit hängenden Armen da und blickt mir mit Tränen in den Augen nach. Ich gehe aufrecht hinaus. Aber in der Zelle breche ich vor Heimweh zusammen.

Es ist gut, daß man mir keine Zeit zum Grübeln läßt. Meine Zelle soll frisch getüncht werden. Sie hat es nötig. Ich habe bei der Wanzenjagd zuviel Glück gehabt. Man quartiert mich bei zwei Frauen ein. Die eine ist schwanger, die andere eine Zigeunerin. Die Schwangere ist im siebenten Monat. Ich wundere mich, daß man sie nicht freiläßt. Seit neuem gäbe es das nicht mehr, erklärt sie mir. Sie müsse in der Strafanstalt entbinden, das Kind käme dann bis zu ihrer Entlassung in ein Kinderheim. Es werde ihr ja wohl nicht schlechtgehen, meint sie, denn sie dürfe im Stillen nicht gehindert werden. Sie bekäme also leichtere Arbeit. Die Zigeunerin erzählt laut und lebhaft von ihrer zwölfköpfigen Familie und ihrem fahrenden Leben. Ihr Lachen ist dunkel wie ein Männerlachen, ihre Zähne blitzen, und die Augen funkeln, wenn sie erzählt, aber sie ist ein armer, bedauernswerter Mensch. Geschöpfe wie sie müssen mit der sozialen Ordnung in Konflikt kommen und werden von ihr unbarmherzig zermalmt.

Da unsere Zelle für drei Personen auf die Dauer zu klein ist, komme ich nach kurzem wieder in eine andere Zelle. Zu einer Genossin diesmal. Zu Maria. Ich kenne sie nicht, aber ich freue mich, als ich sie sehe. Sie ist zehn Jahre älter als ich, schwer gallenkrank, leidgeprüft, ein feiner, tapferer Mensch. Man will ihr einen Hochverratsprozeß anhängen. Ihr Mann ist bereits zu fünfzehn Jahren verurteilt. Man läßt mich acht Tage bei ihr. In diesen acht Tagen lerne ich ein Schicksal kennen, das mir sehr nahegeht.

Maria heiratete mit zwanzig Jahren einen Kameraden aus der Jugendgruppe der KPD. Nicht aus romantischer Liebe, sondern weil sie glaubte, daß er sie nötig hätte. Auch er glaubte es. Auch er war noch sehr jung, ein prachtvoller Kamerad. Ein Kind kam. Eugen wurde

Parteisekretär und 1923 einige Wochen verhaftet. Dann kam er nach Berlin. Maria konnte nicht gleich mit, es war finanziell nicht zu machen. Als sie später nachkam, sah sie, daß ihre Ehe nicht mehr dieselbe war.

»Kein Mann«, sagt Maria, »bleibt auf die Dauer allein. Das hätte ich wissen müssen. Aber so ist es im Leben politischer Kämpfer. Man wird dauernd auseinandergerissen, und es ist beinahe selbstverständlich, daß man sich auseinanderlebt.« Es ist beinahe selbstverständlich, sagt Maria. Beinahe selbstverständlich. Mir wird ganz elend, wenn ich das höre. Waren wir nicht auch immer auseinander? So ist es im Leben politischer Kämpfer, sagt Maria. Sie sagt es ganz ruhig, ohne Bitterkeit. Sie erzählt überhaupt sehr sachlich und ohne Übertreibung. Man muß sich ja auseinanderleben, wenn man so lange voneinander getrennt ist. Das ist ganz logisch. Plötzlich erfaßt mich eine wahnsinnige Angst, dich verlieren zu können. Werden wir uns nicht auch fremd sein, wenn wir uns wieder einmal gegenüberstehen?

Als Eugen in eine andere Stadt versetzt wurde, blieb Maria als Sekretärin der KPD in Berlin. Ihr Ressort war die Streikbewegung in den Frauenbetrieben. Sie sprach in zahllosen Streikversammlungen, kämpfte mit den Gewerkschaftsbonzen und verfaßte Resolutionen.

Da lernte sie Willi kennen. Auch einen Genossen. Er warb um sie mit einer Zartheit, die ihr wie ein Wunder erschien und sie tief erschütterte. Seine Liebe war wie das Geschenk eines neuen schöneren Lebens. Sie nahm es mit inniger Dankbarkeit an und mit der gleichen Liebe. Bei der sogenannten Machtübernahme wurden sie wie durch ein Wunder übersehen und nicht verhaftet. Sie stellten ihre Arbeit, so gut es ging, auf die illegale Linie um und hatten Glück. Sie blieben zwei Jahre verschont. Willi arbeitete in einer Fabrik. Maria schrieb zu Hause Dissertationen auf der Schreibmaschine, um etwas mitzuverdienen. Willi war tüchtig und bewies viel Geschick bei der Organisation der »Roten Hilfe«. Er hatte auch dabei Glück. In einem knappen halben Jahr hatte er in Berlin zahlreiche Ortsgruppen auf die Beine gestellt. Nun sollte er in Hamburg die gleiche Organisation aufbauen, weil er die Stadt und die Genossen dort von früher her kannte. Er wollte in spätestens zwei Wochen wieder zurück sein. Aber er kam nie wieder.

Maria preßt bei dieser Erinnerung die Hände vor den Mund. Ich fühle es mehr, als ich es sehe. Es ist Abend. Dämmerung füllt die Zelle. Die

Betten sind bereits heruntergelassen. Wir hocken auf ihnen mit angezogenen Knien. Ich muß an dich denken.

Als Willi nach einigen Wochen nicht zurückkam, fuhr Maria nach Hamburg. Dort wurde ihr von den Genossen mitgeteilt, daß Willi bereits wieder nach Hause gefahren wäre. Sie kehrte sofort nach Berlin zurück in der sicheren Erwartung, ihn dort wiederzusehen. Aber Willi war nicht gekommen. Er kam auch nicht. Statt seiner kam die Gestapo und verhaftete sie. »Sie haben wohl Ihren Willi erwartet?« sagten die Herren der Gestapo mit Gemütlichkeit. »Ihr Willi wäre Ihnen wohl lieber gewesen als wir«, scherzten sie, »aber der ist ja nun leider stark verhindert.« »Eingesperrt?« fragte sie. »I wo«, lachten die lustigen Herren, »keineswegs.« – »Sondern?« fragte sie bang. »Das ist eine Frage«, lachten die Herren. »Tot natürlich«, setzten sie beiläufig hinzu. Sie glaubte es nicht. »Wenn wir das sagen«, versicherten sie, »können Sie das ruhig glauben!« Aber sie hielt es für eine Falle. »Eine ulkige Person«, lachten die Herren, »die glaubt nicht, daß ihr Willi tot ist.« Sie fanden dies köstlich. Und weil sie Humor hatten, gingen sie mit ihr auf den Friedhof und ließen Willis Leichnam ausgraben. Da sah sie ihn.

Marias Stimme ist leise und wimmernd. Vielleicht bin ich der erste Mensch, dem sie das Gräßliche erzählt. Vielleicht erleichtert es sie, wenn sie sich mir mitteilt, ich weiß es nicht. Ich sehe in der beginnenden Dunkelheit nur den weißen Schein ihres Gesichts.

Da sah sie also nun, daß er tot war. Totgeschlagen. Sie konnte ihn noch erkennen. Sie konnte die Polizeihiebe erkennen, die blutunterlaufenen Striemen von den Ohren bis zum Hals. »Na«, sagten die Herren vergnügt, »glauben Sie's jetzt?« – »Warum hat man ihn erschlagen?« fragte sie tonlos. »Weil er beim Verhör bockig war«, sagten die Herren. Und sie fügten scherzhaft hinzu: »Hoffentlich sind Sie gescheiter!« Er hatte seine Hamburger Genossen nicht verraten, das nannten sie bockig. Man hatte ihn an der Bahnhofssperre in Hamburg festgenommen, als er zum Berliner Zug gehen wollte. Er war von einem Spitzel denunziert worden.

Nun ist es dunkel in der Zelle. Vom Kasernenhof herüber hört man die Rosse stampfen. Sonst ist es still.

»Seitdem«, fährt Maria fort, »sitze ich fest.« Man kann ihr zwar nichts nachweisen, sie hatte mit Willis Arbeit nichts zu tun, aber irgend etwas finden sie bestimmt. »Ja«, sagt Maria, »das wäre wohl alles.«

Alles, denke ich? Sind die Tränen dabei, die Angst, die Trauer, der Schmerz? Wie soll man da trösten. Man wird ihr einen Prozeß anhängen. Wenn sie Glück hat, kommt sie mit ein paar Jahren davon. Wie tausend andere in diesem Rechtsstaat, der kein ordentliches Gericht mehr kennt. Nur noch eine Justizdespotie. Keine Richter. Nur noch Werkzeuge des braunen Terrors. Kein Recht. Nur noch Unrecht, das zum Himmel schreit. Die Gefängnisse sind voll von solchen Schicksalen, die Lager sind voll, die Zuchthäuser, die Städte, die Kirchen sind voll von solchen Schicksalen. Weiß das niemand da draußen? Sieht die Kirche die Verzweifelten nicht, die vor ihren Altären knien? »Unglaublich«, sage ich, »im zwanzigsten Jahrhundert. Auch die Kirche versagt.«

Auch hier kann man Glück haben. Ich durfte einmal für den katholischen Anstaltsgeistlichen Buchbesprechungen schreiben und bekam zu diesem Zweck Bücher, Schreibzeug und die »Deutsche Allgemeine«. Damals lag ich gerade wieder einmal richtig auf der Nase und war nahe daran, verrückt zu werden. So hatte ich plötzlich eine Aufgabe.

Maria rührt sich nicht.

Ich erzähle noch von der Nähmaschine. »Sie kam im richtigen Moment. Ist das kein Glück?« frage ich.

»Ist etwas«, fragt Maria aus dem Dunkel zurück, »was das Leiden verlängert, Glück?«

Ich will ihr antworten, aber ich höre sie schwer atmen. Einer ihrer Gallenanfälle bereitet sich vor. Es ist bitter, daß wir nicht beisammenbleiben können. Sie hätte mich dringend nötig. Die Anfälle sind so schmerzhaft, daß sie sich selbst nicht helfen kann. Eine Erleichterung wird ihr nicht zuteil. Die Aufseherin muß schon sehr gut gelaunt sein, wenn sie ihr vielleicht einmal eine halbkalte Wärmflasche bringt. Ich wärme unsere Waschlappen an der Heizungsröhre und lege sie abwechselnd auf. Leider ist die Kalfaktorin, die wir in diesen Tagen haben, nur aushilfsweise und kurzfristig da. Sie hat Mitgefühl und hilft. Sie ist überhaupt eine Seele von Mensch, obwohl sie in ihren klobigen Schuhen, mit ihrer Männerjacke und dem kurzgeschnittenen Haar furchterregend aussieht. Ohne ersichtlichen Grund verpfeift sie mir, daß man in meine Zelle noch einiges Drahtzeug einbaue, weshalb der Weißputzer noch nicht fertig sei. Jetzt weiß ich Bescheid.

Ich bin wirklich neugierig. Der Abschied von Maria geht mir zu Her-

zen. Als ich in meine blendend weißgeputzte Zelle zurückkomme, fühle ich sofort die Wände ab, finde aber nichts. Sollte mich die Kalfaktorin angeführt haben? Vorsichtshalber morse ich nicht, wenn es auch schwerfällt. Unter meiner Zelle wird Irmgard Böttinger auf meine Rückkehr warten. Sie hat mir jeden Abend zwischen zehn und elf Uhr die neuesten Nachrichten aus der Zeitung heraufgemorst. Lange überlege ich, ob ich mich nicht doch melden soll. Schließlich lasse ich es sein. Ich bin gerade dabei, mein Bett zurechtzumachen, als die Zelle aufgeschlossen wird und die Aufseherin eine Frau hereinbringt. Ich habe sofort das Gefühl, daß es die Aushorcherin ist. Dann stimmt es also doch. Unter dem Verputz müssen Drähte sein. Welch ein Aufwand. Bis jetzt habe ich immer geglaubt, das gäbe es nur in blödsinnigen Detektivromanen. Ich finde es idiotisch.
Den Neuzugang beachte ich gar nicht. Doch tritt die Aufseherin ganz nahe an mich heran und beginnt ihr eingelerntes Sprüchlein herunterzuleiern. »Da bring' ich Ihnen jemand«, sagt sie mit widerlicher Freundlichkeit, »daß Sie nicht immer so allein sind. Sie sind ja in letzter Zeit so elend, daß man es nimmer mit ansehen kann. Es ist kein Wunder, Sie haben viel mitmachen müssen in Ihrem Leben. Weihnachten kommt auch. Die zweite Weihnachten schon, daß Ihre Kleine ohne Mutti ist. Aber jetzt ist ja sicher bald Ihr Prozeß, dann wird schon alles wieder werden...« Ihr süßliches Getue würde mich auch dann stutzig machen, wenn ich nicht im Bilde wäre. Ich kann mich kaum beherrschen, sage nur: »Ja, ja, schon gut.« Sie ist enttäuscht, wünscht uns eilig gute Nacht und zieht ab.
Wir sind allein. Die Vorstellung kann beginnen. Die Frau steht da und schaut mir zu. Offenbar wartet sie auf ein Stichwort. »Saukalt ist es hier«, sagt sie endlich. »Ja«, sage ich, »mich friert's rechtschaffen.« Ich sehe flüchtig eine aufgedonnerte Lackfrisur, schwarze Kulleraugen, geschminkte Lippen. Die Pelzjacke ist neu. Ich habe richtig getippt. Vorstadt oder Provinz. Sie kramt in ihrer Handtasche. Man habe ihr, schimpft sie, alles abgenommen bis auf das Taschentuch, den Lippenstift und einige Fotos. Sie hängt ihre Pelzjacke behutsam über den Stuhl, man sieht, daß ihr der Pelz noch neu und ungewohnt ist. Vielleicht ist die Jacke ein Vorschuß auf ihre »Arbeit«. Dann kann sie mir leid tun. Eine Politische ist sie nicht, das merke ich sofort. Vielleicht ist sie die kleine Freundin eines Gestapobeamten. Vorläufig taxiere ich sie noch auf Kontrollkarte.

Hertha heißt sie. Fräulein Hertha. »Sehen Sie«, sagte sie und schiebt mir einige Bildchen über den Tisch, »das war ich einmal.« Offenbar sind es ihre Propagandabildchen. Wie eine billige Filmdiva sieht sie aus, wie eine stupsnasige Carmen. »Das hätte ich mir auch nicht träumen lassen«, seufzt sie. Den Vers kenne ich. »Daß Sie hier sind«, sage ich, »trösten Sie sich, Sie sind nicht die einzige. Vielleicht dauert's nicht lang.« »Hoffentlich«, sagt sie. »Ich habe«, setzt sie hinzu, »eigentlich meistens Glück.« Bloß bei mir nicht, denke ich. »Meine Eltern«, sagt sie, »dürfen es ja nicht wissen. Sie würden sich zu Tode grämen.« Auch diese Melodie kenne ich. Lauter falsche Töne. Nun beginnt der Roman. Sie erzählt gespreizt und aufgedreht. Vielleicht hat sie vorher einen billigen Kitschroman gelesen. Vielleicht ist es wahr, was sie sagt. In diesem Haus ist jedes Schicksal möglich.
Sie sei Privatsekretärin, erzählt sie. Aha, denke ich. Ihre Eltern, erzählt sie, glaubten zwar, sie arbeite immer noch in ihrer alten Firma, aber sie habe sich inzwischen hochgearbeitet. Sie sei aus guter Familie. Die Eltern besäßen ein Kolonialwarengeschäft in einer süddeutschen Kleinstadt und lebten in geordneten Verhältnissen. Sie habe die höhere Mädchenschule besucht, zum Abitur habe es allerdings leider nicht mehr gereicht. Ihre erste Stelle habe sie verloren, weil sie es ablehnte, sich vom Büroleiter zum Abendessen einladen zu lassen. »Ich liebte nämlich«, sagt sie, »dämlicherweise einen jungen Mann. Der Schuft ist schuld, daß ich hier bin.« »Aber jetzt«, fügt sie hinzu, »habe ich einen feinen Posten.« »Jetzt?« frage ich erstaunt, »jetzt sitzen Sie doch hier?« »Ach ja«, sagt sie, »das geht vorüber. Dann komme ich todsicher wieder in meine alte Firma.« – »Na also«, sage ich, »dann sind Sie ja fein heraus.« – »Ja, wissen Sie«, sagt sie und senkt die Stimme zu einem vertraulichen Flüstern, was ganz unnötig ist, »ich hätte nämlich von meinem Chef ein Kind bekommen, und das habe ich weggemacht. Nun hat es mein Verflossener angezeigt.« Plötzlich schluchzt sie auf: »Meine armen Eltern, wenn die das wüßten!« Sie spielt sehr schlecht. Wie eine Schmierenkomödiantin spielt sie. »Da fassen Sie aber wegen Abtreibung mindestens zwei Jahre Zuchthaus«, sage ich trocken, »billiger geht das heute nicht mehr.« – »So«, sagt sie gleichgültig, »meinen Sie?« Das ist ihr anscheinend ganz gleich. »Aber sicher«, sage ich und erzähle ihr die Geschichte von dem kleinen blonden Dienstmädchen, das eine Zeitlang mein Gegenüber war, die Geschichte einer sitzengelassenen Braut und einer

Abtreibung. Drei Jahre Zuchthaus. Aber auch diese Geschichte scheint auf Fräulein Hertha keinen Eindruck zu machen. »Wissen Sie«, sagt sie, »ich werde einen guten Anwalt bekommen. Mein Freund hat Beziehungen.« – »Er ist sicher bei der SS?« frage ich. »Um Gottes willen«, tut sie übertrieben, »wo denken Sie hin! Bei denen? Nein. Mit denen will ich nichts zu tun haben!« – »Zu Ihnen gesagt«, setzt sie augenzwinkernd hinzu, »man muß heute ja sehr vorsichtig sein.« – »Ja, das muß man«, sage ich anzüglich und schicke mich an, ins Bett zu gehen. Fräulein Hertha erschrickt förmlich. Anscheinend will sie ihr Programm gleich am ersten Abend erledigen. »Aber wir reden immer nur von mir«, sagt sie lebhaft, »das interessiert Sie vielleicht gar nicht. Warum sind Sie denn hier?« – »Ach, so halt«, sagte ich, »nichts Besonderes. Mein Mann war Politiker.« – »Ach so«, fällt sie mir ins Wort, »und Sie seine Mitarbeiterin?« – »Nein«, sage ich, »seine Frau.« Sie schaut mich verdutzt an. Ehe sie etwas sagen kann, hören wir von der Zelle der Jüdin Ruth herüber verzweifeltes Weinen. Offenbar ist Ruth wieder von einem Verhör zurückgekommen. Jedesmal weint sie dann so. Ihr Freund ist ein flüchtiger Funktionär, den man sucht. Man erwartet von ihr Anhaltspunkte. Man foltert sie.
»Was ist denn da los?« fragt Fräulein Hertha erschrocken. »Gott«, sage ich, »daran muß man sich gewöhnen. Das ist oft so. Heute die, morgen wir.« – »Was hat die denn?« fragt Fräulein Hertha. »Na, die kommt doch vom Verhör, Sie Schaf!« sage ich. »Sie müssen schon entschuldigen«, sage ich, »aber wissen Sie denn nicht, daß die sogenannten Politischen von der Gestapo verhört werden? Es geht da nicht immer fein zu, müssen Sie wissen. Da gibt es Hiebe, Fräulein Hertha!« Fräulein Hertha reißt Mund und Augen auf. So hat sie sich das scheinbar doch nicht vorgestellt. »Kann man sich denn da gar nicht beschweren?« fragt sie. »Beschweren?« sage ich, »nee. Da kann man nur um ein dickes Fell beten.« Sie ist auf einmal etwas kleinlaut. Das Geschrei gefällt ihr nicht. Es macht sie nervös. Dabei war sie so schön im Zuge, mir näherzukommen. Nun heult dieses jüdische Mädchen dazwischen. Das ärgert sie. Auf keinen Fall hat sie Mitleid mit ihr. Dieses Fräulein Hertha ist gar nicht imstande, Mitleid zu haben. Sie denkt nur an ihren Auftrag. »Was sagen denn Sie dazu?« fragt sie. »Ich?« sage ich, »nichts.« Das ist deutlich. Trotzdem versucht sie es noch einmal. »Aber das dürfte doch gar nicht sein«, sagt sie. »Es

dürfte viel nicht sein«, erwidere ich, »und ist doch. Hoffentlich können Sie wenigstens schlafen bei diesem Geschrei?« – »O ja«, versichert sie treuherzig, »schlafen kann ich schon.« – »Na also«, sage ich und schlage meine Decke zurück, »sehen Sie. Dann wünsche ich Ihnen eine angenehme Ruhe!« Endlich gibt sie auf.
Allerdings stört sie mich die nächsten Tage sehr. Wie vorauszusehen war, wird sie immer nervöser, weil ich mich auf keinerlei Diskussionen einlasse. Ich gebe ihr ganz dumme Antworten, weshalb sie mich wahrscheinlich für völlig verblödet hält. Schließlich wird sie so gereizt, daß sie richtiggehend provoziert. Wohl, weil sie ihr Pelzjäckchen davonschwimmen sieht. Endlich platzt auch mir der Kragen. »Lassen Sie doch das ewige Gefrage«, sage ich, »was fragen Sie denn immer mich? Ich sitze seit zwei Jahren hier, was weiß denn ich!« – »Fragen wird man doch noch dürfen«, tut sie beleidigt, »Sie tun ja so, als wüßten Sie nicht einmal, weshalb Sie hier sitzen.« – »Das weiß ich auch nicht!« schreie ich. »Sicher ohne Grund«, sagt sie schnippisch, »bei Ihnen sitzen ja alle Politischen ohne Grund. Ob das nun Sie sind oder die Jüdin da drüben. Man wird doch nicht eingesperrt, bloß weil man Jüdin ist!« – »Oho«, sage ich, »seien Sie vorsichtig. Wissen Sie noch nicht, daß die Juden an allem schuld sind?« Sie glotzt mich dumm an. »Sie sind daran schuld«, erkläre ich mit ernster Miene, »daß die Hosenknöpfe im Kaufhaus Schocken so teuer und die Stuttgarter Wohnungsmieten so hoch sind. Deshalb hat man sie enteignet und ins KZ gesteckt. Die Hosenknöpfe sind zwar deshalb nicht billiger geworden, und auch der Hauszins ist immer noch gleich hoch, obwohl die Stuttgarter Judenhäuser längst in arischem Besitz sind, aber das ändert nichts an der historischen Schuld der Juden.« Fräulein Hertha lacht albern. »Jetzt machen Sie Witze«, sagt sie. Endlich hat sie begriffen, daß ich mich nicht aushorchen lasse. Sie läßt die Fragerei sein. Nach drei Tagen wird sie wieder abgeholt. Ohne Ausbeute. Ich verabschiede mich betont freundschaftlich. Sie rauscht ärgerlich hinaus.
Warum ich lange danach wieder aus meiner Zelle hinaus muß und zu einer Frau gesteckt werde, die »Rote-Hilfe«-Gelder gesammelt und abgeliefert hat, ist mir zunächst schleierhaft. Später erfahre ich, daß man die Frau vor ihrem Prozeß nicht allein lassen wollte. Sie ist schwermütig. Eine einfache Arbeiterfrau. Sie hat beim Verhör prompt alles angegeben, was sie wußte. Daher sitzen auch alle Betei-

ligten fest. Vor dem Prozeß hat sie eine entsetzliche Angst. Außerdem wird sie beständig von der Vorstellung gequält, daß ihr Mann mit ihrer Schwester, die diesem inzwischen den Haushalt führt, ein Liebesverhältnis anfangen könnte. Ich mache Perlarbeiten mit ihr, lehre sie auf meiner Schiefertafel Schach und stelle ihr einfache Rätselaufgaben. Sie gibt sich alle Mühe, mitzutun, aber der Jammer ist ihr über den Kopf gewachsen. Eines Nachts höre ich sie ächzen. Ich erwische sie gerade noch rechtzeitig. Sie wollte sich aufhängen. Ich läute dem Wachtmeister. Mit vereinten Kräften können wir sie notdürftig beruhigen. Auf den Vorfall hin bitte ich, mich wieder in Einzelhaft in meine Zelle zurückzulegen. Nicht, weil ich der Frau nicht helfen will, sondern weil ich ganz einfach die Kraft nicht mehr aufbringe, ihr Elend auch noch mitzutragen. Meiner Bitte wird sofort entsprochen, wohl weil man fürchtet, daß ich unter diesen Umständen auch zusammenklappen könnte.

Ich bin wirklich am Ende meiner Kraft. Seit zwanzig Monaten sitze ich in Haft, die meiste Zeit davon in Einzelhaft. Seit zwanzig Monaten warte ich auf ein Verhör und auf meinen Prozeß. Und auf die spärlichen Lebenszeichen von dir. Seit zwanzig Monaten habe ich das Gefühl, daß wir uns Tag für Tag weiter voneinander entfernen und daß dies von unseren Peinigern beabsichtigt ist. Seit zwanzig Monaten bin ich allein oder mit Menschen zusammen, die selbst verzweifelt sind. Seit zwanzig Monaten sehe ich nur ein Stückchen Himmel, ein paar verirrte Sonnenstrahlen dann und wann, und des Nachts, wenn der Mond scheint, den Schatten der Gitterstäbe an der Wand. Ich fühle mich todkrank. Du bist sentimental, sage ich zu mir. Aber ich glaube es nicht. Ich bin wirklich todkrank. Du bist noch so jung, sage ich zu mir. Aber ich glaube es nicht. Ich fühle mich uralt. Die zwanzig Monate zählen doppelt, hundertfach, überhaupt nicht. Sie sind ungelebt. Ungelebtes Leben. Ich muß darüber weinen. Ich will gar nicht. Es weint von selbst.

Damals schrieb ich dir im Brief:

Ich weiß, es wird so kommen... Tag für Tag
wird mir wie jetzt die Zeit vorüberfluten
lautlos und leer, in trägem Stundenschlag
den Stürmen fremd... den Sonnengluten.
Ein grauer Strom...

Und ich, ich steh' am Rand
in meiner engen Einsamkeit gefangen
und schaue wartend weit hinaus ins Land
in lebenshungrig brennendem Verlangen,
ob sich mir endlich wird ein Morgen heben?

Und wie ein Kind, das man zur Ruhe zwingt,
wieg' ich die Seele ein in bunten Träumen.
Ach Träumen, drin mein ungelebtes Leben
und meiner jungen Kräfte Überschäumen
wild mit dem Bann der grauen Stille ringt.

Und über all dem Träumen merk' ich nicht,
wie meine Jugend mit dem Strom entflutet,
tatlos die Kraft im stummen Kampf verblutet
und meiner Sehnsucht Stimme leiser spricht.
Der Sehnsucht, die kaum kennt, was Leben heißt.

Ich weiß, es wird so kommen, still umhüllen
des großen Schlafes Schwingen meinen Geist
und meinen letzten müden Lebenswillen.
Stumm schreitet über mich hinweg die letzte Nacht,
und jener Sommermorgen meiner Träume ist nie erwacht...

Die Zeit steht still. Auch in Versen, die ich lese, steht sie still. Die Nähmaschine haben sie mir weggenommen. Alles ist weg.
Auch das bißchen Fassung, das ich inzwischen unter Menschen wiedergewonnen zu haben glaubte. Dafür weihnachtet es. Es weihnachtet sehr. Man spürt es durch alle Wände. Das Gebettel und Gelaufe, das Geschiele und Gezwinkere sind zum Speien. Alles für eine Brezel, für ein Tannenzweiglein, ein paar Äpfel und ein frommes Traktätchen am Heiligen Abend. Allerdings darf in den letzten sechs Wochen keine Beanstandung eingelaufen sein, sonst gibt es gar nichts. Besondere Günstlinge erhalten einen Abreißkalender. Doch setzt das eine unwahrscheinliche Qualifikation voraus. Die Aufseherinnen schweben wie Weihnachtsengel durch die Gänge. Auch der Wachtmeister kommt sich wie der Knecht Ruprecht persönlich vor.
Heiliger Abend. Deutsche Weihnacht. Man hockt trübseliger als sonst in seiner Zelle und läßt das Tannenzweiglein durch die Finger

gleiten. Das also war vor kurzem noch in einem verschneiten Winterwald. Erinnerungen werden wach. Lieber nicht. Heute nicht. Ich will nur noch einmal rasch an zu Hause denken, dann muß es gut sein. Dort wird man jetzt um den Weihnachtsbaum stehen und – heulen. Natürlich heulen. Dich hingegen wird's in deiner Baracke frieren. Bei uns ist heute ausnahmsweise anständig geheizt. Irgendwo singt jemand ein Weihnachtslied. Vom Himmel hoch da komm' ich her. Das muß doch die Kindsmörderin schräg über mir sein. Verdammt noch mal, das heißt man Wandlung. So ein organisierter Gemütstag bringt Klarheit in die Bude. Da lernt man seine Leidensgenossinnen kennen, ohne daß man sie zu sehen braucht.

Es sind da zunächst jene, die tausend Eide schwören, nie wieder etwas zu tun, was sie mit dem Gesetz in Konflikt bringen könnte, die um Gnade winseln, die sich in den Staub der Kirchendiele werfen und Gott lobpreisen, weil ihre Seele nun geläutert und gerettet sei und sie nach harter Prüfung heimgefunden hätten in den Schoß der alleinseligmachenden Kirche. Das sind die einen. Die andern haben endlich erkannt, daß unser geliebter Führer nicht nur der größte Deutsche aller Zeiten ist, sondern auch unter Aufopferung seines persönlichen Glücks das Beste für sein Volk will. Das sind selbstverständlich die Lieblinge. Sie haben es nicht nötig, sich vor die Altarstufen zu werfen oder sich sonst in seelische Unkosten zu stürzen, sie erkaufen sich den zusätzlichen Topf Fressen und eine etwas loyalere Behandlung mit dem brennenden Verlangen nach Nazibüchern. Dann gibt es da noch die ewig Heulenden, die Außer-Fassung-Geratenen, die Schimpfenden und Fluchenden, die Rabiaten, die des Nachts verzweifelt an die Türen hämmern und hysterisch schreien. Unter ihnen sind einige, die am Heiligen Abend die geschäftigen Weihnachtsengel auf die unflätigste Art beleidigen und den gerührten Wachtmeister grob anpöbeln, so daß neben allerlei erbaulichem Gesang auch für sonstige Kurzweil gesorgt ist.

Nur die Tapferen schweigen. Sie beißen die Zähne aufeinander und fressen auch die hausgemachte Rührseligkeit in sich hinein, ohne klein und häßlich zu werden. Zu diesen zähle ich mich. Wenn ich auch stumpf und anscheinend gottergeben in einer Ecke meiner Zelle kauere, ich bin nicht gottergeben. Ich bin auch nicht stark, sondern verzweifelt. Aber ich winsele nicht. Ich habe Angst. Angst vor dem Tode. Aber ich zeige sie nicht. Wie oft habe ich den Tod herbeigewünscht und geglaubt, er habe seine Schrecken für mich verloren. Jetzt habe ich Angst vor ihm. Ein dummes Gefühl ist diese Angst. Sie geht von der Magengegend aus, nimmt einem die Luft weg, legt sich wie eine Eisenklammer um die Brust, jagt das arme gequälte Herz, peitscht den Puls, treibt den kalten Schweiß aus und macht einen so schwach und erbärmlich, daß man kaum noch imstande ist, auf den Beinen zu stehen. Später wird das Gesicht heiß. Die Stirn wird heiß. Vielleicht habe ich Fieber, denke ich. Sicher habe ich Fieber, denke ich. Ich nehme mir fest vor, ganz ruhig zu sein und morgen zum Arzt zu gehen. Aber dann fällt mir ein, daß der Arzt im Grunde ja auch nur ein Angestellter der Gestapo ist und gar nicht die Absicht haben kann, mir zu helfen. Ich atme tief. Versuche krampfhaft an etwas anderes zu denken, an etwas Freundliches, aber es will nicht gelingen. Ich schließe die Augen. Vielleicht träume ich das alles nur. Vielleicht wache ich auf und bin daheim. Aber ich bin nicht daheim. Ich bin eingesperrt. Ich frage mich, warum? Ich frage dich, warum? Ich verfluche mein Schicksal, ich hadere mit Gott und der Welt, auch mit dir. Warum bin ich dir gefolgt? Warum blieb ich damals nicht in Amerika?

Es wäre mir dort gutgegangen. Ein Freund von den Zewys, bei denen ich Dienstmädchen war, hätte mir ein behütetes Leben geboten. Ach, lieber Mann, was weißt du von mir!

Er war Redakteur an einer bekannten amerikanischen Zeitung. Er zeigte mir Buenos Aires. Er hätte mir die Welt gezeigt. Er kannte sie. Er hatte ausgezeichnete Ansichten über den Sozialismus. Warum er bei solchen Anschauungen gekaufter Schreiber einer kapitalistischen Presse wäre, fragte ich ihn einmal. »Sie wissen nicht«, antwortete er, »wie schön die Welt ist. Nur so habe ich sie kennenlernen können. Vielleicht gehe ich einmal an eine linksradikale Zeitung, Ihnen zuliebe. Doch vorher möchte ich noch reisen.« Er hätte mich sofort mitgenommen. Ach, wenn bloß du das gewesen wärest! Ich hatte tatsächlich einen Augenblick geschwankt. Es war keine Liebschaft, es war mehr, die Freundschaft eines feinen, besonnenen Menschen.

An den schönen Abenden saßen wir in Onkels Garten in Saavedra und redeten uns die Köpfe heiß. Natürlich über Deutschland. Typisch deutsch. Onkel Fuchs machte kein Hehl aus seinem Groll gegen das alte Vaterland. Auch Arthur war unsere Synthese zwischen dem überbetonten Machtwillen und einem ebenso übertriebenen Idealismus unheimlich. Er erinnerte einmal an den begeisterten Ausruf einer führenden deutschen Zeitung beim Eintritt Amerikas in den Weltkrieg: »Viel Feind, viel Ehr!« Das hätte mit Politik nichts mehr zu tun, meinte er, das wäre pathologischer Größenwahn. Ich konnte ihm nicht widersprechen. Dennoch versuchte ich nachzuweisen, daß Deutschland im Begriffe wäre, aus den Fehlern der Vergangenheit zu lernen. Man lachte mich aus. »Das wirst du nie erleben«, schrie der Onkel bitterböse, »aber du wirst etwas anderes erleben! Hitler verlangt die Liquidierung des Versailler Vertrags. Das Volk brüllt in tiefer Ergebenheit mit und klopft sich in wahnsinnigem Beifall die Hände wund. Eines Tages klatscht es nicht mehr, sondern...« »Sondern?« wiederholte Arthur und sah mich an. »Oho«, sagte ich, »da sind wir auch noch da. Die deutsche Arbeiterbewegung wird dafür sorgen, daß die Nazis im Reichstag nicht allzu groß werden!« Ich mußte an dich und deine Arbeit denken.

»Der Krieg«, meinte Arthur, »wird in Italien beginnen. Mussolini will nicht nur Abessinien, er will die Erneuerung des alten Römischen Imperiums. Alles treibt dort zum Krieg. Sogar das harmlose Wintersportplakat mit dem Römerkopf in der Hotelhalle.«

Es war einer jener wundervollen argentinischen Abende, deren warme köstliche Luft allein schon wie eine zärtliche Liebkosung ist. Und wir sprachen vom Krieg.

Ich habe von Arthur viel gelernt. Nicht nur einiges über Buenos Aires und Argentinien, sondern Erkenntnisse, Einsicht in das Wesentliche der Dinge, in die großen Zusammenhänge des Weltgeschehens, in das Entscheidende der verschiedenen politischen Ansichten und Methoden. Wir fuhren halbe Tage lang in seinem Auto kreuz und quer durch das sonnige Land. Er war nie langweilig und nie gehetzt. Was er sagte, war immer interesssant. Er zeigte mir, wie man am Hafen mit arabischen Händlern feilscht, fragte die Verladearbeiter, meist Neger vom tiefsten Schwarz bis zu der schönen Kaffeefarbe des Halbbluts, nach ihrem Lohn und den Lebensbedingungen. Er zeigte mir auf einer herrlichen Fahrt nach Rio die kleinen, an die Felsen geklebten Fischerdörfer. Er sprach mit den scharfgesichtigen Männern, die dort zu Hause sind und vom Fischfang, von der Haifischjagd leben. Täglich setzen sie ihr Leben aufs Spiel, ohne mehr dabei zu erwerben als eine Lehmhütte, ein Weib und eine Schar Kinder, die mit ihnen darben.

Rio de Janeiro. Tropisch satt und heiß die Farben der blühenden Stau-

den. Hundertfältig die Formen der Blumen. Orchideen. Schwere Wolken von Duft über dem Buschwerk, das an allen Mauern, Straßen und weißgetünchten Häusern wuchert. Pfeilflug winziger, bunter Vögel. Und Palmen! Palmen, die ich nur aus Märchen kannte. Hier war ihre Heimat. Die Bananenpalme, der Alltagsbaum, der den Markt Rios mit seinen herrlichen Früchten füllt. Hohe, schlanke Edelpalmen, die ganze Alleen säumen. Dann die Palme, die nur einmal in Jahrzehnten blüht, die einsame Schöne, die mit der sterbenden Blüte ihr ganzes Palmendasein ausgelebt hat. Ein richtiges Palmenmärchen von der Schönheit, die sterben muß.
Mein Freund öffnete mir die Tür in eine neue, größere und schönere Welt und sagte: Bitte! Es war eine starke Versuchung. Wenn ich sage, ich hätte einen Augenblick geschwankt, so ist das nicht ganz richtig. Ich habe lange geschwankt. Aber meine Liebe zu dir war größer als die größere und schönere Welt. Deine Briefe, in denen du zuweilen von deiner Sehnsucht schriebst und daß du Kätle jeden Abend von mir erzählen würdest, entschieden nichts. Sie bestätigten nur, was längst entschieden war. Ich hätte niemals von euch gehen können. Ich habe es auch nie bereut, bei dir geblieben zu sein, keinen Augenblick. Wenn ich an unser Wiedersehen dachte, wenn ich mir vorstellte, wie du auf mich zukommen würdest mit deinen großen langen Schritten, das Gesicht strahlend vor Freude, die Arme ausgebreitet, und daß ich dir dann wie immer um den Hals würde fallen müssen, war ich bereit, die ganze schöne Welt dafür lächelnd herzuschenken. Es konnte mir nicht rasch genug gehen, die Rückfahrkarte zu verdienen und einiges dazu, denn ich wollte ja doch auch etwas mitbringen. Ich übernahm daher neben meiner Arbeit bei den Zewys noch Plättwäsche für eine Wäscherei. Das mußte ich heimlich tun, denn die Zewys sollten es nicht merken. So plättete ich viermal in der Woche nachts zwischen eins und fünf Uhr Wäsche. Wenn man mich fragte, warum ich auf einmal so bleich und mager würde, sagte ich, daß es das Heimweh wäre.
Mein lieber Mann, es war das Heimweh.
Dann kam ich zurück. Wir waren wieder beisammen und glücklich. Nach zwei Wochen wurdest du von der Partei weggeschickt. Du hattest vorher zugesagt, obwohl du wußtest, daß ich zurückkommen würde. Nun, du wolltest etwas leisten. Auch das verstand mein Herz. Während der neun Monate, die du weg warst, richtete ich mit mei-

nen Ersparnissen wieder eine Wohnung ein, der größeren, schöneren Welt zum Trotz eine kleinere, glücklichere. Du kamst zurück. Wir hatten uns wieder. Ein ganzes Jahr diesmal. Du warst nun Redakteur und Landtagsabgeordneter, ein unerschrockener, leidenschaftlicher Warner im Lärm des politischen Zusammenbruchs. Es nützte nichts. Hitler kam. Der Massenwahn begann, die Selbstaufgabe des Volks begann unter Trommeln und Fanfaren. Wir haben uns nicht gebeugt wie die andern. Wir haben uns nicht selbst aufgegeben wie die andern. Wir haben die andern gewarnt, es zu tun. Deshalb sind wir Staatsfeinde. Sind wir es? Ja, von ganzem Herzen. Denn dieser Staat ist das Prinzip des Bösen. Daß ich es nicht vergesse, ich bin, wie mir inzwischen mitgeteilt wurde, neben der Vorbereitung zum Hochverrat auch des Widerstands gegen die Staatsgewalt angeklagt. Was ist die Staatsgewalt, die Gewalt dieses Staates? Der Terror. Der SA-Mann und Polizist, der dich schlagen und verhaften darf. Der SS-Mann und Gestapobeamte, der dir dein Eigentum nimmt und dich im KZ zu Tode schindet. Die Kasernenhöfe und die brüllenden Unteroffiziere und die Ortsgruppenleiter und die Fahnen und die Zeitungen und die Kanzleien mit den Hitlerbildern und die Konzentrationslager und die Gefängniszellen und die Gerichte und die Richter und die Denunzianten und das Grauen und die Angst vor diesem Staat, das alles ist seine Gewalt. Gegen diese Gewalt habe ich Widerstand geleistet, das ist richtig. Ich leiste ihn noch. Bis ich eines Tages am Fenster hängen werde oder das gepeinigte Herz von selber zu schlagen aufhört. Ohne Prozeß, der doch nur ein Vorwand ist.
Eines Abends wird die Anklageschrift in die Zelle gereicht, mit dem Essen. Als Beilage gewissermaßen. Es fehlt nur noch, daß die Kalfaktorin »Wohl bekomm's!« dazu sagt. Diese Anklageschrift ist meine Rettung. Nicht weil sie gut ist, sie ist niederschmetternd. Aber sie beweist mir, daß ich noch da bin. Sie reißt mich aus meiner Lethargie und stellt mich unsanft auf die Beine. Sie ist ein Angriff gegen mich, gegen den ich mich zur Wehr setzen kann. Zwei Jahre lang habe ich auf sie gewartet. Vier Tage darf ich sie behalten, dann muß ich sie zurückgeben. Ich kenne sie auswendig.
Der Prozeßtermin wird mir mitgeteilt. Er ist kurzfristig angesetzt, so daß mir nicht viel Zeit zur Vorbereitung bleibt. Das ist gut so. Ich darf nicht noch einmal vom Warten müde werden. Der Fall ist klar. Gerechtigkeit habe ich in diesem Staat nicht zu erwarten. Aber ich kann

ihm das Unrecht schwerer machen. Es kostet mich allerdings einige Mühe, konzentriert zu denken. Immer wieder verliere ich mich in vage Hoffnungen. Sie beleben zwar das müde Herz, verwirren aber dafür den Kopf.

Fünf Tage vor dem Termin besucht mich der Offizialverteidiger, ein gutbürgerlicher sogenannter Rechtswahrer mit gestärkter Hemdbrust, uninteressiert, aber korrekt, ein Biedermann mit Gesetzeskenntnis, sehr auf die eigene Rechtfertigung in diesem Prozeß bedacht, aber wenigstens ehrlich, auch in der nervösen Eile, mit der er mich instruiert.

»Wie kann man bloß derartige Dummheiten machen, Frau Haag«, sagt er pressiert. »Sie sollten doch wissen, wie gefährlich solche Geschichten sind.« – »Das weiß ich nun inzwischen«, sage ich, »es ist immer gefährlich, ehrlich zu sein. Jetzt weiß ich es. Aber das nützt mich ja nun auch nichts mehr, Herr Rechtsanwalt.« – »Das will ich nicht sagen«, entgegnet er schnell und blättert zerstreut in seiner Akte, als suche er etwas. »Was wollen Sie denn sagen, Herr Rechtsanwalt?« frage ich lächelnd. Ich sehe, wie peinlich ihm die ganze Sache ist. »Ja nun«, sagt er gedehnt, »machen werde ich auch nicht viel können. Verteidigen müssen Sie sich schon selbst. Ich kann Ihnen höchstens sekundieren.« Er fühlt sich sichtlich unbehaglich, wie er das sagt. »Ach so«, sage ich erstaunt, aber ich bin sonderbarerweise weder betroffen noch enttäuscht, sondern im Gegenteil beinahe froh. »Das macht nichts«, sage ich zuversichtlich, »ich werde mich schon zu wehren wissen. Ich bin nicht auf den Mund gefallen.« Das Bewußtsein, wieder ganz auf mich allein gestellt zu sein, spannt mich an. »Das glaube ich auch«, sagt der Rechtsanwalt erleichtert und befriedigt, »aber seien Sie vorsichtig.« – »Auch das«, sage ich, »habe ich inzwischen gelernt.« – »Dann wird es schon nicht so schlimm werden«, meint er und verabschiedet sich mit einem billigen »Nur den Kopf nicht hängen lassen!«. An der Tür dreht er sich noch einmal um, ob ich noch eine Frage hätte. Aber ich habe keine Frage mehr an den Herrn Verteidiger. Er hat es sehr eilig.

Ich nütze die mir verbleibenden Tage. Die innere Spannung macht mich verhältnismäßig frisch. Schließlich ist es soweit.

Ich habe schlecht geschlafen. Ein paar Atemübungen sollen das erregte Herz beruhigen. Aber so einfach geht das doch nicht. Ich habe ein flaues Gefühl im Magen. Ein Gefängnisauto bringt mich zu dem

Gerichtsgebäude, dem »Langen Bau«. Auf der Treppe bleiben Leute stehen und sehen mir nach. Ich will nicht hinschauen, ich kenne den Ausdruck dieser neugierigen, schadenfrohen Gesichter. Auch in der warmen Treppenhalle friert es mich, wahrscheinlich Nervosität. Man hat mir die Hände gefesselt wie einem Schwerverbrecher. »Die modernen Armbänder von heute!« sage ich mit einem etwas krampfhaften Lächeln zu dem SS-Mann, der mich in den Gerichtssaal führt. Aber der SS-Mann schaut nur mit einem flüchtigen Seitenblick kalt über mich hinweg. In seinem Gesicht rührt sich nichts. Ich weiß, daß meine Bemerkung töricht, zumindest überflüssig war. Ich bereue sie auch sofort. Sie sollte scherzhaft klingen und meine plötzliche Unsicherheit verbergen. Ein verständnisvoller Blick hätte mich zweifellos gefestigt. Aber neben mir geht eine Uniform mit Mechanik, kein Lebewesen. Ich fühle mich ganz verloren, als ich den Saal betrete. Ein Glück, daß Sepp schon da ist. Es macht mich sofort sicherer. Auch der Verteidiger wartet und nickt mir zu. Jetzt sehe ich die Genossen aus der Heimat, die bereits seit einigen Monaten entlassen, nun aber mitangeklagt sind. Einige Herren der Presse begaffen uns mit unverschämter Ungeniertheit. Sie werden nicht auf ihre Rechnung kommen. Sensationen sind hier nicht zu erwarten, nachdem die Hauptperson, Hermann Nudings Freund, tot ist. Der Fall wird sicher nur lokales Interesse finden.

Sepp grüßt mich mit den Augen. Ich sehe ihn zum erstenmal seit langer Zeit und bin froh, ihn nicht elend zu sehen. Er ist allerdings mager geworden. Der abgewetzte Anzug schlottert um seine hagere Gestalt. Sein Gesicht ist angespannt und beherrscht. Er ist offenbar gut in Form und ruhig. Auch ich bemühe mich um eine gute Haltung, obschon mir der große, düstere, feierliche Raum keinen rechten Halt bietet. Die ganze Umgebung ist mir ungewohnt. Ich nehme mich zusammen und wiederhole in Gedanken die schwachen Punkte der Anklage, um sie nachher zur Verteidigung rasch bei der Hand zu haben.

Das Gericht kommt herein, wir müssen aufstehen. Die Männer der Gerechtigkeit in den schwarzen Talaren drehen sich gehorsam zur Wand, wo das Hitlerbild hängt, heben die Arme auf und murmeln den Hitlergruß. Die übrigen Anwesenden tun dasselbe. Nur wir, die Angeklagten, tun es nicht.

Die Komödie beginnt. Die Anklageschrift wird verlesen. Erst nach und nach wird mir das klar. Zuerst bin ich wie betäubt. Mein Kopf dröhnt. Es sind zuviel neue Eindrücke, die auf mich einstürzen. Ich bin so viele Menschen nicht mehr gewöhnt. Auch das laute Reden verwirrt mich. Erst allmählich klärt sich das Bild. Der Reihe nach betrachte ich die einzelnen Gesichter. Sie zeigen weder Verständnis noch überhaupt eine Spur menschlicher Anteilnahme. Es ist durchaus nicht ersichtlich, daß es hier um Menschenschicksale geht. Man könnte genausogut über einen Geschäftsbericht verhandeln oder über ein Bauprojekt. Nur der Staatsanwalt scheint innerlich beteiligt zu sein. Er thront wie ein lauernder Inquisitor über dem dunklen Gestühl. Sein Gesicht ist fleischlos, mit weit hervorstehenden Backenknochen, tiefliegenden Augen und dunklen kreisrunden Schatten darunter, es ist das Gesicht eines Fanatikers oder eines Leberkranken. Er mustert mich unentwegt, sein Blick ist unerbittlich und gefährlich, der Blick eines grausamen Menschenfeindes, dem es nicht um Gesetz, Ordnung und Gerechtigkeit geht, sondern einzig und allein um die Befriedigung seines verkrampften, haßerfüllten Wesens. Ich fühle deutlich, daß er mich kleinhacken will. Anders dagegen der Richter. Er ist untersetzter, immer noch stattlich, hat blondes Haar und ein gesundes Gesicht mit roten Backen. Er wird, denke ich, unter seiner Robe einen eleganten Anzug tragen, und sicherlich hat er Kinder. Er sieht gepflegt aus, seine Bewegungen sind ungezwungen, er spricht ruhig und angenehm, es ist vergnüglich, ihn anzuschauen. Ich habe seit zwanzig Monaten keinen richtigen Mann mehr gesehen, nur noch Wachtmeister, deshalb komme ich wohl auch auf diese nebensächlichen Gedanken. Natürlich ist es auch dem Richter weniger um die Gerechtigkeit zu tun als vielmehr um die korrekte Erfüllung seiner Berufspflicht, und es ist ihm sicherlich ganz gleichgültig, ob da unten ein Verbrecher oder eine Mutter steht, genauso wie es ihm egal sein wird, ob hinter ihm das Bild eines Monarchen oder eines Verbrechers hängt. Oder gar kein Bild. Oder ein Kruzifix wie ehedem. Die Hauptsache ist, daß er Richter ist, ob des Römischen Rechts oder eines für ihn noch bequemeren schlichten Volksrechts, das spielt keine Rolle. Die Rolle spielt er, und er spielt sie gut, eindrucksvoll, überlegen und sichtlich gern, denn es ist gewiß angenehm, da oben zu sitzen. Seine Fragen und Einwände verraten nicht einmal Interesse, geschweige denn eine wirkliche innere Stellungnahme, sie verraten nur die gebotene Routine. Es wird daher völlig gleichgültig sein, was ich zu meiner

Verteidigung vorbringen werde, das höhere Wesen da oben im schwarzen Hemd will das gar nicht wissen, seine Einwände und Fragen sind leere Höflichkeitsfloskeln den Herren Kollegen gegenüber, er urteilt und verurteilt zweifellos nur nach Gutdünken und augenblicklicher Laune. Daß seine augenblickliche Laune gut ist, steht für mich nach etwa einer Stunde fest, desgleichen, daß von dem ganzen Kulissendonner der Anklage nur der Vorwurf der Verteilung illegaler Informationsblätter und der Weiterführung der verbotenen Parteiarbeit übrigbleiben wird.
Ich sehe sehr bald, daß es sich bei dieser Verhandlung nur um ein albernes Theater handelt, und ich habe gar keine Lust mitzuspielen, auch wenn man mir dabei eine tragende tragische Rolle zugedacht hat. Von mir aus machen sie, was sie wollen, ich denke nicht daran, mitzuagieren, obwohl der Staatsanwalt sich redlich bemüht, mich »fertigzumachen«, und wie ein alter eigensinniger Narr immer wieder in dieselbe Kerbe haut. Aber der Vorwurf der verbotenen Parteiarbeit ist nicht zu beweisen. Für Sepp werden drei, für mich zweieinhalb Jahre Zuchthaus beantragt und etliche Jahre Ehrverlust. Ehrverlust!
Um zwölf Uhr mittag wird die Sitzung unterbrochen. Ich habe zwar keinen Grund, mich übermäßig zu freuen, aber das Gefühl, daß der Kram nun endlich doch einmal ein Ende findet, macht mich froh. Das Essen schmeckt mir ausgezeichnet, zum erstenmal seit langer Zeit.
Der Nachmittag bringt die Verteidigung. Ich glaube, daß ich sehr ruhig und sachlich bin, obwohl ich langsam nervös werde. Das Gericht zieht sich zur Beratung zurück, erscheint wieder. Es gäbe jetzt eine Menge zu sehen, der gemessene Ernst des albernen Zeremoniells wirkt komisch, lächerlich das Käppchen auf – Käppchen ab der ausgewachsenen Männer, aber ich habe in diesem Augenblick, der über mein Schicksal entscheidet, keinen Sinn für Humor. Ich bekomme nur zwei Jahre, Sepp zweieinhalb Jahre Gefängnis. Die Untersuchungshaft wird angerechnet. Es ist ein guter Tag. Die krampfhafte Spannung bei der Urteilsverkündung weicht einem Gefühl der Erleichterung. Plötzlich wird mir bewußt, daß ich mit der Untersuchungshaft ja das meiste schon verbüßt habe und in Kürze frei sein werde. Die Freude überwältigt mich jetzt doch, ich bin nahe daran, in Tränen auszubrechen. Es ist gut, daß nun alles sehr rasch zu Ende geht. Zu sagen haben wir nichts. Wir bitten auch nicht um Gnade.
Kaum wieder in der Zelle, schreibe ich sofort an dich. Ich habe es

überstanden, schreibe ich. So wird es auch bei dir einmal sein, schreibe ich, hoffentlich bald. Ich muß an die letzten Briefe denken, die mutlos und verzagt waren. Du wirst mich nicht umsonst in deiner letzten Antwort zurechtgewiesen haben. Wie war das doch? Ich verlange von dir, schriebst du, daß du dich unter allen Umständen zusammennimmst. Ich hoffe stark, schriebst du, daß du tapfer bleibst. Nun, war ich es nicht?

Ich habe mir in meiner Einzelhaft eine eigene Meinung über Mut und Tapferkeit gebildet. Wenn ich todmüde war, stumpf, gleichgültig und so völlig verzweifelt, daß ich gleichsam außerhalb aller menschlichen Empfindungen auf Torturen nicht mehr reagierte, wenn ich also wirklich tapfer schien, war ich es nicht. Tapfer war ich nur, wenn ich bewußt alle Ängste durchlitt und mich klagend und hadernd gegen das Schicksal auflehnte. Kein Mensch hätte mich daran hindern können, mich aufzuhängen. Nur wer am Leben völlig verzweifelt und dennoch um dieses Leben kämpft, hat nicht nur den Willen, sondern auch den Mut zum Leben. Ein Bulle von Mensch ist nicht tapfer, auch wenn er wie ein Berserker um sich schlägt. Tapfer ist nur der Sensible, der Mensch, dessen Phantasie die ganze Tragweite einer Gefahr zu erkennen vermag und der trotzdem standhält. Nun, ich habe standgehalten. Oder habe ich es nicht, lieber Mann?

Fast zwei Jahre habe ich standgehalten. Es fehlen nur noch zwei Monate. Um den Buchstaben des Gesetzes Genüge zu tun, schafft man mich für diese zwei Monate noch in die Landesstrafanstalt Gotteszell-Gmünd, die ich ja bereits kenne. Zuvor sucht mich der Offizialverteidiger noch einmal auf, um sich zu verabschieden. Er erzählt, daß der mißvergnügte Herr Staatsanwalt nach der Verhandlung sein Käppchen wütend auf den Tisch gefeuert und Stein und Bein geschworen habe, mich ins KZ zu bringen. Ich lache dazu. »Er soll sich«, sage ich, »die Schwindsucht an den Hals ärgern, der Herr Staatsanwalt! In zwei Monaten ist der Bart ab.«

Gotteszell war früher, ich kann ruhig sagen zu »meiner Zeit«, Gefängnis, Zuchthaus, Arbeitshaus und Konzentrationslager für das ganze württembergische Land. Jetzt ist es nur noch Gefängnis, so groß war der Massenandrang. Die Zuchthausinsassen kamen nach Aichach, die Konzentrationslagerhäftlinge nach Lichtenburg bei Torgau.

Ich feiere also ein Wiedersehen. Der Transport nach Gotteszell verläuft ereignislos. Es sind einige kleine Diebinnen dabei und ein

Dienstmädchen, das, vom Kindsvater sitzengelassen, wegen Meineides sitzt. Es hatte kurzerhand einen anderen der Vaterschaft bezichtigt.
Wir werden gebadet und eingekleidet. Die Gefängniskluft besteht aus einem schwarzen dicken Rock, schwarzer hängender Jacke, die das Weibliche verbergen soll, einer Schürze, wollenen Strümpfen, klobigen Schuhen, grober Unterwäsche und einem Halstuch. Die Stücke, die mir hingeworfen werden, sind mir viel zu groß, außerdem sind sie ausgewaschen und scheußlich geflickt. Sie hängen schlotternd an meinem abgemagerten Körper, wahrscheinlich sehe ich wie eine wandelnde Vogelscheuche aus. Rock und Hose muß ich dauernd festhalten, weil sie sonst rutschen. Beim Hofgang ist das besonders schwierig, weil die Hände auf dem Rücken gehalten werden müssen. Später, als man mir Sportstrümpfe zum Stricken aufgibt, gürte ich mich mit gestohlenen Wollfäden.
Natürlich bekomme ich Einzelhaft im Zellenbau. Bekannte scheinen nicht hier zu sein. Paula Löffler aus Schwenningen ist inzwischen mit zwei Jahren Zuchthaus nach Aichach gekommen. Es besucht mich der evangelische Pfarrer. Er bringt mir ab und zu Bücher.
Dann ist da noch der Gefängnisarzt, ein wegen seiner Rigorosität weithin berüchtigter Grobian, der geborene Gefängnisarzt des Dritten Reiches. »Was?« brüllt er die Frauen an, die zu ihm kommen, »krank wollen Sie sein? Welch gute Idee von Ihnen!« Eine Frau, die im Gefängnis entbunden hatte und die hernach um einen Büstenhalter eingab, schrie er an, daß sie die zwei Pfund Fleisch auch ohne Büstenhalter tragen könne. Kein Wunder, daß die Gesundheitsstatistik der Landesstrafanstalt vorbildlich ist, denn die Frauen hüten sich, zu diesem Arzt zu gehen. Alles ist in Ordnung, alles gesund, gepflegt, versorgt, in bestem Ernährungszustand. Die Statistik beweist es. Die Statistik beweist mehr. Sie beweist, daß die Gefangenen in den Gefängnissen des neuen nationalsozialistischen Staates besser gehalten sind als je zuvor und vor allem weitaus menschlicher behandelt werden als unter dem alten Regime.
Wir haben hier sogar eine Schule. Eine richtiggehende Schule mit viermal wöchentlich einer Stunde Unterricht, mit Schulbänken und einer Lehrerin. Und einem Hitlerbild, versteht sich. Da sitzen nun erwachsene Frauen, verarbeitete, leidgeprüfte Frauen, verhärmte Mütter und leichtsinnige Diebinnen in den schmalen Bänken ein-

trächtig nebeneinander wie Abc-Schützen und singen mit leiser unsicherer Stimme ein neckisches Frühlingslied. Dann murmeln sie verwirrt und verlegen stotternd die Sprüchlein herunter, die ihnen die Lehrerin in den Mund legt, etwa: Welches Reich ist unvergänglich? Das nationalsozialistische Reich ist unvergänglich. Wer ist der berühmteste Mann des zwanzigsten Jahrhunderts? Unser Führer Adolf Hitler. Wer sind die tapfersten und edelsten Krieger der Erde? Unsere Soldaten. Wem gehört unser Leben? Unser Leben gehört unserm Führer. Manchmal muß ich mich in den Arm kneifen, um mich zu überzeugen, daß ich das nicht alles träume. Was denkt sie sich wohl, diese Lehrerin, wenn sie solche Fragen stellt? Ich glaube nicht, daß sie denkt. Ich glaube, sie faßt ihre Tätigkeit als eine Art Missionstätigkeit auf und sieht in uns so etwas wie Wilde aus einem Kaffernkral. Anders ist das doch nicht möglich.

Die Bücher, die man hier zu lesen bekommt, sind die neueste deutsche Literatur, die Auslese des nationalsozialistischen Schrifttums, Vaterlandsbücher, Heldenbücher, Bücher vom Krieg, Bücher über den Krieg, Bücher für den Krieg. Ich lese sie mit wachsendem Erstaunen, ihre Tendenz ist eindeutig und klar, man spürt den Befehl, der sie entstehen ließ, aus jeder Seite. Sie verherrlichen den Krieg, die Schlachten, die Fahnen, die Helden, den Ruhm und die Größe, die Macht und die nackte Gewalt. Der Mensch spielt keine Rolle mehr in diesen Büchern. Der Staat ist alles. Die Nation ist alles. Der Führer ist alles. Wir sind auf die bluttriefende Tradition unserer glorreichen Geschichte verpflichtet. Ein Volk von Dichtern und Denkern? Jetzt müssen wir ein Volk von Helden werden. Ein Volk von Fliegern, von Panzergrenadieren, von Amokläufern. Der Führer will es. Die beflissenen Dichter dieser Bücher wollen es. Es sind die Dichter der Nation. Es sind die Bücher der Nation. Es sind Bücher, die nicht nur in der Landesstrafanstalt Gotteszell gelesen werden, sondern überall in ganz Deutschland. Das ist es, was mich beunruhigt. Nicht, daß diese Bücher gelesen werden, sondern daß sie, die offen und systematisch auf den Krieg vorbereiten, ohne Widerspruch gelesen werden, daß sie nicht nachdenklich stimmen, sondern überzeugen, nicht Abscheu erregen, sondern begeistern, nicht Widerstand hervorrufen, sondern Zustimmung. Ich bin ein einfacher Mensch und seit zwei Jahren hinter Gefängnismauern, ich habe nicht studiert, aber ich brauche nur diese Bücher zu lesen, um im Bilde zu sein. Für jeden, der lesen kann,

wird hier die Gewalt proklamiert, der Geist von Potsdam angerufen, Deutschlands historischer und moralischer Anspruch auf Vorherrschaft begründet. Sieht da draußen kein Mensch, wohin wir treiben? Hört niemand die Trommeln, die Hörner, den Lärm der Aufmärsche, den Stechschritt der Paraden? Begreift keiner, was die hektische Aufwiegelung der Volksmassen in Führerkundgebungen und Sturmappellen zum Ziele hat? Durchschaut kein Mensch die schamlose Rabulistik der Reden und Aufsätze des Propagandaministers? Sie werden auch uns manchmal vorgelesen. Sie sind unmißverständlich, und dennoch will sie niemand verstehen. Ich weiß das, auch wenn ich seit zwei Jahren von der Welt abgeschlossen bin. Ich spüre es durch Mauern und Wände. Ich habe keine Statistiken, und ich brauche keine Statistiken, um zu ahnen, daß es immer mehr werden, die mitmarschieren, und immer weniger, die sich abwenden. Die Gefängnisse werden immer voller von Rebellen, die hier eingeliefert werden, die die Konzentrationslager füllen; es sind die vielen einzelnen, die dieses Regime ablehnen, wenig genug im ganzen gesehen, doch solche, die es bewußt und leidenschaftlich bekämpfen.
Ich sehe mit Schaudern in die Zukunft, ich denke in diesen Tagen und Wochen viel an die Zukunft, die sich hinter diesen Büchern langsam abzuzeichnen beginnt, eigentlich denke ich nur an sie, nicht nur meinetwegen oder unseretwegen, sondern überhaupt. Was sich hier ankündigt, ganz gleich, ob es der Krieg oder nicht der Krieg ist, ist das Ende des Menschentums in unserm Volk. Eines Tages wird es in Deutschland keine Menschen mehr geben, nur noch Soldaten und Sklaven, Schergen, Fahnen, Betriebszellen, Bonzen und Konzentrationslager. Ich glaube, daß es Krieg geben wird. Dann gibt es überhaupt nichts anderes mehr als nur noch den Krieg. Das wollten wir verhindern. Es ist uns nicht gelungen. Eine bittere Bilanz meiner zwei Jahre Einzelhaft. Sie liegt hinter mir. Die paar Wochen, die ich noch abzusitzen habe, zählen nicht mehr und schrecken nicht mehr. Sie gehören im Grunde schon zum Abschied. Ich habe keine Angst mehr vor der Zelle, vor den Eisenstangen am Fenster, vor der Aufseherin und vor der langen Nacht. Ich habe bei aller Freude über die Freiheit, die mir winkt, Angst vor der Zukunft. Ich lebe schon in ihr, auch wenn ich noch für kurze Zeit hier zu bleiben habe. Dies hier ist überwunden. Ich sehe es plötzlich mit anderen Augen, mit Abstand, wie ein Besuch, der sich das Gefängnisleben aus der Nähe anschaut.

Deshalb gehe ich auch noch einmal in die Kirche vor meiner Entlassung, der Vollständigkeit halber. Im übrigen auch aus Höflichkeit dem Pfarrer gegenüber, der mich so oft besucht hat. Als Gegenbesuch gewissermaßen. Außerdem sehe ich dabei, ob Genossinnen vom Untersuchungsgefängnis Weimarstraße oder sonst Bekannte da sind. Schließlich ist der Gottesdienst auch eine Abwechslung im ewigen Einerlei der Tage. Auf ein Glockenzeichen sammelt sich alles in den Gängen und im Hof. Dann geht es in hastigem Lauf in die Kirche. Etwa dreihundert Frauen blicken mit starren Gesichtern auf den Altar. Dazwischen stehen die Aufseherinnen. Von einer wahren Andacht ist nichts zu spüren. Der Choral wird schleppend und schlecht gesungen, die dünne Orgelbegleitung muß ihn mühsam nachziehen. Nach jedem Vers wird anhaltend und ausgiebig geräuspert und gehustet. Es müssen wenig wirkliche Kirchgängerinnen unter diesen Frauen sein. Daß hier mit wahrhaftiger Religiosität, wo solche vorhanden ist, Mißbrauch getrieben wird, liegt auf der Hand. Es erinnert an nationalsozialistische Appelle. Später wird auf dem Altar an Stelle des Kreuzes die Hitlerbüste stehen. Der Pfarrer blättert in seiner Bibel, faltet die Hände und blickt zur Decke empor. Das ist bequemer, als der Welt ins Gesicht zu schauen. Jetzt halten einige der Weiber den Augenblick für gekommen, erschüttert aufzuschluchzen. Sie vergessen dabei nicht, zu der Aufseherin hinüberzuschielen, ob die bekundete Reue auch richtig registriert wird. Hinter mir flüstert die Genossin Agnes, ein schönes, ruhiges Wesen, Lehrerin von Beruf. Sie will mir etwas mitteilen, aber die Aufseherin hebt sofort den Kopf und wirft mir einen strengen Blick zu. Inzwischen hat der Seelenhirte zu predigen begonnen. Ich will nicht hinhören, es ist immer dasselbe. Es ist seit tausend Jahren immer dasselbe, was die Menschen predigen, und immer dasselbe, was sie tun. Sie tun immer das Gegenteil von dem, was sie predigen. Deshalb predigen sie. Aber ich will nicht darüber nachdenken. In einigen Tagen bin ich wieder bei Kätle. Darauf will ich mich freuen.
Ich kann nicht sagen, wie sehr ich mich darauf freue. Mein ganzes Wesen ist verwandelt. Ich will alle Bitterkeit, alle Seelennot und alle Zweifel an der Zukunft hierlassen, wenn ich gehe. Manchmal vergesse ich ganz, daß ich noch hier bin, so intensiv denke ich mir das alles aus. Die Tage werden nachgerade zu kurz für meine vielen Pläne und Träume. Am Tag vor der Entlassung werde ich in das Büro gerufen. Zwei Jahre lang habe ich mich auf diesen Augenblick gefreut, zwei

Jahre habe ich mir ausgedacht, wie ich mich dabei benehmen werde. Man wird mir offiziell meine Entlassung mitteilen und einige goldene Lebensregeln mit auf den Weg geben. Eigentlich wollte ich eisig sein und den Beamten und die Aufseherinnen meine grenzenlose Verachtung fühlen lassen, aber nun schlägt mein Herz voll Freude. Ich trete lächelnd in das Zimmer.

»Ach so... ja«, sagt der Gefängnisdirektor, als er mich erblickt, und sucht auf seinem Schreibtisch nach irgendeinem Papier. Schließlich hat er es und überfliegt es noch einmal. Dabei sagt er gleichgültig und ohne mich anzusehen: »Sie müssen morgen nach Stuttgart!«

Plötzlich sind mir die Tränen nah, ich weiß nicht warum, aber mir ist auf einmal bange. »Ich wollte sowieso nach Stuttgart«, sage ich mit leiser Stimme. Jetzt schaut er mich an. »Nicht sowieso«, sagt er etwas ungehalten, »die Gestapo hat Sie angefordert. Zur Überprüfung.«

Das trifft mich bis ins Herz. Ich kann nicht sagen, was in mir vorgeht. »Mich?« hauche ich, »zur Überprüfung?« Mir ist, als versänke ich. »Und«, stammele ich, »wie ist es dann mit meiner Entlassung?«

Der Direktor zuckt die Achseln und schaut noch einmal in das Papier. Dann schaut er mich an. Ich muß in diesem Augenblick recht unglücklich ausgesehen haben, denn er sagt etwas freundlicher: »Wahrscheinlich ist es nur eine Formsache. Sie werden ja sehen...«

Ich wundere mich, daß es mich nicht umwirft. Aber es wirft mich nicht um. Es ist zuviel. Es geht darüber hinaus. Es wird nicht mehr empfunden. Ich bin leer, todmüde und unendlich gleichgültig. Wie eine Schlafwandlerin komme ich in meine Zelle zurück. Es braucht eine ganze Weile, bis ich mir das ein wenig zurechtlege. Also ist es nichts mit meiner Entlassung, nichts mit Kätle, nichts mit einem neuen glücklicheren Leben. Auch gut. Auch gut. Nur zu. Meinetwegen. Zur Überprüfung. Nur eine Formsache. Zur Gestapo. Nur eine Formsache. Es ist zum Lachen, aber ich kann nicht mehr lachen. Ich kann auch nicht mehr weinen. Ich kann nur noch dasitzen und vor mich hin stieren. Der Gedanke, daß wenigstens die zwei Jahre hinter mir sind, tröstet mich ein wenig. An ihn klammere ich mich. Hier werde ich morgen entlassen, denke ich, das steht fest. Zwei Jahre Einzelhaft sind überstanden, denke ich, dann wird auch das andere zu überstehen sein. Ich spiele das eine gegen das andere aus, das Überstandene gegen das Drohende. Es ist ein fadenscheiniger Trost, aber es ist ein Trost.

Anderntags werde ich tatsächlich nach Stuttgart gebracht und in die »Büchsenschmiere« eingeliefert. Ausgerechnet wieder in die »Büchsenschmiere«, mit der es vor genau zwei Jahren begonnen hat. Ich komme auch wieder in dieselbe Zelle wie vor zwei Jahren. Es ist überhaupt alles wie damals. Auch vor zwei Jahren waren bereits zwei Frauen in der Zelle, als ich eingeliefert wurde, genau wie jetzt. Wenn das eine jener köstlichen Launen des Schicksals sein soll, von denen man immer spricht, dann danke ich. Der Kreis schließt sich. Die Zellentür schließt sich. Ich bin genau wieder soweit wie vor zwei Jahren.

»Jetzt kann's von vorn losgehen«, sage ich zum Gruß. Die beiden Frauen halten mich zuerst für eine ganz Neue. Ich lade sie grimmig ein, mein Jubiläum mitzufeiern. Sie reißen Mund und Augen auf, als sie hören, daß ich vor genau zwei Jahren hier gestartet bin. »Jawohl«, sage ich, »immer rund herum. Wie beim Hofgang. Man glaubt wunder, wie weit man gekommen ist, und steht am Ende doch wieder am Anfang, in der Büchsenschmiere!«

Die eine der beiden Frauen ist eine Politische, die Frau eines sozialdemokratischen Arbeiters, der illegale Zeitungen von der Schweizer Grenze nach Deutschland geschmuggelt hatte. Die Frau hatte sie verteilen helfen. Nun sitzen beide fest und erwarten wie ich vor zwei Jahren die Aufnahme in das Untersuchungsgefängnis. Dabei ist die Frau im fünften Monat schwanger. Die andere ist eine Kriminelle, eine ehemalige Prostituierte, die unaufhörlich von ihrem Leben erzählt.

Nach acht Tagen werde ich der Gestapo vorgeführt. Angeblich zur Überprüfung. Ein junger Herr in Zivil erklärt mir mit einem geringschätzigen Blick kurz und unfreundlich, daß ich morgen nach Torgau käme. Torgau? denke ich. »Ins KZ«, sagt der junge Herr und fügt bündig hinzu, »Sie wissen ja, warum.«

Sicher weiß ich das, ich könnte es dem jungen Herrn auch sagen, ich könnte es ihm haarklein auseinandersetzen, ich könnte ihm sogar erklären, warum ich jetzt vor ihm, der ein grüner Junge und ein unreifer Lümmel ist, dazustehen habe wie der letzte Dreck. Dieser geschniegelte und gebügelte Schnösel, der sich in der dürftigen Eleganz seines billigen Konfektionsanzugs offenbar für unwiderstehlich hält, hat nichts gelernt und vom Leben noch nichts erfahren. Aber er hat in diesem Moment alle Macht über mich. Er braucht nur den Federhalter zu nehmen und in meinen Transportschein, der vor ihm liegt, einiges hineinzuschreiben, dann ist mir im Lager ein entsprechender Empfang und eine ebensolche Sonderbehandlung gewiß. »Warum sagen Sie nichts?« herrscht er mich plötzlich an. Er glotzt mich dumm und mißtrauisch an. Es müßte eine Wonne sein, in dieses blasse Ohrfeigengesicht hineinzuschlagen. »Machen Sie wenigstens das Maul auf und sagen Sie, daß Sie verstanden haben! Verstanden?«

II.

Ja, ich habe verstanden. Nun geht es also wirklich wieder von vorne an. Daheim warten sie jetzt auf mich, Kätle und die Eltern. Auch du wirst denken, daß ich nun zu Hause bin. Ich will es dir vorläufig gar nicht schreiben. Jetzt bin ich vollends in diese verfluchte Mühle hineingeraten. Im KZ gibt es auch den Schein eines Rechts nicht mehr, auf das man pochen könnte. Jede gewöhnliche Bauchfellentzündung hat mehr Schicksalhaftes an sich als meine zwei Jahre Einzelhaft. Der Blitz, der vom Himmel fährt, kann neben dir einschlagen, er kann dich aber auch niederschmettern. Das ist Schicksal. In mein Leben hat kein Herrgott eingegriffen, sondern die Gestapo. Wir haben die Nazis gekannt und vor ihnen gewarnt. Wir hätten nur flinker sein müssen, gerissener, wendiger. Ist es nicht so? Auf was für komische Gedanken man doch kommt. Haftpsychose nennt man das oder »Eine spinnt immer«. Morgen geht es auf Transport. Allerdings im geschlossenen Eisenbahnwagen. Aber für mich ist das nach dem jahrelangen Aufdemflecktreten eine unerhörte Sache. Stelle dir das vor: Eine Reise mit der Eisenbahn. Eine Reise!

Wir fahren die Strecke Stuttgart–Bruchsal–Mannheim–Frankfurt–Fulda–Eisenach–Erfurt–Halle–Leipzig–Torgau. Es ist eine sonderbare, eine grauenerregende Reise durch das Elend. Eine Welt für sich. Eine schreckliche, hunderte Male verfluchte, verzweifelte Welt für sich. Ich lerne zahlreiche Zuchthäuser und Gefängnisse kennen, uralte Steinkerker und moderne Zuchthauskasernen. Es ist überall dasselbe: Gitter an den Fenstern, stählerne, klirrende Türen, boshafte, tückische Aufseherinnen, befehlshaberische, gefühllose Aufseherinnen. Selten ein Mensch. Und die Gefangenen, diese bejammernswerten, von Furcht, Elend, Krankheit, Verzweiflung und Marter gezeichneten Geschöpfe.

Manchmal glaube ich, soviel menschliche Not nicht mehr ertragen zu können. Ich bin, weiß Gott, einiges gewöhnt. Aber eine solche Häufung von Entsetzlichem und Grausamem geht über die Kraft. Ich sehe

das Leid in den unsteten Augen und den lauernden Haß. Es ist mir unbegreiflich, wie die Aufseherinnen angesichts dieser Misere in den Gängen schwatzen und lachen können. Kann man überhaupt verstehen, daß Menschen, daß Frauen sich einen solchen Beruf aussuchen? Es gibt besonders Tüchtige dabei, die mit wahrer Leidenschaft auf geräuschlosen Filzschuhen durch die Gänge streichen und, das Auge am »Spion« der Zellentür, die eingesperrten Menschen beobachten und belauschen. Sie haben ihre Freude daran, den geringsten Verstoß gegen die Gefängnisordnung zu melden, es ist ja bei den vielen Anordnungen und Verboten nicht schwierig, etwas zu finden. Ich habe viele Aufseherinnen kennengelernt, aber wenige, die sich ein menschliches Gefühl bewahrt hatten. Irgend etwas muß da nicht in Ordnung sein. Daß da nur der Mann fehlt, Kinder, ein bürgerlicher Lebensinhalt, glaube ich nicht. Da fehlt die Menschlichkeit, also alles. Die meisten von ihnen sind fromm, aber von einer ganz eigenen Frömmigkeit. Es scheint mir, sie verstecken sich hinter dem lieben Gott, weil ihnen vor ihrer eigenen Niedertracht graut. Sie brauchen den lieben Gott, um ihm die Verantwortung für alles Unrecht und alles Elend zuschieben zu können, an welchem sie und ihresgleichen schuld sind. Sie wissen ganz genau, daß die entsetzlichen Schicksale, denen sie ihre solide Beamtenlaufbahn verdanken, nicht im Himmel, sondern auf Erden zustande kommen, in den Gerichtssälen und unter ihrer Beihilfe auch in den Gefängniszellen. Und dennoch verweisen sie händeringend auf die göttliche Vorsehung, nicht nur, um ihr kleinbürgerliches Gewissen zu beruhigen, sondern auch, um die anderen davon zu überzeugen, daß der da oben an allem schuld sei.
Auf Transport bleibt man glücklicherweise nirgends lange. Nach drei oder fünf oder längstens acht Tagen geht es wieder weiter. Man bleibt außerhalb der Hausordnung, gewissermaßen Gast. Auch für die Aufseherin, die sich gar nicht die Mühe macht, sich mit einem zu beschäftigen. Das ist eine Wohltat.
Dafür gibt es allerdings auch viele Widerwärtigkeiten auf dem Transport. Die Bahnhöfe zum Beispiel sind widerwärtig, genauer: die Menschen, die Nazis, die Gaffer. Auf jedem Bahnhof stehen sie und glotzen hämisch, lüstern und mit schamloser Neugierde die Gefangenen an, die vom oder zum Sträflingswagen geführt werden. Meistens sind schwergefesselte Männer bei einem derartigen Schub, langjährige Politische oder Leute, die zu einem großen Prozeß gebracht werden und

die unter Umständen alles wagen würden, um auszubrechen. Auch gefangene Frauen sind offenbar sehenswert, auch auf ihnen bleibt der aus Abscheu und geheimer Lust gemischte Blick des sicheren Bürgers haften. Wir sind durchschnittlich zehn Frauen und etwa dreißig Männer. Sprechen ist verboten, es wird gegebenenfalls sofort mit der Schußwaffe gedroht. Zwischen den Frauen und Männern bleibt ein Abstand.

In Frankfurt ist das Transportauto, das uns vom Bahnhof zum Durchgangsgefängnis bringen soll, schon überfüllt, als ich an der Reihe bin einzusteigen. Ich bin die einzige Politische des Transports, weshalb man mich etwas abseits hat warten lassen. Nun muß ich in das Männerauto hinein. Man steckt mich in eine kleine abgeteilte Extrakabine, in der ich gerade noch sitzen kann. Sie ist normalerweise wohl für ganz schwere Jungens gedacht. In Augenhöhe ist ein Gitter zur Kontrolle. Da das Auto noch eine geraume Weile am Bahnhof stehenbleibt, kann ich die Gefangenen nebenan reden hören. Sie reden über mich. Sie wundern sich, daß man mich zu ihnen in den Wagen gesteckt hat. Es sind Politische unter ihnen, sogar Genossen sind dabei. Einige kommen aus dem KZ Buchenwald. Sie werden zu einem Prozeß nach Leipzig gebracht. Auch von Dachau ist plötzlich die Rede. Ich bin wie elektrisiert und halte den Atem an. Wirklich sind einige dabei, die aus irgendeinem Zuchthaus an das KZ Dachau überwiesen sind. Ein wunderbarer Zufall. Ich kann Grüße an dich mitgeben. Ich presse meinen Mund an die Eisenwand, an das Loch einer herausgefallenen Niete und spreche mit unterdrückter Stimme hinüber. Ich sage, daß ich auf dem Wege nach Torgau bin und frage sie, ob sie dort an jemand etwas auszurichten hätten. Ich bitte sie, dir in Dachau meine Grüße zu übermitteln. Sie kennen dich nicht, aber sie wollen dich zu finden wissen. Sie sollen dir sagen, daß ich gesund und zuversichtlich bin und daß ich auch wegen Torgau den Kopf nicht hängen lasse. Wegen Torgau schon gleich gar nicht, versichere ich. Du brauchst dir, sollen sie dir sagen, keine Sorgen um mich zu machen, das Schlimmste sei ja nun hinter mir, und ich hoffte sehr auf ein baldiges frohes Wiedersehen. »Ist gut«, sagen die Männer nebenan. Wir fahren gleich darauf. Dabei hätte ich noch so viel für dich gewußt. Aber ich bin auf einmal richtiggehend froh. Sie werden dir von mir erzählen. Sie werden dir sagen, daß ich guter Dinge war. Es wird dich trösten und freuen.

An diesem Abend komme ich in eine große Durchgangszelle mit viel-

leicht fünfundzwanzig bis dreißig lärmenden Frauen, die alle auf Transport sind. Der Raum ist durch Gitter in richtige Käfige aufgeteilt, in Einbettkäfige und in Zweibettkäfige, wie ein Löwenzwinger oder ein Affenstall. Das Halbdunkel macht die groteske Szenerie noch phantastischer. Die vielen neuen Eindrücke stürzen auf mich ein und verwirren mich. Ich bin nach der langen Einzelhaft einen solchen Betrieb nicht mehr gewöhnt. Die Frauen rufen sich durch die Gitter und über die Betten hinweg allerlei zu und tauschen ihre Erfahrungen über die durchwanderten Gefängnisse und Lager aus. Die Aufsicht scheint nicht streng zu sein. Während die Wachtmeisterinnen in anderen Stationen wie gepeitschte Kater herumsausen, um ja kein geflüstertes Wort zu überhören, kann man hier laut und ungeniert reden. Allerdings auch nicht immer, wie ich später erfahre, sondern nur an den sogenannten Transporttagen, wenn Schübe kommen und gehen. Ich fühle mich plötzlich sehr einsam inmitten dieser unechten, fiebrigen Munterkeit. Es ist grauenhaft, ringsum nur Menschen hinter Gittern zu sehen. Wenn ich nicht wüßte, daß es Menschen sind ...?
Die Frauen sind abgemagert, mit tiefliegenden Augen und fahlen Gesichtern, wie sie die lange Zellenhaft erzeugt. Wahrscheinlich sehe ich genauso aus, ich habe leider keinen Spiegel, um das festzustellen, nur die Zahnbürste und ein kleines Stückchen Seife, das ich eingewickelt in meinen Waschlappen immer in der Hand trage. Es ist das einzige, das mich vor dem völligen Sichgehenlassen bewahrt. Meine Haare sind in der Zwischenzeit lang gewachsen und verfilzt. Ein Glück, daß sie sich selber einrollen, sonst sähe ich bestimmt noch unordentlicher aus. Ich bin nun zwar wieder in Bluse, Rock und Mantel, aber es ist mir alles zu weit geworden. Den Mantel muß ich wie eine Decke vorne übereinanderschlagen und zuhalten. Da ich weder Nadel, Faden noch Schere haben darf, kann ich die Knöpfe nicht versetzen. Auch mein gutriechendes Puderdöschen habe ich nicht mehr. Es ist mir von einer Aufseherin genommen worden.
Aus einer Ecke erschallt plötzlich lautes, wieherndes Gelächter. Dort werden im ordinärsten Dirnenjargon Witze erzählt. Man steckt die eifergeröteten Köpfe zusammen und ist vergnügt. Daneben sitzen Bibelforscherinnen auf ihren Pritschen, Frauen, alte Mütterchen und ganz junge, kaum der Schule entwachsene Mädchen. Sie scheinen nicht zu sehen und zu hören, was um sie vorgeht. Ihr Blick ist nach innen gewandt oder in eine unendliche Ferne gerichtet, ich weiß es

nicht. Ich weiß nur, daß sie zu den wenigen Menschen in Deutschland gehören, die auch den allgewaltigen Partei- und Gestapogöttern furchtlos sagen, was sie denken. Daß sie gegen den Krieg sind und daß die Gottähnlichkeit, die sich Hitler anmaße, lästerlich und verbrecherisch ist. Sie halten zäh an ihrem Glauben fest und lassen sich für diesen Glauben einsperren und töten. Sie verweigern den Kriegsdienst und jede Arbeit, die der Rüstung dient, während sie im übrigen fleißig und rechtschaffen sind, jede Zänkerei untereinander und mit den anderen Häftlingen ängstlich vermeiden. Sie nehmen alle Beleidigungen und Roheiten als eine von Jehova auferlegte Prüfung klaglos hin oder erwidern sie erhaben gleichmütig mit düsteren Prophezeiungen. Ihre Haltung ist mehr als bewundernswert, sie ist erschütternd, aber sie ist »nicht von dieser Welt« und nicht für diese Welt, sie ist alttestamentarisch.

In der Nacht habe ich Fieber. Oder die aufgepeitschten Nerven rebellieren. Wilde Träume jagen durch mein Hirn. Die Erscheinungen wechseln blitzschnell, Erscheinungen aus dem Inferno oder aus mittelalterlichen Totentänzen. Nur die verfluchten Käfige bleiben. Ein Höllenreigen von Teufelsmasken und klappernden Gerippen durchtobt heulend und krächzend meinen Käfig. Ich stürze entsetzt aufschreiend an die Stäbe, aber ich kann nicht entrinnen. Schweißgebadet und wie gerädert wache ich auf. Im Käfig natürlich.

Und die Käfige bleiben. Ich habe ein scheußliches Gefühl. Auf Transport ist man ohnedies immer übernächtigt, schlecht gewaschen, unordentlich und verstört. Dabei hat man gar keine Möglichkeit, sich ein wenig zu säubern. Der Raum selbst starrt vor Schmutz. Die Wände sind mit dunklen Wanzenflecken übersät. Die Kübel stinken. Neben der Zelle ist eine Wachstube mit übernächtigten, schlechtgelaunten Diensthabenden. Sie sprechen von uns nur als von Huren. Hier gibt es nur Verbrecher und Nichtverbrecher. Die Nichtverbrecher sind sie. Und nur die Aufseherinnen sind keine Huren.

Hier hütet man sich, auf selbstverständliche Rechte zu pochen. Kein Mensch kommt auf den wahnwitzigen Gedanken, nach dem Waschwasser zu fragen. Man klemmt auch gern die Beine zusammen, wenn die Frau Aufseherin oder der Herr Wachtmeister finden, daß nicht immer – sie sagen nicht »ausgetreten« – werden müsse oder daß man in Rußland auch nicht so fein sei und Papier benötige. Wehe dem Gefangenen, der hier menschliche Behandlung fordert. Der intelligente Häftling begreift sehr schnell, daß Gewaltregime keinerlei Beschwerderechte anerkennen. Es ist wie beim Militär. Wer Lärm schlägt, Gehör fordert, rebelliert, wird gequält oder erschlagen oder erschossen, weil er das Prinzip zu erschüttern versucht. Dennoch gibt es solche, die sich beschweren. Entweder sind sie von Natur unerschrocken oder sie sind neu oder lebensmüde. Natürlich erfährt der Direktor ihre Namen, denn schon der Wachtmeister erklärt ihre Beschwerden für böswillige Lügen notorischer Nörgler. Nun ist es aber keineswegs mit einer einmaligen Schikane abgetan. Man hat eine Beschwerde jahrelang bitter zu büßen. Das begreift man, wenn man Augen und Ohren offen hat, wie gesagt, sehr rasch. Aber es dauert eine ganze Weile, bis man die Skala der Empfindungen vom rasenden, ohnmächtigen Zorn bis zur duldenden Ergebung durchlaufen hat. Nur ganz wenigen gelingt es, jenen Grad der »Verklärung« zu erreichen, der sie die völlig sinnlose Quälerei gleichmütig ertragen läßt.

Ich bin sehr froh, als wir am nächsten Tage wieder weitergeschleust werden. Die Käfige hätten mich auf die Dauer verrückt gemacht. Wir kommen nach Halle, wo der große Sammeltransport für das KZ zusammengestellt werden soll. Es braucht sieben Tage, bis man die Frauen, die dafür bestimmt sind, aus dem ganzen Reich hier zusammengetrieben hat.

Mir ist gotterbärmlich elend, als wir in Halle ankommen. Die Ohnmachtsanfälle melden sich wieder. Außerdem kann ich nichts im Magen behalten, leide unter schmerzhaften Magenkrämpfen. An heißen Tee ist nicht zu denken. Der junge Kalfaktor, den ich darum bitte, verspricht, alles zu tun, was ihm möglich sei, kann mir aber weder Tee noch heißes Wasser besorgen. Doch wolle er mir, sagt er zögernd, dafür ein Stück Haarkamm bringen. Ich schaue ihn sprachlos an. Ein Haarkamm ist seit langem mein Traum. Man könnte sich wieder einmal die verfilzten Haare kämmen, ein unwahrscheinliches Glück. Sicher, sagt der junge Kalfaktor mit einem fatalen Lächeln, nur müsse ich ihm dafür ein Büschelchen Haare ablassen. Ich glaube, ihn nicht recht verstanden zu haben.

»Haare?« frage ich verblüfft. Er nickt. Ein komischer Kerl. Aber warum nicht, denke ich. Und schon habe ich mir eine Handvoll herausgerissen. »Nee«, sagt er grinsend, »keine solchen. Andere.« Jetzt dreht es mir vollends den Magen um. Aber das Stück Haarkamm ist doch zu verlockend. »Bis abends«, sage ich schwach. Am Abend gebe ich sie ihm, als er den Kaffee in die Zelle bringt. Am andern Mittag haben wir einen Kamm und können uns der Reihe nach kämmen. Ich wage mich zum Essenfassen nicht mehr an die Türe, um den Kerl nicht noch einmal sehen zu müssen. Aber der Kamm ist wunderbar.

Unsere Zelle ist diesmal kein Käfig, sondern eine normale Mehrbettzelle. Wir sind einige Tage hier. Zu guter Letzt kommen noch drei Jüdinnen zu uns, außerdem eine Politische und zwei Dirnen. Die Politische, Karola Springer mit Namen, ist in Wirklichkeit keine Politische. Sie ist völlig unpolitisch, sie hat nur Pech gehabt. Wie eine Rakete kommt sie hereingeschossen. Sie ist außer Rand und Band, heult und tobt, macht uns alle verrückt. Erst allmählich kommen wir hinter ihre dumme Geschichte.

Sie war Bedienung in einem Kaffeehaus in München. Eines Abends ging sie mit einem Gast, der sie beiläufig eingeladen hatte, in ein Weinlokal. Sie kannte ihren Kavalier zwar nicht, aber es wurde ein recht vergnügter Abend. Die Kneipe war voll besetzt, man saß eng beieinander, aber man saß gemütlich. Es waren lauter nette Leute am Tisch, der Wein lockerte die Zungen, ein Wort gab das andere, man trank sich zu und lachte und scherzte und war bald in fröhlichster Stimmung. Auch der Kavalier war angenehm, er war splendid und verliebt und charmant und witzig und schien die in ihn gesetzten Erwartungen vollauf zu rechtfertigen. Er plauderte gern und viel, er trank auch gern und viel und wurde immer ungestümer, doch nicht etwa ihr gegenüber, sondern überhaupt und ohne ersichtlichen Grund. Er fing zu raunzen an, er war offenbar Österreicher, erging sich in heftigen Ausdrücken gegen die Nazischurken und ihre hinterhältige Anschlußpolitik und sprach unverblümt die Hoffnung aus, daß seinen armen überfallenen österreichischen Landsleuten doch recht bald die Augen aufgehen möchten. Er redete sich in einen richtigen Zorn hinein, so daß den anderen am Tisch nicht mehr viel zu sagen blieb. Einer davon stand sogar auf und ging hinaus, es fiel den andern gar nicht auf, so faszinierend war das fürchterliche Schimpfen des Österreichers auf das Dritte Reich. Auch ihr fiel es nicht sonderlich auf. Nur ihm selbst mußte es aufgefallen sein, denn er verstummte plötzlich, erhob sich ebenfalls und verschwand mit einem zärtlichen »Momenterl«. Sie blieb in froher Erwartung sitzen, das Momenterl zog sich etwas in die Länge, schließlich kam der werte

Tischnachbar wieder zurück, aber nicht allein, auch nicht mit dem Österreicher, sondern mit einem SS-Mann, der den Kavalier verhaften wollte. Von diesem waren aber nur noch Hut und Mantel da. »Und die Dame da«, sagte der werte Tischnachbar, dem man eben noch so lustig zugeprostet hatte. Es gab zwar einen kleinen Skandal, und es kostete den SS-Mann einige Mühe, sie mitzunehmen, aber schließlich wurde sie doch zur Gestapo gebracht, wo sie den Namen ihres Freundes angeben sollte. Sie erklärte den Herren unter heftigen Protesten, daß sie seinen Namen nicht wüßte, aber die Herren glaubten ihr nicht. Sie schwor Himmel und Hölle, daß ihr der Mann gänzlich unbekannt wäre, sie hätte ihn erst an diesem Abend in ihrem Lokal kennengelernt, aber die Herren lachten sie aus. Sie solle sich, sagten sie, einige Monate im KZ darauf besinnen, er würde ihr ganz bestimmt einfallen.

Nun ist sie tatsächlich auf dem Wege ins KZ und schreit uns an, was sie tun könne, um hier wieder herauszukommen. Zunächst meinen wir, wäre es gut, wenn sie sich nicht so aufführen würde. Aber das hört sie gar nicht. Im Verlauf von zwei Stunden sind wir wie betäubt und können sie nicht anders zur Ruhe bringen, als daß wir ihr Prügel androhen. Wir können nicht ahnen, daß sie wirklich nicht mehr herauskommt. Nach einem Jahr KZ Lichtenburg ist sie, wie ich später erfahre, bei den sogenannten Renitenten und wird schließlich im Lager Ravensbrück totgepeitscht.

Die Unruhe in unserer Zelle ist groß. Auch die zwei Dirnen unterhalten sich den ganzen Tag, sind aber sonst friedlich und sehr kameradschaftlich. Sie tauschen mit fachlichem Ernst ihre Erfahrungen aus wie zwei sehr strebsame Kolleginnen, denen der Beruf über alles geht. Nur wenn man ihnen zuhört, fangen sie an aufzuschneiden. Allmählich weiß ich ja nun auch auf diesem Gebiet einigermaßen Bescheid. Die beiden sind nicht von der teuersten Sorte, das sehe ich, auch wenn sie noch so angeben. Die eine hat viel Busen, alles an ihr wabbelt in dem billigen ordinären Fähnchen, das sie anhat. Die andere ist etwas jünger und besser intakt, sie legt auch in der Zelle das filzige Ding nicht ab, das vermutlich ein Hütchen sein soll. Sie erzählt uns die dramatische Geschichte ihres Lebens, man hat diese Geschichte bereits im Kino gesehen und kennt sie also schon. Es ist die Geschichte des schamlosen Verführers, des Elternfluchs und des edelsinnigen Kavaliers, der heute Fritz und morgen Karl heißt, eine rührselige und

tränenreiche Geschichte, die mit einem gefrorenen Lächeln endet: »Also... Warum soll ich nicht Liebe schenken!« Daß das, was sie verschenkt, nicht Liebe, sondern eine plumpe Fälschung ist, und daß sie diese Fälschung nicht verschenkt, sondern zu sehr festen Preisen nur gegen bar abgibt, erzählt sie nicht.
Wir sitzen in einem Winkel der Zelle am Boden, die zwei Dirnen, Marianne Korn, eine junge Bibelforscherin, und ich, und lassen meinen Kamm reihum gehen. Wir striegeln uns ordentlich und spüren mit großem Behagen, daß unsere Haare nicht mehr so filzig und verdreckt sind wie zuvor. Nun legt auch die Märchenerzählerin ihr neckisches Hütchen ab, um an unserem Striegelfest teilzunehmen. Der wirksame Schluß ihrer Lebensgeschichte scheint noch in ihr nachzuschwingen, denn sie fügt ergänzend hinzu, daß die Männer bei ihren Frauen zu Hause ja doch die wahre Liebe nicht mehr fänden. »Manche Ehemänner«, glaubt sie erläutern zu müssen, »wissen schon gar nicht mehr, wie man's macht.« Dann scheine mir das, was sie meine, nicht die wahre Liebe zu sein, erwidere ich, sondern die moralische Umschreibung einer etwas tiefergelegenen Äußerung. Die augenblickliche Befriedigung eines höchst platten Verlangens sei aber niemals Liebe, die wahre Liebe käme aus dem Herzen und schließe ein ganzes Leben ein, nicht nur den Augenblick der flüchtigen Leidenschaft. Das Wesen der wahren Liebe, erwidere ich, sei die Treue, und zu ihr gehörten nicht nur Gefühle, sondern vor allem viel guter Wille und Haltung und Beherrschung. Ich rede wie ein Buch, ich ereifere mich, weil ich mich in meinem Gefühl als liebende Frau verletzt fühle. Mag es sich noch so ehrpusselig und hochtrabend anhören, was ich sage, es ist meine Einstellung zu unserer Ehe und meine Überzeugung. Liebe ist Treue, eine schicksalhafte Verbundenheit, die keine noch so lange Trennung erschüttern oder lösen kann. Wie lange waren wir oft auseinander und kamen doch nicht voneinander los, auch wenn wir manchmal, vielfach aus Trotz, der doch nichts anderes war als Sehnsucht, unsere eigenen Wege gingen. Wir haben diese kleinen Umwege zu uns jedesmal bitter bereut und uns mit einer noch schmerzhafteren Innigkeit geliebt. Es kann nicht sein, daß man sich auseinanderlebt, wenn man sich wirklich liebhat. Siehst du, das glaube ich, und das ist mein Trost.
Am letzten Tag unseres Transports bin ich mit der jungen Bibelforscherin Marianne Korn allein in der Zelle des Eisenbahnwagens. Wir

unterhalten uns über Gott und die Welt, diesmal im wahren Sinne des Wortes über Gott und die Welt. Das sanfte Persönchen verficht seinen Glauben mit dem glühenden Fanatismus eines ausgewachsenen Eiferers. »Wovon bestreiten denn«, sagte sie, »eure Diener Christi ihr behagliches Spießer- und Genießertum? Doch nur von der bigotten Dummheit gläubiger Provinzler.« »Und vom Elend der Armen«, füge ich hinzu und muß dabei an den Pfarrer der Strafanstalt denken. »Aber«, sage ich, »alle Diener Christi leben von der Not und der Angst, von der Ratlosigkeit und der Dummheit der Menschen, ob sie nun bequeme Beamte sind oder Eiferer, Kirchendiener oder Bibelforscher, ob sie die Regimentsfahnen, die Maschinengewehre und die Flammenwerfer segnen oder ob sie den Krieg verfluchen.« »Wir sind weder Kirchendiener noch Eiferer«, erwidert sie, »wir leben ganz einfach streng nach der Bibel.« Mit der Bibel, meine ich, könne man jede Lebenseinstellung rechtfertigen, es gäbe da für jede Situation einen passenden Vers, ob man nun heiligmäßig leben oder die Ehe brechen oder dem Nachbarn etwas klauen möchte. Die verschiedenen Auslegungen seien auch danach, einmal so, das andere Mal so, wie man es braucht. Ich weiß, Marianne hört das nicht gern. Aber in mir ist eine empfindliche Saite angeschlagen. Ich kann nicht anders, ich muß mir einmal die ganze angestaute Bitterkeit vom Herzen reden.
Ob sie, frage ich, einen Menschen kenne, der nach Christi Wort lebe? Nein. Also. »Ihr verweigert den Kriegsdienst«, sage ich, »gut. Aber ist damit das Elend aus der Welt geschafft? Nein. Wofür geht ihr in den KZs zugrunde, für die Menschheit oder für Jehova? Für Jehova natürlich. Nicht für die hungernden Kinder, sondern für die Bibel. Ihr seid genauso wie die ollen Märtyrer...« »Du opferst dich ja auch«, sagt sie. »Gewiß«, sage ich, »aber nicht für den lieben Gott und nicht für Jehova, sondern für die Menschen. Wir wollen sie davon überzeugen, daß es für alle reicht, nicht nur für die Oberschicht. Wir kämpfen für diese Überzeugung und gehen notfalls für sie kaputt. Nicht für den lieben Gott. Der kann sich selber helfen. Der könnte sogar uns helfen, wenn er wollte. Aber er will nicht. Er will uns nur läutern. Er scheint etwas umständlich zu sein, der liebe Gott.« »Du sollst nicht lästern«, erwidert Marianne ernst und mit entrücktem Blick, »Jehova ist unser Heil.« »Heil, wenn ich das schon höre«, sage ich. »Dies ist die Zeit des Kampfes mit dem Antichrist«, fährt Marianne prophetisch fort, »und Jehova wird siegen.« »Was heißt hier siegen«, sage

ich, »er wird gemütlich auf das nächste Gemetzel warten, das die Nazis todsicher anzetteln werden, und es wird wieder einmal ein heiliger Krieg sein, ein Krieg für die größere Ehre des Vaterlandes, und die größere Ehre des Vaterlandes wird wieder einmal die Mittel heiligen, und die Mittel werden wieder wie allemal die kleinen Leute sein, die Arbeiter, das Volk. Warum will das Jehova, dein Gott?« »Glaubst du an einen Krieg?« fragt sie beklommen. »Glauben?« sage ich, »ich sehe ihn, ich höre ihn, ich spüre ihn in allen Knochen. Nicht erst jetzt, schon lange. Deshalb habe ich gekämpft, und deshalb gehe ich jetzt ins KZ. Vorläufig toben sie sich noch im Innern aus, in den Gestapokellern und Konzentrationslagern und gegen die eigenen Volksgenossen, aber wenn ihr Größenwahn, ihr entfesselter Haß, ihr Blutrausch einmal ausbricht – das wird an dem Tag sein, an welchem sie mit der Rüstung soweit sind –, wird kein Auge trocken bleiben. Nur die biederen Bürger draußen sehen das nicht, sie sehen nicht einmal die Entsetzlichkeiten, die sich unter ihren Augen abspielen, sie sehen nur sich. Aber eines Tages werden ihnen die Augen aufgehen, Marianne, wenn sich das alles rächt, und es wird sich rächen, verlaß dich drauf, es wird sich furchtbar rächen, mit oder ohne Jehova, das ist ganz wurscht in diesem Augenblick!« Mein Zorn ist verständlich. Auch Marianne ist mir nicht böse. Sie sagt nur: »Schade, du bist nicht im Glauben.« »Nein«, sage ich, »ich bin nicht im Glauben, ich will auch gar nicht im Glauben sein. Mir ist es wichtiger, mit beiden Beinen auf der Erde zu stehen und für ein erträgliches Leben zu kämpfen. Wenn das jeder täte, sähe die Welt anders aus.« »Du denkst immer nur an diese Welt«, sagt Marianne. »Ich habe allen Grund dazu«, erwidere ich, »und auch du hättest allen Grund, dich um näherliegende Dinge zu kümmern. Die Geistesakrobatik hilft uns nicht weiter. Wir müssen jetzt wissen, was wir wollen – leben oder sterben. Es stirbt sich sehr rasch im Lager, wenn man das übersieht!« Marianne hat inzwischen ihren Mantelsaum aufgerissen und ein kleines verbotenes Traktätchen herausgezogen. »Da, lies!« sagt sie und gibt mir die Schrift, »dann wirst du anders denken.« Mir wird ganz flau beim Durchblättern. »Marianne«, sage ich ernst, »da kann drinnen stehen, was will, meinetwegen die Wahrheit, aber wirf das Ding weg, ich bitte dich! Es ist nicht wert, daß du schon gleich beim Einzug in die Dunkelzelle fliegst.« »Ich will es ja den andern bringen«, sagt sie. »Dann lerne es auswendig und bete es ihnen vor«, sage ich, »aber schmeiß das Ding weg! Es ist für dich und für die andern besser. Du hast kein Recht, die andern in Gefahr zu bringen. Dieses Recht hat nur Jehova. Und die SS.«

Die SS erwartet uns in Torgau mit Kommandogebrüll und scharf geladenen Revolvern. Treibt uns auf bereitgestellte Lastwagen. Wie Vieh werden wir verladen. Wir sind nun vier Wochen auf der Fahrt, elend und erschöpft, lauter Frauen. Lauter Frauen. Die SS stört das nicht. Die SS hat keine Scham. Die SS hat Handschuhe an, die obligaten Handschuhe der SS, aus grauem Wildleder. Auch hier in Torgau wie überall. Vielleicht, um sich die grausamen Hände nicht zu beschmutzen. Vielleicht, um uns zu zeigen, daß sie Kultur hat. Sie hat Kultur, denn sie hat Handschuhe. Fein ist das. Mörderhände in Handschuhen. Ich sehe nur diese Handschuhe. Ich empfinde sie gemeiner und abstoßender als die nackten Würgerhände voll Blut.

Wir werden zur Lichtenburg gebracht. Die Lichtenburg ist Torgaus alte Feste, eine mittelalterliche mächtige Burg mit vielen Türmen, weiten Höfen, dunklen Verliesen und endlosen Sälen, ein beängstigender Riesenbau mit machtvollen Mauern, keine lichte Burg, sondern das ideale KZ. Von Gotteszell zur Lichtenburg, denke ich, die reinste Gralserzählung.

In einem der Innenhöfe werden wir aufgestellt. Etwa dreißig Frauen, Politische, Jüdinnen, Kriminelle, Dirnen und Bibelforscherinnen. Wachtmeisterinnen der SS umkreisen uns wie graue Wölfe. Ich sehe diesen neuen Idealtyp der deutschen Frau zum erstenmal. Manche haben leere, manche brutale Visagen, der gemeine Zug um den Mund ist allen gleich. Sie gehen mit großen Schritten und wehenden grauen Capes hin und her, ihre Kommandostimmen gellen über den Hof, die großen Wolfshunde, die sie mit sich führen, zerren bedrohlich an den Leinen. Sie sind phantastisch und furchterregend, an graue Sagen gemahnend, mitleidlos und wahrscheinlich noch viel gefährlicher als die brutalen SS-Henkersknechte, denn es sind Frauen. Sind es Frauen? Ich zweifle daran. Es können nur Wesen sein, Wesen mit grauen Hunden und mit allen Instinkten, Tücken und aller Wildheit ihrer Hunde. Unwesen.

Wir werden über das Katzenkopfpflaster vor die Kommandantur geführt und haben uns dort die Befehlsanschläge am Schwarzen Brett einzuprägen, die lange Liste der Verbote, die Hausordnung, die Gesetze der Unmenschlichkeit. Man läßt uns keine Zeit, sie zu lesen, wir können sie uns nicht merken, die Abkürzungen des Nazijargons sind uns unverständlich. Es wird diesen Teufelserscheinungen in den grauen Capes nichts anderes übrigbleiben, als sie uns einzupeitschen.

Zunächst müssen wir vor der Kommandantur in zwei Reihen antreten. Der Lagerkommandant will uns – begrüßen ist wohl nicht der richtige Ausdruck. Auch nicht besichtigen. Es gibt nicht viel zu sehen an uns. Er will uns zeigen, wer hier die Macht hat. Alle Macht und über uns alle. Sein Schmerbauch ist in eine braune SA-Uniform gezwängt, die fette Rechte läßt eine Reitpeitsche durch die Luft zischen, die Stiefel knarren. Eine der Wölfinnen schreit etwas, die Oberaufseherin erstattet Meldung, und der Kerl schreitet die Front ab, eine Front des Leids, seine Front. Rechterhand, etwas hinter ihm, geht die Oberaufseherin, in geziemendem Abstand folgen mit weitausholenden Schritten zwei Wölfinnen mit ihren Hunden. Das ist der Lagerkommandant Kögel. Damals nur ein Name für mich. Später ein Begriff, ein Begriff des Unmenschlichen schlechthin. Damals weiß ich noch nicht, daß dich dieser selbe Kögel in Dachau auspeitschen ließ, lieber Mann. Später weiß ich es. Später weiß ich auch, was Haß ist, nicht nur mein Haß, der Haß von Tausenden. Gnade diesem Unmenschen, wenn es einmal soweit sein sollte. Das alles weiß ich erst später. Damals kann ich ihm noch, wenn auch empört und voll Abscheu, mit aller Ruhe zusehen, wie er uns ausmustert, mit der Reitpeitsche antippt und knurrend auf die einzelnen Stationen verteilt.

Ich komme auf die sogenannte Elite-Station V, die Station der Politischen. Die Jüdinnen kommen auf VII, die Bibelforscherinnen auf III und die Dirnen in einen Zellenbau. Was nicht ganz klar registriert werden kann, wird dahin und dorthin gesteckt, wo gerade Platz ist. Auf Station V sind Politische, das heißt KPD- und SPD-Mitglieder, Antifaschisten aller Gattungen. Viele sind dabei, die sich wie ich nach jahrelanger Gefängnis- bzw. Zuchthaushaft »bewähren« sollen. In Wirklichkeit sollen wir auf kaltem Wege erledigt werden. Das ist die Absicht der Heimatgestapo. Aber daran will ich jetzt nicht denken. Vorläufig bin ich froh, daß ich nicht mehr allein sein muß, daß ich unter Menschen, unter Gleichgesinnten sein kann.

Es ist mir allerdings vom ersten Moment an klar, daß hier ein anderer Wind weht, ein scharfer, gefährlicher Wind. Alles ist anders, neu, viel komplizierter als im Gefängnis. Aber ich habe Glück. Ich treffe auf meiner Station Trudl Geßmann wieder, mit der ich im Stuttgarter Untersuchungsgefängnis in der Weimarstraße lange Zeit Zelle an Zelle gesessen habe. Wir haben kaum jemals ein Wort miteinander gewechselt, aber wir haben miteinander gemorst und uns beim Hofgang gesehen. Jetzt begrüßen wir uns wie gute alte Kameraden, die sich ein Leben lang kennen. Mit einem Schlag ist meine Unsicherheit verschwunden, ich habe einen Menschen, der sich hier auskennt und auf den ich mich verlassen kann.

Trudl ist nun schon seit Wochen auf Station V und arbeitet tagsüber als Schreibhilfe im Sanitätsrevier. Da der ganze Zugang durch das Sanitätsrevier geschleust wird, erfährt sie manche Neuigkeit von draußen. Am meisten interessieren natürlich Amnestieparolen, aber sie sind spärlich.

Auch wir Neuankömmlinge kommen zur ärztlichen Untersuchung in das Sanitätsrevier. Über den Arzt bin ich durch Trudl im Bilde. Sie nennt ihn den Bubi vom Kurfürstendamm. Ich würde ihn anders nennen. Auf keinen Fall ist er Arzt. Er ist nicht nur jung, er ist grün, ein geschniegelter Affe, nicht nur arrogant, wie Trudl meint, sondern dumm. Einige NS-Schwestern mit koketten braunen Häubchen schweben diensteifrig um den Lausebengel herum, auch Häftlinge sieht man, die sich wichtig machen.

Ich komme mit Karola Springer in den Untersuchungsraum. Sie soll als erste auf den gynäkologischen Untersuchungsstuhl klettern. Sie tut es ohne Widerrede und legt die Beine auf die stützenden Metallhebel. Der Herr Doktor aber schäkert in einer Fensternische mit einer Schwester, als ob außer ihnen überhaupt kein Mensch mehr im Raum wäre. Das dauert eine Viertelstunde. Ich stehe da und koche vor Scham und Wut. Es ist mir unfaßbar, daß sich die Springer nicht rührt. An ihrer Stelle wäre ich schon längst nicht mehr auf dem verdammten Stuhl, wahrscheinlich auch nicht mehr im Zimmer, sondern in der Dunkelzelle. In diesem Falle hätte ich gegen die schnoddrige Mißachtung jeglicher Frauenwürde gemeutert, so beherrscht ich sonst bin. Endlich bequemt sich der sogenannte Arzt, wenigstens herzukommen. Er hat es allerdings plötzlich sehr eilig und fertigt uns in aller Kürze ab.

Ich werde zur Gartenarbeit eingeteilt und bin sehr froh darüber. Zwei Jahre habe ich nach Licht und Luft gehungert. Nun werde ich

den ganzen Tag im Freien sein. Ist das nicht schon die halbe Freiheit?
Die Freude ist verfrüht, wie ich sehr bald merke. Wir gehören zu einer sogenannten Gartengruppe von etwa vierzig Frauen. Wir haben Brachland umzugraben, Äcker, Rasenflächen. Alles zu Gemüsegärten. Das KZ soll sich rentieren. Um fünf Uhr ist Wecken, Waschen, Frühstück. Alles ruckzuck, wie beim Kommiß. Um halb sieben wird zum Arbeitsdienst marschiert, um zwölf Uhr gegessen. Von eins bis sieben Uhr abends wieder gearbeitet, dann gegessen, gewaschen und geschlafen. Das ist im Sommer und in den ersten Jahren der KZs, also zur besten Zeit. Später verschlechtern sich die Verhältnisse derart, daß man nur noch mit einer eisernen Gesundheit durchhalten kann. Mir fällt es jetzt schon schwer. Ich bin am Abend immer wie zerschlagen. Die Arbeit wird zugeteilt, ganz gleichgültig, ob man robust oder schwach ist. Es wird die Durchschnittsleistung eines starken, gutgenährten Arbeiters verlangt. Manchmal kann ich mich nicht mehr gerade aufrichten, manchmal torkle ich nur noch dahin, so müde bin ich.
Natürlich gibt es auch in unserer Gruppe einige, meist Kriminelle, die sich bei den Aufseherinnen anzuschmusen verstehen. Die haben es leichter. Manche rücken dabei bis zur Kolonnenführerin auf. Das sind die schlimmsten. Um sich eine gute Qualifikation oder gar eine frühere Entlassung zu sichern, setzen sie ihren ganzen Ehrgeiz darein, uns zu schurigeln. Niemand versteht besser anzutreiben, keine der Aufseherinnen schreit so laut und höhnisch »Schlappes Pack« wie sie, die Leidensgenossinnen, die Selbstgepeitschten.
Viele der Häftlinge, die nicht als politisch Überzeugte im KZ sind, arbeiten wie Tiere, ganz gleich, ob sie im Garten, in der Näherei, in der Küche oder in einem anderen Arbeitsdienst beschäftigt sind. Sie haben keinen Stolz, sie sind von einer hündischen Unterwürfigkeit. Wenn beim Appell eine graue Wölfin mit ihrem Hund die Reihen entlanggeht und die Sklavenseelen wohlwollend anblickt, sind sie beglückt und strahlen über das ganze Gesicht. Leider sind viele so. Sie werden von ihren Mithäftlingen gemieden, aber man muß sie sehr vorsichtig behandeln, denn sie sind gefährlich. Sie fühlen sich aus dem Haufen herausgehoben, auch wenn sie noch nichts sind. Gerade weil sie noch nichts sind, versuchen sie, sich durch Denunziationen weiterzuhelfen. Sie spüren die Verachtung der andern und rächen

sich auf ihre Weise durch Gemeinheiten. Sie sind bestechlich, hinterhältig und voller Haß. Das alles macht sie der Kommandantur wertvoll. Sie sind gut zu gebrauchen, weil sie die instinktiven Feinde der Anständigen sind, sie können am besten prügeln, weil sie vor kurzem selbst noch geprügelt wurden. Es gibt Spannungen, die oft zu brutalen Kämpfen um das nackte Leben ausarten. Eine einzige Denunziation genügt, und schon sitzt man so tief im Dreck, daß man sich nur in ganz seltenen Fällen wieder herausarbeiten kann.

Deshalb gibt es auch zwischen anderen Häftlingen auf der Station Barrieren von Vorsicht und Verschwiegenheit. Es kann Monate dauern, bis man sich anvertraut. Auch mit Thea Hagen (SPD) aus Nürnberg wage ich lange nicht, offen zu sprechen. Dabei ist sie einer der besten Kameraden, die ich in meinem Leben gehabt habe. Ihr Mann ist auch verhaftet. Sie leidet sehr, weil sie eine alte kranke Mutter zu Hause hat. Sie ist Stubenälteste. Ihr obliegt die Schlafsaalordnung, die Diensteinteilung der Säuberungskolonne, der Essenholer und was es da an Ordnungsdiensten noch alles gibt. Es ist eine schwierige, verantwortungsvolle und undankbare Aufgabe, die ein Übermaß an Menschenkenntnis, Diplomatie und Zähigkeit verlangt. Zwischen den Häftlingen gibt es ohnedies ständig Reibereien und Eifersüchteleien. Nun soll da ausgeglichen werden. Nicht nur untereinander, sondern auch zwischen den Häftlingen und dem Aufsichtspersonal. Es gilt Anzeigen zu verhüten, der Stationsaufseherin bereits geschriebene Strafanträge wieder abzujagen, aufgebauschte Verstöße zu bagatellisieren und die vielen Anpfiffe für Schlampereien der Mithäftlinge geduldig hinzunehmen. Für alles Unangenehme ist die Stubenälteste verantwortlich, ihr breiter Rücken deckt die Unregelmäßigkeiten, die Unordnung, die Undiszipliniertheit der andern. Dafür wird sie manchmal von den eigenen Kameradinnen angefeindet, wirft man ihr vor, mit der Aufseherin unter einer Decke zu stecken, parteiisch zu sein und die Mithäftlinge zu verklatschen. Manchmal kann sie sich gegen solche Vorwürfe nicht einmal wehren, wenn die Aufseherin bewußt einen Keil zwischen sie und ihre Leidensgenossinnen treiben will und so tut, als halte Thea zu ihr. Dabei setzt sie sich wirklich selbstlos für uns ein.

Am schlimmsten sind die Besichtigungen, das heißt die Tage vorher. Stundenlang wird gewaschen, gebürstet, geschrubbt. Es hagelt Strafen wegen der kleinsten Vergehen. Wenn eine Falte im Bettlaken ist, wenn ein Eßlöffel im Schrank nicht gerade liegt, wird gebrüllt. Es ist immer dasselbe Theater, wer auch kommt. Die Tür wird aufgestoßen, man fährt von den Sitzen hoch, der Besuch tritt ein, grüßt mit einem heiteren Zuruf, den Aufseherinnen strahlt die Begeisterung aus den Augen, der Besuch schaut wohlwollend über uns hin, dann wendet er sich mit einer albernen Feststellung, etwa »Ein sehr schöner Raum« oder »Der Gesundheitszustand scheint gut zu sein« an Kögel, der selbstverständlich erfreut bejaht und wiederholt versichert, daß alle Härten vermieden würden, woran der Besuch nie gezweifelt hat und worauf er sich mit einem markigen »Heil Hitler« wieder zum Gehen wendet. Das Gefolge macht ehrerbietig Platz, übereifrige Hände reißen die Tür auf, der Besuch geht hinaus.

Einmal ist sogar Himmler selbst da, um sein deutsches Erziehungswerk anzuschauen. Er sieht unbedeutend aus, man hat sich den menschgewordenen Satan anders vorgestellt, aber er ist bei Laune, lacht viel und freundlich und verfügt einige Entlassungen. Gnadenakte eines gutaufgelegten Despoten. Auch die sogenannte Frauenführerin Scholtz-Klink bringt es fertig, uns zu besichtigen. Auch sie ist heiter, freundlich, begeistert und freut sich, daß es uns so gutgeht. Sie hat ein ganz besonderes, ein frauliches Verständnis für uns und unsere Lage, und wenn man ihr glauben darf, möchte sie uns fast beneiden. Die Dunkelzellen besichtigt sie wohl nicht, und auch einer Auspeitschung wohnt sie nicht bei. Das interessiert sie wahrscheinlich nicht so sehr, obwohl das eine wie das andere zu den wesentlichen Erziehungsmethoden dieser neudeutschen Anstalt gehört. Der Herr Lagerkommandant versichert auch ihr, daß alle Härten vermieden würden – wir stehen da und hören uns das mit starren Gesichtern an, keine tritt vor und sagt: Nein, das ist nicht wahr, wahr ist vielmehr, daß wir bei der geringsten Denunziation ausgepeitscht werden, man wird dabei nackt auf einen Holzpflock geschnallt, und die Aufseherin Mandel* schlägt so lange mit der Hundepeitsche auf einen ein, bis sie nicht mehr kann. Keine tritt vor und sagt das. Weil jede leben will...

Ach, lieber Mann, ich habe immer gedacht, mich könnte nach der zweijährigen Einzelhaft nichts mehr schrecken auf dieser Welt, aber

* Die Mandel ist später die berüchtigte Aufseherin in Auschwitz. Sie wird nach 1945 auf ihrer Flucht erkannt und von einem polnischen Gericht zum Tode verurteilt und gehenkt.

ich habe mich getäuscht. Ich habe eine entsetzliche Angst vor dem Auspeitschen, vor der Dunkelzelle, in der es sich so rasch und leicht an Kreislaufstörung stirbt, vor den gefürchteten Stuben, in denen die Häftlinge von Gestapobeamten verhört werden. Es gibt Verhöre ersten, zweiten und dritten Grades. Was gibt es hier in dieser Hölle nicht! Die Angst allein ist Marter genug, Marter genug die Gewißheit, daß es einmal passiert. Es ist ganz unmöglich, jahrelang hier zu sein, ohne daß es einmal doch ein Unheil gibt. Es kommt. Einmal kommt es. Entweder durch die Denunziation einer »Kameradin« oder durch die Aufseherin oder durch eine nicht richtig gebundene Schuhschleife oder durch ungenügende Arbeit oder durch eine Kartoffel oder Brotrinde, die man sich aus dem Schweinekoben fischt, oder man hat vielleicht einmal einen wahnsinnigen Tag, an dem man vergißt, daß man nichts ist, nicht mehr als eine Handvoll Staub, und daß man die Wahrheit hinausschreit. Noch ist es nicht soweit. Noch steht man ruhig da und hört die Frauenführerin des Deutschen Reiches den schönen Raum loben und die Sauberkeit und die Disziplin der Häftlinge, man hört die fette Stimme des Lagerkommandanten, der geschmeichelt lacht und jovial versichert, daß alle Härten vermieden würden, derselbe Lagerkommandant, der zuweilen, wenn ihn die Lust ankommt, selbst zur Peitsche greift, um die überarbeitete Mandel zu entlasten. Noch ist man, wie gesagt, nicht soweit.
Da wird Thea entlassen. Ganz plötzlich. Es freut mich für sie. Wer hier wieder herauskommt, dem ist das Leben geschenkt.
Nun wird Doris Maase, sie kommt aus der illegalen KPD, Stubenälteste. Sie hat es anfänglich nicht leicht. Unsere Stationsaufseherin ist ein Miststück, argwöhnisch, eitel und parteiisch. Sie will geehrt und gefürchtet sein. Alles soll vor ihr auf dem Bauche liegen. Wer nicht liegt, wird niedergebrüllt. Manche redet sie nieder. Einige streichelt sie nieder. Der Rest wird niedergeschlagen. Je nach Laune und Sympathie. Wer das Unglück hat, ihr nicht zu gefallen, ist kaum zu retten, und wenn, dann nur durch die geniale Diplomatie unserer Doris. Sie hilft uns sehr.
Wenn wir zum Arbeitsdienst trotten, sehen wir aus, als gingen wir in Ketten. Wie Sklaven schleppen wir uns dahin, schwer und gebeugt. Eines Morgens fängt eine Kameradin an, Blut zu spucken. Sie verheimlicht es, meldet sich nicht ins Revier, weil man aus der Krankenzelle nach vier Tagen tot herauskommen kann. Sie will nicht an Kreis-

laufstörung sterben, obwohl es immer schlimmer wird und sie sich kaum noch aufrecht halten kann. Schließlich liegt sie eines Nachts in dickem Blut röchelnd auf ihrer Pritsche. Sie lebt zwar noch, aber es ist schon das Ende. Doris, die Ärztin ist, geht die ganze Nacht nicht von ihr weg, drückt ihr am Morgen die Augen zu. Wir andern schlafen tief, trotz des Gestöhns, so übermüdet sind wir. Als wir in der Frühe aufwachen, liegt die Tote zwischen uns. Das Gesicht der Doris ist weiß und elend, ihre Schürze wie in Blut getaucht.
Ich bin erschüttert, aber nicht über diesen Tod, sondern über die plötzliche Erkenntnis, daß uns dieser Tod kaum berührt. Sind wir, denke ich, auch schon so kalt und stumpf, daß uns ein Menschenleben nichts mehr gilt? Ich bin ganz erstaunt darüber, aber ich kann mir nicht helfen, dieser Tod greift mir nicht ans Herz. Auch die andern läßt er gleichgültig. Ich schaue sie der Reihe nach an, in ihren Augen ist Angst, die Sorge hat zarte Züge in ihre Gesichter gegraben, sie sehen verhärmt und verarbeitet aus, nicht durch Schmerzen veredelt, sondern verfallen und verprügelt. Ich kann mir denken, daß in diesen Herzen keine Empfindung für des anderen Unglück mehr Platz hat, so voll des eigenen Leids sind sie selbst. Dieser Gedanke macht mich trauriger als das Schicksal der toten Kameradin.
Aber man kann hier keinem Gedanken nachhängen, weder einem traurigen noch einem freundlichen. Man ist immer gehetzt, immer in Bereitschaft, immer in Abwehr, in einem ständigen psychischen Alarmzustand. Vielleicht ist das gut, vielleicht läßt sich die Unsicherheit dieses KZ-Daseins, die völlige Recht- und Schutzlosigkeit, die grauenhafte Verlassenheit, in der man sich befindet, überhaupt nur so ertragen. Auch die Post von draußen ist kein sonderlicher Trost mehr. Was soll man, was kann man antworten? Bewahrt da draußen meine kleine Welt, ich komme dann und dann wieder – kann man das schreiben? Nein. Möglicherweise, wahrscheinlich werden wir uns nicht mehr wiedersehen, hier herrscht die Kreislaufstörung derart, daß man nur durch ein Wunder verschont bleibt – kann man das schreiben? Auch nicht. Also, was dann? Manchmal dauert es drei, manchmal sechs Wochen, daß von dir Post kommt. Was heißt: Post? Ich bin immer noch in Dachau, schreibst du, und gesund, es geht mir gut, und sorge dich nicht um mich. Wenn die Briefe sehr lang und sehr persönlich und sehr zärtlich sind, steht noch dabei: Wir sehen uns wieder, wenn du eisern durchhältst. Die Eltern schreiben öfter und

mehr. Auch Kätle schreibt schon ganz nette Brieflein. Sie rühren mein Herz, aber ich kann nicht mehr weinen. Ihre ersten Briefe an Vater und Mutter gingen in das Gefängnis. Wer hätte das einmal gedacht. Wer hätte das alles einmal gedacht. Vielleicht hat die Zukunft noch ausgefallenere Überraschungen. Es sieht ganz danach aus. Doris darf sich eine Zeitung halten. Wir reißen sie uns förmlich aus der Hand. Wir lesen nicht, was drinnensteht, sondern was nicht drinnensteht. Der Jubel in Österreich über den Anschluß ist noch nicht verklungen, schon will auch das Sudetenland heim ins Reich.
Eines Abends jagt man uns, als wir todmüde und erschöpft auf unsere Pritschen fallen wollen, in den Hof. Deutsche Truppen seien im Sudetenland einmarschiert. Eine Großkundgebung werde übertragen. Gemeinschaftsempfang sei angeordnet. Der Führer spreche.
Es ist schon dunkel, als wir, von einer unerklärlichen Unruhe befallen, in den Hof stürzen. Die Hunde der grauen Wölfinnen umkreisen uns. Wir warten und zittern vor Kälte und dem drohenden Etwas. Allmählich füllt sich der Zwinger mit einer dunklen brodelnden Masse. Gellende Kommandos übertönen den dumpfen Lärm. Die einzelnen Stationen treffen in Blocks an. Eine unbeschreibliche Erregung, die nur durch die Angst noch niedergehalten wird, hat sich aller bemächtigt. Man spürt sie. Alles ist verwirrt und voll Furcht. Im Grunde weiß niemand, was los ist. Deutsche Truppen sind einmarschiert. Ist das der Krieg? Die Lautsprecheranlage wird offenbar zur Probe für einen Augenblick eingeschaltet. Der ohrenbetäubende Schall eines alten preußischen Marsches bricht an den Mauern. Die Stille hernach ist doppelt beängstigend.
In diese Stille hinein sagt plötzlich jemand: »Es wird Krieg geben.« Das ist das Signal. Es wird weitergegeben. Springt über wie ein Funke, der zündet, fliegt über die Reihen hin, sprengt die Blocks, löst die Ordnung auf und versetzt den Menschenhaufen in eine gefährliche Panik. In den anwachsenden Lärm hinein beginnen die Bibelforscherinnen ihre ekstatischen Bibelworte gegen den Krieg zu rufen. Heiseres Gelächter ist die Antwort. Schreie ersticken es. Die Angst bricht durch. Damit fallen die letzten Hemmungen. Die zusammengetriebene Menge bäumt sich wie ein grauenhaftes Ungeheuer in verzweifelter Ohnmacht auf und schreit ihren ganzen angestauten Haß hinaus.
Jetzt geht es los. Wehende graue Capes fahren wütend dazwischen,

hetzen die rasenden Hunde auf und schlagen mit Peitschen und Gummiknüppeln wahllos auf die Menschen ein. Ich sehe Frauen, die wie Wahnsinnige nach den jaulenden und zuschnappenden Hunden treten. Das ist offene Meuterei. Die Bibelforscherinnen sind niedergekniet und beten. Ihr erregender Chor geht in Lärm und Geschrei unter. Plötzlich sind SS-Männer unter uns, bahnen sich mit brutalen Hieben Gassen durch die Menschenhaufen, rollen Feuerwehrschläuche aus und schwemmen die Verzweifelten mit armdicken Wasserstrahlen kurzerhand zusammen. Wie gefällte Bäume werden sie von den großen Steintreppen heruntergespült, stürzen, erheben sich wieder, taumeln schreiend hin und her und krallen sich in ihrer Todesangst aneinander fest. Die grauen Wölfinnen schlagen wie vom Teufel besessen auf sie, die Hunde haben Blut geleckt, springen immer wieder an und lassen sich nicht mehr abschütteln.
Es ist entsetzlich. Trudl Geßmann ist bei mir, wir halten uns aneinander fest und kämpfen verzweifelt dagegen, auseinandergerissen oder zu Boden gestoßen und niedergetrampelt zu werden.
Ich werde diese Nacht nie vergessen.
Sie kommt uns teuer zu stehen. Es hagelt Strafen und Schikanen. Postentzug, Schreibverbot. Kürzung der Rationen. Etliche Frauen verschwinden in die Dunkelzellen und kommen nicht wieder.
Die Kreislaufstörungen nehmen zu.
Manchmal fragen wir uns, ob wohl draußen niemand an uns denkt und warum keine Stimme laut wird gegen all das? Es muß doch allmählich durchsickern, was hier los ist. Nicht nur bei uns, in allen Lagern. Schweigen die Entlassenen wirklich alle, wenn sie draußen sind? Oder will sie der Spießer nicht hören? Oder hören sie die Menschen nicht im Siegestaumel der Nation?
Wieder einmal hat der »größte Staatsmann aller Zeiten« recht behalten. Das Sudetenland ist heimgekehrt. Ohne Krieg. Mit allen Segnungen der Welt. Ist es da ein Wunder, wenn draußen dem Führer und nicht entlassenen KZ-Sträflingen geglaubt wird? Wenn die Welt schon nicht gegen die brutale Annexion fremder Länder protestiert, wie soll sie gegen die Auspeitschung irgendeiner armen Arbeiterfrau protestieren, die vielleicht dagegen protestiert hat? Wie soll die Welt überhaupt protestieren, wenn schon in Deutschland gegen diesen Terror keine Stimme laut wird? Wie soll in Deutschland eine Stimme laut werden gegen die Unmenschlichkeit eines Regimes, das den Se-

gen der Welt hat? »Es hat«, sage ich, »keinen Sinn, Doris, der Führer hat immer recht, und wir sind arme Schweine, ganz und gar verlassene arme Schweine.«

Ich bin viel mit Doris zusammen, wir verstehen uns und sind uns gegenseitig Halt und Stütze. Es gibt allerdings Tage, an denen man so verzweifelt ist, daß man die beste Kameradin nicht rechtschaffen angucken kann, daß man sie geradezu haßt, daß man sich auch von ihr nicht mehr verstanden, sondern verraten fühlt, daß man sie für eine feige, schlappe Kriecherin hält, weil sie vielleicht gerade an diesem Tag durch einen Brief von zu Hause oder überhaupt in einer besseren Verfassung ist, nicht randvoll mit Haß gefüllt wie man selbst. Wie sollen dann die da draußen wissen, was hier los ist und wie es um einen steht?

In den Briefvordrucken heißt es, daß Gesuche von Angehörigen an die Lagerleitung zwecklos sind. Die Gefangenen, heißt es in den Briefvordrucken, können selbst Gesuche um Freilassung einreichen. Das ist nicht wahr. Es werden nur Denunziationen angenommen, keine Gesuche. Das wissen natürlich die Angehörigen nicht. Sie müssen daher mit der Zeit der Meinung sein, daß sich der Gefangene nur aus purer Starrköpfigkeit nicht um seine Freilassung bemüht. So kommen Briefe von draußen mit harten Vorwürfen und salbadernden Ermahnungen zur Um- und Einkehr. Sogar gegen die eigenen Angehörigen wird der Gefangene ausgespielt, als unverbesserlich hingestellt und ins Unrecht gesetzt. Wissen das die da draußen?

Es bedarf nicht einmal einer richtigen Denunziation, die abfällige oder unzufriedene Bemerkung einer Aufseherin genügt, daß man ins Loch fliegt. Nicht, daß wir hier nicht auch Gesetze hätten. Es sind die Launen des Lagerkommandanten, die Befehle, die er über den Hof brüllt. Er hat den Revolver und die Macht über Leben und Tod. Wenn er schreit, hat alles zu flitzen, auch die Aufseherinnen, auch die ganzen Wölfinnen, die Hunde und wir. Wenn er über den Hof geht, wenn er die Fronten der Angst und des Elends abschreitet, starren ihm Hunderte von haßerfüllten Augenpaaren nach. Eine förmliche Aureole von Haß umgibt ihn. Es kommt mir beinahe so vor, als brauche er diesen Haß wie die Luft, die er atmet.

Am Ostersonntag peitscht er eigenhändig drei Frauen aus. Die Genossin Steffi ist dabei. Sie hatte ihrem Freund, einem Juden, zur Flucht in das Ausland verholfen. Sie ist schön, intelligent und ein

guter Kamerad. Bald darauf stirbt sie. Sie hält das nicht aus. So feiert der Kommandant des Konzentrationslagers Lichtenburg Ostern. Mit drei nackten, auf den Holzpflock geschnallten Frauen, die er auspeitscht, bis er nicht mehr kann. Würde das draußen ein Mensch glauben? Angenommen, es würde einer glauben, vielleicht sogar weitererzählen – ein Gestapodaumennagel auf die Knöchelsehne gedrückt, genügt, um ihn augenblicklich alles so vollständig vergessen zu lassen, als hätte er nie davon gehört. Was sage ich, ein Gestapodaumennagel, nein, die leiseste Drohung genügt, und das Volk schweigt. Schweigt nicht nur, jubelt, marschiert, denunziert, steht geschlossen hinter dem Führer, wie es der Führer will. Die Drohung ist seine Staatskunst, seine Außenpolitik und seine Innenpolitik, Drohung und Angst, Grausamkeit und Feigheit sind die Fundamente seines Staates. Man droht uns, und man droht mit uns, wie man es braucht. Der kleine Kriminalbeamte droht, und der Führer droht. Damit machen sie es. Die Drohung ist das einigende Band, das die Volksgemeinschaft zusammenschließt. Das Band? Die Kette. Sie müssen ja brutal und grausam sein, womit sollen sie sonst drohen? Hinter jeder Drohung steht das KZ, ein Abgrund von Verworfenheit, Verbrechen und tiefster Schuld. Die Bürger ahnen es. Das genügt. Mehr darüber zu wissen, ist schädlich. Es soll nicht Empörung, sondern Angst erzeugt werden. Sie wird erzeugt.
Wir können es zur Not verstehen, daß die Menschen draußen eingeschüchtert sind. Unbegreiflich ist uns nur, daß es so viel Sadisten gibt. Sind es wirklich Sadisten, Verbrecher von Grund auf, Mörder? Ich glaube es nicht, und Doris glaubt es auch nicht. Es sind Spießbürger. Nur sind sie zufällig nicht beim Finanzamt, sondern bei der Polizei, zufällig keine Magistratsschreiber oder Metzgermeister oder Kanzleigehilfen oder Bauarbeiter oder Standesbeamte, sondern Gestapoangestellte und SS-Männer. Sie unterscheiden nicht zwischen Gut und Böse, sie tun ganz einfach das, was ihnen befohlen ist. Es ist ihnen nicht befohlen, zwischen Gut und Böse zu unterscheiden oder zwischen Recht und Unrecht, sondern die Staatsfeinde auszurotten und zu vertilgen. Sie tun dies mit derselben sturen Pedanterie, mit demselben deutschen Fleiß und mit derselben deutschen Gründlichkeit, mit der sie sonst Steuererklärungen geprüft oder Protokolle geschrieben oder Schweine geschlachtet hätten. Sie peitschen eine wehrlos an einen Pflock gebundene Frau mit sachlichem Eifer und gewissenhaf-

tem Ernst aus, in der vollen Überzeugung, damit dem Staat zu dienen oder ihrem Führer, was für sie das gleiche ist. Mag in letzterem Fall ein kleines Vergnügen dabei sein, ausschlaggebend ist das deutsche Pflichtbewußtsein, von einem Dämon ins Dämonische gesteigert. Deshalb steht auf ihrem Koppelschloß »Meine Ehre heißt Treue«.

Ich habe in grauenhafte Herzen und Köpfe gesehen, in Herzen, die neben bestialischer Grausamkeit ein stets zu Rührung geneigtes Gemüt bargen, und in Köpfe, die harmlos und einfältig und gutmütig aussahen, aber doch die Köpfe von fleißigen Henkern waren. Wir finden die Tatsache, daß sich Hitlers Kreaturen nicht aus dem asozialen, sondern aus dem kleinbürgerlichen Element des Volkes rekrutieren, schauderhaft und beunruhigend. Es sind also keine geborenen Sadisten, keine professionellen Verbrecher, keine passionierten Mörder, sondern Spießbürger. Wie alle andern. Dasselbe Organisationstalent, das draußen mit Gänsemarsch und Vitamindrops die Volksgesundheit zu heben sich bemüht, treibt hier im Lager die Sterblichkeitsziffer in die Höhe. Es vergeht kaum ein Tag, an dem nicht in der Frühe eine Tote in den Dunkelzellen aufgefunden wird. Sie wird »aufgefunden«, obwohl die im Revier tätigen Häftlinge denen, die in der Nacht zu sterben haben, oft schon am Tag zuvor die Kleider aus der Zelle nehmen müssen. Nackt, mit zerschlagenen Knochen und blutbesudelten Körpern liegen die toten Frauen auf dem Fußboden. Manche haben sich unter die Pritschen zu drücken versucht oder sind unter den Tisch geflüchtet, um den Todeshieben zu entgehen. Zusammengekrümmte, zusammengeschlagene, erstarrte Wesen, die einmal Namen, Männer, Kinder, Heime hatten, liegen da mit unergründlichen starren Blicken. Das ist die Hölle der Dunkelzellen mit ihren verrückten Schrecknissen. Es ist das Ende der Welt. Ehre allen diesen Namenlosen. Tausendmal Ehre ihnen.

Aber, lieber Mann, was erzähle ich dir da. Du weißt ja, wie es ist, und ich weiß es nun auch. Man beißt die Zähne zusammen, um nicht aufzuheulen. Wie viele müssen noch dran glauben von den vielen, die ich kenne, wie viele werden noch zu Tode gemartert, verhungern, erfrieren, werden auf dem Peitschpflock oder in der Dunkelzelle totgeschlagen... Ruth und Inge, Ilse, Eva, Frieda, Jette, Lore, lauter junge, blühende, liebende und geliebte, gute und fleißige Menschen. Irma schickte der Doris als letztes Andenken ihren Ehe-

ring. Bruno Lindner, unser lieber Freund, den die Partei aus der Schweiz zurückrief, ist in Mauthausen. Was wird mit ihm werden?
»Und mit uns?« fragt Doris.
Wir wissen es nicht. Wir wissen nur, daß wir von draußen keine Hilfe zu erwarten haben. Der sichere Bürger liest mit Befriedigung im »Völkischen Beobachter«, daß die Einrichtung der KZs das größte Erziehungswerk aller Zeiten darstelle und daß in diesen modernsten Erziehungslagern der Welt das asoziale Element des deutschen Volkes zu einem brauchbaren Bestandteil der Volksgemeinschaft umgeschmolzen werde. Wie sagte doch der SS-Mann zu der dicken alten Jüdin, als kürzlich ein Teil unseres Frauenlagers nach Ravensbrück abtransportiert wurde? »Ihr Fett«, sagte er, »reicht gut zu einem halben Zentner Seife!«
Zu einem brauchbaren Bestandteil umgeschmolzen werde, schreibt der VB. Nach ihm sind die Lagerkommandanten und die SS-Männer vom Schlage dieses launigen Schalks die größten, modernsten und langmütigsten Erzieher eines Volkes. Nach ihm sind die Lager mit den hellen und sauberen Baracken, den Duschräumen und den disziplinierten Gefangenen wahre Musterschulen der Volksgemeinschaft. Ganz selten, schreibt der VB, daß eine Klage laut werde.
Das stimmt. Die Toten schweigen. Auch die Toten, die noch leben, schweigen. Schweigen, weil Klagen Dunkelarrest bedeutet. Arbeiten, weil Dienstverweigerung, auch Dienstverweigerung aus Schwäche, Dunkelarrest bedeutet. Mechanisch, geisterhaft, stumpf vor sich hin glotzend, schleppt man sich an die Arbeit. Der geschwächte Leib hat keine Kraft mehr, die gemarterte Seele leistet keinen Widerstand mehr. Höchstens, daß man sich, sobald man sich unbeaufsichtigt fühlt, um eine verschimmelte Brotrinde balgt oder um eine faule Kartoffel blutig schlägt. Dann hat auch bei den Bibelforscherinnen Jehovas Gebot »Du sollst Deinen Nächsten lieben wie Dich selbst« kein Gewicht mehr. So ist der Mensch?
Trotzdem hoffen wir, Doris und ich. »Gesetzt den Fall«, frage ich, »du kämst vor mir heraus, Doris, würdest du es wagen, in Berlin ein Gesuch für mich einzureichen? Trotzdem es verboten ist?« So fragen wir und machen Pläne und klammern uns an Träume – an Kameradschaft, die keine bequeme Ausrede duldet... an Strohhalme der Hoffnung...
Dann herrscht die Ruhr im Lager. Es wundert uns nicht. Wir haben barfuß in beißender Kälte Kohlen verladen. Wir konnten uns gerade

noch zur Not in den Bau schleppen. Jetzt liegen wir da. Ich natürlich auch. Eine verdammte Schweinerei. Der ganze Körper ist in Aufruhr. Ich falle von einer Ohnmacht in die andere. Man beneidet mich um die Ohnmachten. Keine will zum Arzt gehen. Wir wissen ja, was er sagen würde. »Was, Ruhr?« würde er sagen, »wären Sie draußen geblieben, wir haben Sie nicht gerufen!«
Nach einigen Tagen gehen die Beine wieder. Da ich jedoch immer wieder umfalle, bin ich für die Außenarbeit zu schwach und werde in die Kommandantur befohlen. Zu Schreibarbeiten. Ich habe in der Schreibstube alle Neuzugänge in Listen einzutragen. Ich sehe die Neuzugänge. Ich sehe die Angst in ihren Augen. Ich kann sie nicht trösten noch ihnen Verhaltungsmaßregeln geben. Nebenan lümmeln die SS-Wachen auf Stühlen, Pritschen und Schreibtischen und lachen über ihre blöden Witze. Es ist unvorstellbar, wie öde und leer ihr albernes Gequassel ist. Manchmal überkommt mich eine solche Mutlosigkeit, daß die Nerven völlig versagen. Ich sitze da und heule. Namentlich dann, wenn die SS-Helden nebenan in ihrer scherzhaften Art über Gefangene sprechen. Da wird mit einem Witz ein Schicksal entschieden. Aus purer Langeweile. Meistens geht es um Frauen, die in der Dunkelzelle sitzen oder für diese bestimmt sind. Die soll sich, kann zum Beispiel plötzlich einer sagen, ab morgen die Radieschen von unten ansehen! Aber sie sagen meistens noch ganz andere Dinge. Das sind Todesurteile. Todesurteile auch über Mütter, deren Buben draußen in Anstalten oder bei Verwandten in HJ-Uniformen gesteckt und zur bedingungslosen Hingabe an den Führer erzogen werden. Radieschen von unten ansehen! Witze. Todesurteile ohne Gnadenweg. Meine Ehre heißt Treue. Wenn ich das des Abends im Bett flüsternd Doris erzähle, dann keuchen wir sinnlos vor Wut die unflätigsten Ausdrücke in unsere Decke... verfluchte Säue... Sch... -Brut dreckige. Wir müßten sonst, glaube ich, ersticken.
Haben diese Teufel, fragen wir uns, kein Gewissen, wenn sie schon kein menschliches Gefühl mehr haben? Ist nicht jedem Menschen eine mehr oder weniger starke und mahnende Furcht vor Vergeltung für begangenes Unrecht angeboren? Den Menschen, ja. Das hier sind keine Menschen. Wehe, wenn hier einer so etwas wie ein Gewissen zeigte. Der Lagerkommandant würde ihn eigenhändig fertigmachen, die grauen Wölfinnen nicht ausgenommen.
Es ist indessen nicht zu leugnen, daß es hier auch eine sogenannte

Fürsorgerin gibt. Allerdings nicht für uns, sondern für die Bücher. Sie hat die Bibliothek unter sich. Sie ist Beamtin ohne Hund. Und ohne Herz, versteht sich. Führt, untauglich zu anderem, in ihrer Bibliothek ein beschränktes Dasein. Die Atmosphäre von Tod und Verderben, Schmerz und Elend scheint ihr zu behagen. Ihr werde ich eines Tages aushilfsweise zugeteilt, um eine Liste zu schreiben. Nie in meinem Leben habe ich ein muffigeres, verstaubteres Beamtenwesen gesehen. Sie ist ängstlich auf Abstand bedacht und vermeidet die direkte Anrede. Es ist noch weiteres Schreibtischvolk im Raum, aber ich bin der einzige Häftling. »Diese Liste wäre zu schreiben...«, sagt sie säuerlich und sieht mich gar nicht. Ich sage »ja« und »jawohl«. Während ich schreibe, wird die Tür aufgestoßen, und Kögel kommt herein, der Allmächtige selbst. Die Leute sind blitzartig von den Stühlen hoch und nehmen Haltung an. Wie beim Militär.

Die Büchermumie erstarrt. Ich stehe ebenfalls am Pult, die Hände an den Seiten. Der Lagerkommandant schaut sich um und erblickt nun auch mich. Sofort meldet die Fürsorgerin, daß ich zur Aushilfe abgestellt sei. »Nur für heute«, sagt sie wie zur Entschuldigung.

»Name«, bellt er mich an.

»Haag.«

Er stutzt einen Moment, dann faßt er mich fester ins Auge: »Ist Ihr Mann in Dachau?«

»Ja.«

»So«, sagt er grimmig, »dann kenne ich ihn!« Und dann mit Genugtuung, halb zu den anderen gewandt, laut sich brüstend: »Dem habe ich fünfundzwanzig verpassen lassen, damit er das Singen nicht verlernt, der Kerl!«

Ich weiß nicht, wie ich aussehe. Vor mir ist das rote, aufgedunsene, grinsende Schlägergesicht. Sonst sehe ich nichts mehr.

»Seit wann hier?«

»Seit zwölf Monaten.«

»So. Warum?«

Ich zögere einen Moment.

»Politisch natürlich?«

»Ja.«

»Klar. Weiß man ja bei der Brut.«

Er klatscht mit der Reitpeitsche an die Stiefel und will gehen. Plötzlich dreht er sich, einem Einfall folgend, noch einmal zu mir um: »Führung?«

»Ohne Beanstandung.«

»So«, sagt er und blickt prüfend an mir herunter. »Na«, sagt er selbstgefällig und großartig, indem er sich zum Gehen wendet, »kann vielleicht entlassen werden!«

Ich bin wie vom Donner gerührt. Alles dreht sich um mich, löst sich auf, verschwimmt. Kann vielleicht entlassen werden! Es ist ungeheuerlich. Die Angst, daß das nur so hingesagt sein könnte, reißt mich aus meiner Betäubung. Ich sehe nur noch, daß er weg will. Ich darf ihn nicht weglassen, ich fühle instinktiv, daß das Versprechen im nächsten Moment vergessen sein würde. Kann vielleicht entlassen werden! Tausend Gedanken jagen mir durch den Kopf. Ich weiß nicht, was ich alles denke. Eine verzweifelte Angst gibt mir das Richtige ein. »Das wird leider nicht möglich sein!« platze ich heraus.

Es reißt ihn förmlich herum. »Was?« bellt er, »was wird nicht möglich sein?«

»Daß Sie mich entlassen.«

Er starrt mich verblüfft an. Sein Gesicht ist blau, nicht mehr rot.

»Weil meine Heimatgestapo in Stuttgart«, sage ich rasch, »dagegen ist. Und sie ist ja die höhere Instanz.«

»Was?« brüllt er außer sich vor Wut, weil ich es wage, ihn vor seinen Beamten als kleine Instanz hinzustellen, »die Stuttgarter! Höhere Instanz! Hat man so etwas schon gehört? Was sind die denn in Stuttgart, he?« Und mit einem »Schon sehen!« braust er ab. Diesmal endgültig. Krachend fällt die Tür hinter ihm zu. Die Fürsorgerin zittert wie Espenlaub. Sie sieht mich böse an. »Jetzt«, sagt sie gehässig, »können Sie aber etwas erleben!« Vor Schreck verfällt sie in die direkte Anrede. »Sie bringen mich mit Ihrer Frechheit am Ende noch in Verruf, zu nachsichtig zu sein«, jammert sie, »wenn ich das geahnt hätte, hätte ich Sie abgelehnt. Oder gemeldet!« Auf ihrem gelben Gesicht sind rote Flecken, so regt sie sich auf. Aber es ist mir egal. Ich schreibe meine Liste.

»Ein raffiniertes Luder bist du!« sagt Doris voll Anerkennung, als ich es ihr am Abend erzähle. Aber ich war gar nicht raffiniert, es war nur die Angst, das Gefühl, auch wohl der Verstand, aber ein ganz selbständig handelnder Verstand, ein richtiggehender Instinkt, der mich geleitet hat. Schon sehen! Wie verheißungsvoll das klingt. Ich schlafe

kaum in dieser Nacht. Bald darauf wird wirklich von einer Amnestie gemunkelt. Sogar die Aufseherinnen reden davon. Hitlers Geburtstag ist nahe, und eines Tages werden in der Schreibstube tatsächlich Papiere fertiggemacht. Es sollen wahrhaftig einige Frauen entlassen werden. Ich soll dabei sein. Ich wage es kaum zu glauben, es ist unheimlich, aber ich soll tatsächlich dabeisein. Meine Freude ist unbeschreiblich. Am zwanzigsten April werden die Amnestierten aufgerufen und in einem Auto an die Bahn gebracht. Ich bin nicht dabei.
»Vielleicht haben sie dich nur vergessen«, tröstet Doris. Aber sie haben mich nicht vergessen. Hier nicht und nicht in Stuttgart. Die Oberaufseherin sagt mir, daß sich die Stuttgarter Gestapo gegen meine Entlassung ausgesprochen habe. Also doch. Schon sehen! renommierte der gewaltige Burgherr. Nun waren die Stuttgarter doch die höhere Instanz. Wieder nichts. Und ich habe so gehofft. Kätle und die Eltern waren mir schon ganz nahe. Nicht einmal skeptisch war ich diesmal. Deshalb falle ich jetzt auch so tief. Nun geht es wieder von vorne an. Wie viele Enttäuschungen habe ich schon überwunden. Diesmal ist es am schwersten. Und draußen ist Frühling.
Plötzlich, nicht lange danach, werde ich auf die Kommandantur befohlen. Ich habe kein gutes Gefühl. Doris sieht mir aus dem Fenster nach, als ich mit der Wachtmeisterin über den Hof trotte. Ich darf mich nicht umschauen. Wir gehen direkt in die Höhle des Löwen. In einem kleinen Vorzimmer haben wir zu warten. Ein paar gelangweilte Ordonnanzen stehen herum. Der »Dicke«, der Lagerkommandant, telefoniert gerade. Man hört seine laute Stimme gedämpft durch die Tür des Allerheiligsten. Plötzlich glaube ich meinen Namen zu hören. Ich halte den Atem an. Von der Stuttgarter Gestapo ist die Rede. Kögel telefoniert mit Berlin. Es kann kein Zweifel mehr sein, er telefoniert wegen mir. Die Aufseherin sieht mich ganz verwundert an, als ich mich plötzlich setze, ohne sie um Erlaubnis zu bitten. Sie will mich anpfeifen, aber wie sie in mein Gesicht blickt, verstummt sie.
»Ach so«, sagt sie nur und: »Na gut.«
»In Ordnung«, schreit der Gewaltige in seinem Zimmer, »Heil und Sieg!« Und schmettert den Hörer auf die Gabel. Dann reißt er die Tür auf und schaut mit unverhohlenem Triumph über die Szene. Ich spritze hoch und bleibe regungslos stehen. Er befiehlt einem Schreiber, sofort meine Papiere in Ordnung zu bringen. »Dann können Sie heute noch weg!« bellt er mich an.

Ich muß mich am Stuhl festhalten. Ob mich, frage ich, die Stuttgarter nicht doch gleich wieder festnehmen könnten?
»Einen Dreck können die!« schreit er, »ich habe verfügt, und Berlin ist einverstanden! Sie sind entlassen, und damit basta!«
»Jawohl«, sage ich.
Er grinst. »Hoffentlich glauben Sie jetzt«, schreit er, »daß ich die höhere Instanz bin!«
Ich nicke. Er tritt in sein Zimmer zurück und wirft die Türe zu.
Ich habe hier zu warten, darf nicht mehr auf die Station und sehe Doris und die anderen nicht mehr. Mein Waschbündelchen wird mir ausgehändigt, ich erhalte meine Papiere und meine Kleider. Inzwischen ist es Spätnachmittag geworden. Eine Aufseherin begleitet mich zum Bahnhof, löst meine Fahrkarte, bringt mich an den Zug und wartet vorschriftsmäßig, bis ich eingestiegen bin und der Zug mit mir abfährt. Ich bin frei.
Ich sitze zum erstenmal seit Jahren wieder unbeaufsichtigt in einem Zug und fahre in den Frühlingsabend hinein nach Leipzig. Der Waggon ist voller Menschen, die mir fremd und festtäglich erscheinen und auf eine betont laute und ungenierte Weise munter und sorglos. Sie plaudern und rauchen, sie lachen oder lesen oder schauen gelangweilt aus dem Fenster und tun so, als gäbe es auf der ganzen Welt keine Not und keine Wunder. Keine Dunkelzelle und keinen Kögel und auch nicht die blühenden Bäume, die draußen vorübergleiten. Ich sitze am Fenster und wage nicht, meinen Mantel auszuziehen oder auf das Klosett zu gehen. Ich lehne mich in die Ecke zurück und halte die Hand vor mein Gesicht, als schlafe ich, so fremd fühle ich mich. Ich höre die Gespräche der Leute, es ist nichtssagendes Zeug, was sie reden, und es ist mir unbegreiflich, daß man so albern reden kann. Mir gegenüber sitzt ein junger Mann in einer piekfeinen Wehrmachtsausgehuniform und blickt geringschätzig über das Volk hin. Wo leben diese Menschen, daß sie so arglos plaudern und so hochmütig dreinblicken können? Wissen sie nicht, daß nicht sehr weit von hier Tag für Tag Frauen gepeitscht werden, daß graue Bestien in wehenden Capes ihre Bluthunde auf verzweifelte Menschen hetzen? Haben sie, die doch aus dieser Gegend sind, nie etwas von der Lichtenburg gehört, wissen sie nichts von Konzentrationslagern und dem entmenschlichten Treiben der SS? Und wenn sie es nicht wissen, warum sagt es ihnen niemand? Warum erzähle ich ihnen nichts davon? Warum schreie ich es

nicht heraus und hinein in ihre albernen Gespräche, in ihre einfältigen Köpfe, in ihre leeren Herzen? Ich Feigling, ich elender.
Ach, du lieber Himmel, warum nicht? Weil ich leben will. Weil ich Kätle wieder haben, die Eltern wieder sehen und mit dir wieder leben möchte. Ich werde, wenn ich zu Hause war, sofort nach Berlin fahren und kämpfen, daß dich die Gestapo freiläßt, ehe du in den Steinbrüchen von Mauthausen umkommst. Daß du seit kurzem in Mauthausen bist, hat mich erschreckt.
In Leipzig habe ich Aufenthalt und bleibe nachts einige Stunden in der Bahnhofswirtschaft sitzen. Sie ist voller Menschen, zu viel für mich. Auch kommt es mir vor, als schrien sie, aber sie reden nur. Dennoch ist es wunderbar, daß ich hier sitzen und die Leute betrachten und auf die große Uhr sehen und auch hinausgehen kann und hin und her, wie ich will und wohin ich will. Es gibt keine Hunde und keine grauen Capes, die im Weitschritt wehen, und kein Kögel bellt einen Befehl durch die Halle. Wenn ich jetzt zu Mutter komme, kann ich einen ganzen Laib Brot essen. Ich darf sicher alles, was auf dem Tisch ist, aufessen. Ich kenne Mutter doch: »... iß mein Mädchen, mein armes«, wird sie sagen. Und mein Kätle wird dasein und sich wieder wie früher im Schlaf an mich kuscheln, und wir dürfen einander alles sagen, was wir wollen. Man braucht nicht mehr zu fluchen, um nicht zu ersticken, und nicht mehr »Verfluchte Säue« in die Schlafdecke zu keuchen; das alles hat dort bei den Eltern keine Gültigkeit mehr. Wie? Was? Keine Gültigkeit mehr? Habe ich schon alles vergessen, kaum daß ich einige Stunden weg bin? Die Augen der Doris sehen mich an, und ich bitte ihr ab, das tränennasse Gesicht in den aufgestützten Händen, nachts im Bahnhofswartesaal in Leipzig.
Kurz vor der Ankunft daheim kommt im Zug Karl B. zu mir her – du kennst ihn ja aus unserer frohen Zeit – und fragt: »Bist du's denn wirklich? Die ganze Zeit schau' ich dich schon an, aber ich war mir nicht sicher. Bist du krank?« Wir gehen vom Bahnhof ganz langsam Schritt für Schritt in die Stadt hinein und erzählen. Ich habe Magenschmerzen, daß ich mich krümme.
Die Mutter öffnet. Auch sie schaut mich in dem trüben Flurlicht einen Moment zögernd an, auch sie ist sich nicht sicher. Dann kommen die Tränen. Und Kätle. Und der Vater. Und Mutters gedeckter Tisch und Kätles scheue rührende Zärtlichkeit und Vaters herzliche Worte. Ich kann nichts essen. Ich will auch nicht viel reden, nur dasitzen und

Kätle im Arm halten. Es ist, als sei ich zehn Jahre fortgewesen. »Hoffentlich hast du's jetzt gelernt, vorsichtig zu sein«, sagt der Vater. Es ist kein Vorwurf. »Mit der Wahrheit«, sagt er, »kommst du in diesem Regime nicht weiter. Es wird immer schlimmer.« Er meint es gut. Er will mir morgen Robert Ditter herschicken, deinen besten Kameraden, der so lange mit dir in Dachau war. Er sei vor kurzem entlassen worden. Ob man ihn, frage ich, nicht heute noch holen könne? »Siehst du«, sagt der Vater lächelnd, »so bist du. Immer mit dem Kopf durch die Wand. Nein, heute nicht mehr. Es ist ja nicht unbedingt notwendig, daß man uns alle drei einsperrt.« Aber er versteht meine Ungeduld. Ich sage ihm, daß ich sobald wie möglich nach Berlin fahren möchte, um dort bei der Gestapo deine Freilassung zu erwirken. »Dann mußt du«, meint er, »erst recht vorsichtig sein. Es wird verdammt schwierig sein. Und nicht ungefährlich. Deshalb würde ich es der Mutter noch nicht sagen. Sie soll wenigstens einige Nächte in Ruhe schlafen können.« Nein, ich sage es der Mutter noch nicht. Sie hat angeblich keine Zeit, sich zu uns herzusetzen, sie rumort in der Küche und kocht und backt. Ich sehe ihr an, daß sie glücklich ist.

Am nächsten Tage habe ich mich bei der Gestapo zu melden. Ich gehe mit Herzklopfen hin, denn ich traue dem Frieden nicht. Aber abhauen hat auch keinen Sinn. Sie haben ja dich. »Da haben Sie Glück gehabt«, empfängt mich der schneidige Gestapohäuptling von Gmünd, »bei uns wären Sie nicht rausgekommen!« – »Das glaube ich«, sage ich ruhig. »Wie zum Teufel«, fährt er fort, »haben Sie denn das gedreht? Von Berlin aus entlassen! Unglaublich!« – »Ich habe«, sage ich, »nichts gedreht. Ich bin ganz einfach entlassen worden.« Er durchbohrt mich förmlich mit seinen Blicken, ärgert sich sichtlich. »Reichen Ihnen die vier Jahre nun?« schreit er. – »Doch«, sage ich. »Hoffentlich«, schreit er, »sonst verschaffen wir Ihnen eine Nachkur!« Ich tue ihm den Gefallen nicht, mich hinreißen zu lassen, mir entschlüpft kein unbedachtes Wort. Schließlich gibt er auf. Die Heimatgestapo läßt mich aus ihrem Rachen fallen, wie ein Raubwild seine Beute, wenn es den Jäger wittert. »Trotzdem«, schreit er, »haben Sie sich täglich hier zu melden! Bei mir! Verstanden!« – »Ja«, sage ich. Dann bin ich entlassen.

Mutter ist wie erlöst, als ich heimkomme. Sie hatte Angst, daß man mich dortbehalten würde. Nun ist alles gut. Nun bin ich wirklich daheim. Während sie den Tisch deckt, erzählt sie in ihrer lebendigen, drolligen Art, was inzwischen alles passiert ist. Es ist wunderbar, wieder lachen zu dürfen. Vor drei Tagen war ich noch Sträfling. Jetzt sitze ich in Mutters gemütlicher Stube und sehe ihren guten flinken Händen zu. Aus der Küche weht der Duft von Gebratenem und Gebackenem, die Sonne scheint auf das geblümte Porzellan, Kätle und Dolle kommen mit großem Geschrei von der Schule. Wie schön kann das Leben sein, denke ich. Wieder muß ich staunen, wie groß Kätle geworden ist. Dolle ärgert sich furchtbar, wenn sie ihn Onkel ruft. Natürlich ruft sie ihn nun erst recht Onkel. Eine Rasselbande ist das. Schließlich kommt auch der Vater heim und bringt meine anderen zwei Brüder mit. Gudde ist schmal und blaß. Hans hat mittlerweile auch geheiratet, steckt aber seine Füße gern und oft unter Mutters Tisch. »Gib«, psalmodiert der alte Schlauberger und nimmt den sechsten und letzten Pfannkuchen von der Platte, »und es wird dir wiedergegeben werden!« – »Nicht in diesem Leben«, erwidert die Mutter schlagfertig, »der Herr kennt die Seinen!« Und doch hat sie die größte Freude an seinem Appetit. Es ist wahrhaftig ein Festtag.

Nachmittags kommt Robert Ditter und erzählt mir von Dachau und von dir. Wahrscheinlich erzählt er mir vieles nicht, wahrscheinlich das meiste nicht, aber was er erzählt, würde genügen, eine ganze Welt zu empören.

Auch unser alter Genosse Gustav Lachenmaier sucht mich auf. Er hat uns damals in die KPD eingeführt, er ist ein alter politischer Kämpfer und wird mir also sagen können, woran wir sind. Ich will es wissen, nicht meinetwegen, sondern deinetwegen. »Hat das nun alles«, frage ich, »einen Zweck? Ich spreche nicht von mir, das weißt du, Gustav, ich lebe ja noch. Aber viele sind dafür gestorben und sterben noch. Für diese frage ich.«

»Laß dir nur Zeit«, sagt er, »einmal werden auch dem Volk die Augen aufgehen.«

»Wird denn überhaupt noch gekämpft?« frage ich, »oder wollen wir einfach warten, bis der Krieg im Lande ist. Wo sind denn die Genossen?«

»Im KZ«, sagt er, »oder hier. Wer hier ist, hat sich täglich bei der Gestapo zur Kontrolle zu melden. Uns sind alle Hände gebunden.«

»Trotzdem«, sage ich, »muß man kämpfen. Man muß kämpfen!«

»Warum stehst du dann jetzt nicht an einem der vielen Fabriktore von Gmünd und schreist alles hinaus, was du in den vier Jahren deiner Haft erlebt hast? Jetzt sind die Fabriken aus. Hunderte von Arbeitern würden dich hören.«
»Ja«, sage ich, »warum eigentlich nicht?«
»Weil man dich nach den ersten Worten schon als hysterische Verrückte auslachen würde«, sagt er, »das weißt du so gut wie ich. Man würde dich festnehmen und wahrscheinlich noch in der Nacht im Untersuchungsverfahren totprügeln. Es wäre also kompletter Wahnsinn. Nein, so geht es nicht. Wir müssen aushalten, bis es soweit ist.«
»Es ist ja«, werfe ich ein, »nicht unbedingt nötig, daß man sich an die Fabriktore stellt. Ich meine nur, man tut zu wenig, überhaupt zu wenig.«
»Selbstverständlich«, sagt er, »ist es nötig aufzuklären, Kleinarbeit zu machen, die Menschen einzeln zu überzeugen. Das tun wir sowieso. Deine Aufgabe aber ist es jetzt, sobald wie möglich nach Berlin zu fahren, daß uns dein Mann erhalten bleibt. Das ist wichtig. Wir brauchen ihn...«
In wenigen Tagen habe ich das Geld für Berlin beisammen. Die Gestapo untersagt mir die Fahrt. An diese Schwierigkeit habe ich nicht gedacht. Ich bin ratlos. Da greift prompt das Schicksal ein. Ich werde vom Reichskriegsgericht in Berlin in einer Sache, die ich längst vergessen hatte, als Entlastungszeuge vorgeladen. Die Gestapo muß mir nun die Reise genehmigen. Ich fahre.
Da sind wieder die endlosen schmutzigen Häuserreihen, an denen unser Zug vorbeifährt, die häßlichen Eisenbalkone, von denen ärmliche Wäschefetzen hängen, die Wohnlauben der Armseligen, aus Kistenbrettern und Dachpappe zusammengeschustert und mit grellen Farben gestrichen, um die Armut zu verdecken, die Vorstadtstraßen mit verwahrlosten Kindern und hungrigen Hunden auf den Unrathaufen, die ewigen Hinterhöfe ohne Sonne, die dreckigen Vorhänge vor den dunklen Kammern, die andere Seite dieser glänzenden Reichshauptstadt eines Reiches, in welchem es laut Presse, Rundfunk und Film keine Not und kein Elend mehr gibt. Nur noch Volksgesundheit, Kraft durch Freude, Schönheit der Arbeit, entzückende Eigenheime, helle Wohnungen, junge strahlende Mütter, gesunde und gepflegte Kinder, ein glückliches Volk und einen geliebten Führer.

Die graue, traurige Misere dieser trostlosen Einfahrt legt sich mir beklemmend auf die Seele. So stehe ich, zum zweitenmal in meinem Leben, verlassen und ohne Ziel in der überwältigenden Steinwüste Berlins, fest entschlossen, gegen die strikte Anordnung der Gestapo von Gmünd, so lange hierzubleiben, bis du frei bist. Aber nun: Wohin? Bei deiner Schwester kann ich nicht unterkommen, zu den korrupten Alberts will ich nicht mehr, bleibt nur noch Emil Ditter, der gute, alte Jugendfreund. Seine Freude ist ehrlich. Er ist der alte geblieben. Auch ihn hat die Gestapo nicht ganz ungeschoren gelassen, doch kann man in einer Großstadt leichter untertauchen als in einem kleinen Provinznest. Seine Frau ist rührend besorgt und gibt sich alle Mühe, mich im selben Haus unterzubringen. Ich bekomme auch tatsächlich ein kleines leeres Dachzimmer mit einer winzigen Küche. Die erste Nacht schlafe ich auf dem Fußboden mit einer Decke von Emil. Ich zahle die Miete im voraus, so daß mir noch zehn Mark bleiben. Von diesen zehn Mark muß ich nun zwei Wochen leben, bis ich den ersten Lohn verdient haben werde. Ich will den guten Emil nicht auch noch anpumpen. Ich fange sofort an und habe nun von sieben Uhr früh bis einhalb fünf Uhr nachmittags mit einem Kolben ganz feine Drähte an winzige Röllchen zu löten. Eine halbe Stunde ist Mittagspause. Wenn ich tausend Stück am Tag schaffe, habe ich drei Mark verdient. Die ersten zwei Tage bringe ich es auf dreihundert, nach einer Woche auf tausend. Nach zwei Wochen bekomme ich meinen ersten Lohn, es ist nicht viel, aber ich kann mich wieder einmal satt essen. Die Fingerspitzen meiner Hände, besonders die Spitzen des Daumens, des Zeige- und des Mittelfingers, sind abgeschmort. Sie eitern, heilen und brechen wieder auf, bis ich nach einigen Wochen Hornhäute an den Fingern habe, so dick wie wahrscheinlich die Fußsohle eines Infanteristen. Es ist keine schwere, aber auch keine schöne Arbeit, doch habe ich mir damit die Berechtigung erworben, in Berlin zu bleiben. Alles andere ist unwichtig.

Langsam finde ich mich in das neue Leben hinein und kann nun endlich auch ein wenig an mich denken, will sagen, an dich. Ich habe das Gefühl, daß sehr behutsam vorgegangen werden muß. Zuerst erledige ich noch das Entlassungsgesuch für Doris. Ihre Geschwister sind gerade dabei, ihren Haushalt aufzulösen. Sie steuern in kameradschaftlicher Weise viel zu meiner leeren Wohnung bei. Ich habe ja weder Bett noch Tisch, keine Tasse, kein Glas, nichts. Aber nun kommt ein

Stück zum andern, nach und nach kaufe ich noch dazu, bis die nette, wohnliche Einrichtung beisammen ist, die du ja kennst, Lieber. Natürlich geht das nicht ohne Hungertage ab, und oft schlüpfe ich, ohne gegessen zu haben und klamm vor Kälte, unter die Decke. Ein Topf Erbsensuppe, am Sonntag gekocht, hat bis zum Mittwoch zu reichen, und zwar als Frühstück, Mittagessen und Abendbrot. Wenn ich am Abend müde von der Arbeit nach Hause komme und in dem düsteren Mietshaus in der Kommandantenstraße die vielen Treppen hochsteige, ist es am schwersten. Dann nimmt die Treppe kein Ende mehr. Modergeruch und abgestandene Küchendünste schlagen mir entgegen. Hinter den vielen Türen werden die Stimmen des Elends laut, Kindergeschrei, Lautsprechergeplärr und keifendes Gezänk.
Am schlimmsten ist es nach den vergeblichen Bittgängen in die Prinz-Albrecht-Straße. Daß ich es recht sage: Es sind keine Bittgänge. Du mußt nicht denken, daß ich dort jemandem etwas vorjammere oder vielleicht gar in Tränen ausbreche. Das würde die Herren des Sicherheitshauptamtes nicht im geringsten rühren. Sie leben ja von Tränen. Von Tränen und Blut. Da muß man schon origineller sein, wenn man etwas erreichen will. Ich habe mir einen guten Plan zurechtgelegt und gehe nur hin, wenn ich einen guten Tag habe, einen klaren Kopf, ein ruhiges Herz. Es ist immer dasselbe. Die Wache kennt mich nun schon. Am Schalter fülle ich den Zettel aus, es sind immer dieselben peinlichen Fragen, ich kenne sie auswendig und schreibe sie flott und sicher herunter. Auch daß ich den Reichsführer SS zu sprechen wünsche, ist mir nun schon geläufig, wenngleich es mich jedesmal aufs neue Überwindung kostet, es hinzuschreiben, weil ich weiß, daß es keinen Sinn hat. Man lächelt nicht einmal darüber. Nur vor der Frage »In welcher Angelegenheit« schrecke ich immer wieder zurück. Sie zeigt mir noch deutlicher als die kalten geringschätzigen Blicke der Wachen den offenkundigen Wahnsinn meiner Unternehmung.
Ich weiß, daß es Wahnsinn ist, was ich tue, aber ich muß es tun, weil ich dich liebe. Ich weiß, wer Himmler ist und was Himmler ist, neben dem Mächtigsten der Mächtigste, und daß ich nichts bin, eine kleine armselige Frau unter Gestapokontrolle, vor kurzem noch wegen Vorbereitung zum Hochverrat selbst im KZ und nun gegen das strikte Verbot der Heimatgestapo Hilfsarbeiterin in Berlin. Ich weiß, daß ich in die Höhle des Löwen gehe und daß es nur eines kleinen Zufalls bedarf, eines ungeschickten Wortes, und ich sitze wieder fest, diesmal

dann wohl für immer. Wer zu Kögel zurückkommt, wird ausgepeitscht und in die Dunkelzelle geworfen, ich kenne den üblichen Empfang für Rückfällige. Deshalb habe ich eine halbe Rasierklinge in meinen Büstenhalter eingenäht. Es ist, wie du siehst, an alles gedacht. Ich weiß, daß Hunderttausende in den KZs sitzen und daß sie nur noch leben, weil es so viele sind; die Ungebeugten, wie du einer bist, wohl nur aus Versehen oder weil man sie noch eine kleine Weile zur Arbeit braucht. Das alles weiß ich, wie gesagt. Ich weiß auch, daß einzig und allein der Lagerkommandant über Entlassungen zu bestimmen hat, daß darüber hinaus vielleicht noch die Heimatgestapo für derartige Anliegen zuständig ist und daß sich die Herren hier in der Gestapozentrale, wenn ich ihnen mein Gesuch unterbreite, höchstens darüber wundern werden, daß es trotz ihrer gründlichen und fleißigen Arbeit immer noch lebende ehemalige Mitglieder der KPD und Antifaschisten in Deutschland gibt. Aber sie werden sich nicht dabei aufhalten, dieses Haus hier in der Prinz-Albrecht-Straße ist kein Wohlfahrtsamt, sondern das Hauptquartier der Furcht, wie die Propagandazentrale am Wilhelmsplatz das Hauptquartier der Lüge ist, nicht nur der Furcht, das Hauptquartier des Terrors und der Ausrottung. Die emsigen kühlen und knappen Herren hinter den vielen Türen der läuferbelegten Korridore haben Wichtigeres zu tun, als sich um ein Einzelschicksal zu kümmern, sie sind für die rationellste Liquidierung von Hunderttausenden verantwortlich, vielleicht sogar für mehr und anderes und noch Grausameres. Danzig will heim ins Reich, an der polnischen Grenze häufen sich die üblichen Grenzzwischenfälle, durch die Triumphstraße des Führers, die Ost-West-Achse, marschiert die stolze deutsche Wehrmacht, und es ist nicht ungewiß, wohin sie marschieren wird – in den Krieg. Ich weiß, daß die Welt den Atem anhält, daß die Atmosphäre mit Spannung und Gefährlicherem geladen ist und daß in allen Reichsämtern und Befehlsstellen fieberhaft gearbeitet wird. Auch hier in der Prinz-Albrecht-Straße, in dem schönen vornehmen Haus der Reichsführung SS, wo in aller Eile die Massenvernichtung von Hunderttausenden organisiert und vorbereitet werden muß, um in den überfüllten Lagern Platz zu schaffen für neue Hunderttausende, die von Hitlers Krieg weniger begeistert sein werden als die Generale und die Stabsfeldwebel und die Gauleiter und die Rüstungsindustriellen an Rhein und Ruhr. Und ich weiß, daß ich keinen aussichtsloseren Zeitpunkt für meine verwegene Intervention hätte wählen können, keinen gefährlicheren Augenblick als diesen »einer zum äußersten entschlossenen Nation«, und daß es gegen alle Vernunft ist, in diesem Augenblick um die Freilassung eines ehemaligen kommunistischen Funktionärs zu bitten, eines Kommunisten, der sich in sieben Jahren KZ-Haft zu keinem einzigen kleinen Zugeständnis an dieses Regime hat bereitfinden können. Ich weiß auch, daß man mein Vorgehen unter solchen Umständen als eine freche Verhöhnung, wenn nicht als Schlimmeres auffassen kann, daß man mich bestenfalls gar nicht anhören, wahrscheinlich aber kurzerhand als ein wildgewordenes Kommunistenweib einsperren und zur Lichtenburg zurückschicken wird. Wenn kein Wunder geschieht.

Das Wunder geschieht. Ich werde eingelassen, durch einen der teppichbelegten Gänge in ein Zimmer geführt und von der begleitenden Wache mit zackigem Hackenschlag einem der mächtigen Herren des Sicherheitshauptamtes gemeldet. Natürlich nicht Himmler. Und auch nicht einmal, sondern öfter. Und jedesmal einem andern. Und immer mit dem gleichen Ergebnis, einem Achselzucken. Ich kann nicht sagen, daß die Herren unhöflich sind. Sie sind eiskalt, sehr präzise und von einer grausamen Logik, ohne jedes Gefühl und zweifellos imstande, mich, ohne mit der Wimper zu zucken, abführen zu lassen und irgendeinem Henker zu überantworten. Aber sie sind nicht unhöflich. Sie schauen erstaunt und etwas zerstreut von ihren Papieren auf, wenn ich vor ihnen stehe, sie haben sich sicherlich mit wichtigeren Dingen beschäftigt, vielleicht mit dem Bau von Großkrematorien für die Konzentrationslager oder mit anderen aktuellen Problemen, wie der diskreten Vernichtung der alten und gebrechlichen Leute, aber sie hören sich aufmerksam an, was ich ihnen sage, und dann fragen sie. Wenn sie zu fragen anfangen, fange ich zu zittern an, denn sie fragen sehr direkt und mit einer unangenehmen Prägnanz, der man nicht ausweichen kann. Ich will auch nicht ausweichen, würge die Angst hinunter, die mir im Hals aufsteigt, reiße mich zusammen und sage, was gesagt werden muß. Ich spreche überlegt, ich weiß, daß eine einzige ungeschickte Formulierung alles verderben kann, dich und mich. Denn ich habe ja nicht zu antworten, sondern zu widersprechen, Einwände zu widerlegen und anzuklagen. Und zwar nicht irgend jemand, sondern die Herren selbst, ihr Regime, ihr System, ihre Unmenschlichkeit. Das ist es.

»Ihr Mann«, fragen sie, »ist Kommunist?«
»Mein Mann«, sage ich, »ist KZ-Häftling.«
»Aber er war Kommunist?« fragen sie.
»Er war«, sage ich, »bis 1933 kommunistischer Landtagsabgeordneter.«
»Und dann wundern Sie sich«, fragen sie, »wenn er im KZ festgehalten wird?«
»Er wird«, sage ich, »im KZ festgehalten, nicht weil er kommunistischer Landtagsabgeordneter war, sondern weil ihn der Reichsstatthalter Murr von Württemberg als seinen persönlichen Feind betrachtet. Und er wird im KZ nicht nur festgehalten, sondern unmenschlich mißhandelt.«
Die schmalen Lippen der Herren werden noch schmäler.
»Haben Sie«, fragen sie, »dafür Beweise?«
Natürlich habe ich nichts, keine Urkunden und keine Belege. Ich habe nur einige Aussagen von entlassenen Kameraden und einen ausführlichen Augenzeugenbericht von Robert Ditter, den ich den Herren vorlege. Robert Ditter ist übrigens einer der wenigen, die zu ihrer Aussage stehen, als es später gilt, sie vor der Gestapo zu bestätigen. Ich zähle die Grausamkeiten auf, die dir widerfahren sind, vom Kuhberg angefangen bis zu den letzten Monaten in Mauthausen, ich sage, daß Murr dir haßerfüllt erklärt habe, du würdest niemals frei werden, solange er am Leben wäre. Es ist eine grauenhafte Rechnung, die ich den Herren präsentiere, aber sie sind nicht gesonnen, sie einzulösen, obwohl sie deren Richtigkeit erkennen müssen. Natürlich wissen sie, daß die Gefangenen in den Konzentrationslagern mittelalterlichen Folterungen unterworfen werden, daß man ihre Familien vertrieben und ihre Wohnungen ausgeraubt hat und daß die Gestapokeller die Schrecken des Landes sind. Aber sie ziehen erstaunt die Augenbrauen hoch und fragen mit einem dünnen, zweifelnden Lächeln: »Waren Sie dabei?«
»Nein«, sage ich, »ich war nicht dabei, aber Robert Ditter war dabei.«
»Wer ist Robert Ditter?« fragen sie.
»Ein Kamerad meines Mannes«, sage ich.
»Auch Kommunist?« fragen sie, allmählich schon schärfer und ungeduldiger.
»Ja«, sage ich.

»Na, sehen Sie!« sagen sie, als ob damit bewiesen wäre, daß sein Bericht unwahr ist.
»Sie können ihn vernehmen!« sage ich rasch und voll Angst, daß es mit diesem »Na, sehen Sie« sein Bewenden haben könnte.
»Wozu?« sagen die Herren, »wir sind über die Lager gut unterrichtet und auch über die Kommunisten in den Lagern. Es ist ganz klar, daß bei Widersetzlichkeiten hart durchgegriffen werden muß. Wo kämen wir sonst hin?«
Ich könnte ihnen erwidern, daß es dort keine Widersetzlichkeiten, sondern Sklavenarbeit bis zur völligen Erschöpfung, elektrisch geladene Stacheldrähte, Hinrichtungsgalgen, Schandpfähle und dergleichen gibt und daß dort nicht durchgegriffen, sondern gequält und gemordet wird, aber ich schweige. Der eine beweist mir noch schnell, daß die vom Führer empfohlene und befohlene Ausrottung des links eingestellten Elements ein selbstverständliches Gebot nationaler Selbsterhaltung sei, acht Tage später erklärt mir ein anderer, daß nach Berichten aus den Lagern die dort eingesetzten braven SS-Männer unglaublich unter dem Terror der inhaftierten Sozialisten zu leiden hätten, und ein dritter macht durch seine hinterhältige Fragerei deinen Fall so gefährlich verwirrt und verdächtig, daß ich gern still bin. Es ist nichts zu machen. Ich muß ihre fadenscheinigen Schlußfolgerungen, ihre schamlosen Lügen mit freundlichem Gesicht hinunterschlucken und darf dabei noch dankbar sein, daß sie sich überhaupt herbeilassen, mit mir zu reden, denn sie haben alle Macht in diesem Land und jedes Recht. Diese Unterredungen dauern nie lange, die Herren werden rechtzeitig ungehalten, und nur meine Frage am Schluß, ob es nicht möglich wäre, den Herrn Reichsführer persönlich zu sprechen, erweckt jedesmal eine flüchtige Heiterkeit und sichert mir immer wieder einen glücklichen Abgang.
»Glauben Sie«, fragen die Herren mit dünnem Lächeln zurück, »der Reichsführer hat keine andern Sorgen?«
»Doch«, sage ich und denke an die Hunderttausende in den Konzentrationslagern, die er vernichten soll. Und an dich.
Dann gehe ich müde und verzweifelt heim. Die Elendsquartiere des Nordens grüßen mich, dunkle, schmutzige Straßen grüßen mich und finstere Hinterhöfe ohne Ende, Kneipenlärm, Dirnen an jeder Ecke, die erschreckende Silhouette des Polizeipräsidiums, wo ich mich jede Woche bei der Gestapo zu melden habe, mit den vielen dunklen Fen-

stern. Das alles, meine ich, grüßt mich plötzlich mit einer grinsenden Vertraulichkeit. Gehöre ich wirklich schon dazu? Mich friert, als ich die verdammte Treppe in der Kommandantenstraße hinaufsteige. Bei Emil ist niemand zu Hause. Bei mir ist es kalt. Auf einmal habe ich ein unsagbares Verlangen nach Licht und Wärme. Ich kehre wieder um und laufe in meinem dünnen Mäntelchen die Leipziger Straße hinauf, ohne Plan und Ziel. Es ist naßkalt und unfreundlich. Die Lichter der zahllosen Lampen, der helle Schein der großen Schaufenster, die leuchtenden Farben der Lichtreklamen spiegeln sich im nassen Asphalt. Ununterbrochene Ketten von Autos gleiten die Straße hinunter und herauf. Die Leute gehen achtlos an mir vorbei, elegante Leute, vergnügungssüchtige, sensationshungrige Leute, die in die Kinos, in die Theater, in die Vergnügungslokale eilen. Aus der Drehtür eines großen Hotels flutet mir eine Woge herrlicher warmer Luft entgegen. Ich kann der Verlockung nicht widerstehen und trete zögernd in die Halle ein. In eine andere Welt. In eine mir fremde Atmosphäre vornehmer Behaglichkeit und eilfertiger Betriebsamkeit. Kein Mensch beachtet mich. Ich drücke mich scheu in eine Ecke und versinke hinter Palmen und Gummibäumen in einen tiefen Sessel. Wunderbar warm ist es hier, es riecht nach gutem Tabak und feinen Parfüms. Von der Decke hängen glitzernde Riesenlüster mit Lichtern herab. Gutangezogene Menschen kommen und gehen, sitzen in den breiten Ledersofas und in den bequemen Lehnstühlen an den niederen Tischchen mit den großen Aschenbechern, warten, plaudern oder sitzen nur so da, um die Zeit totzuschlagen. Hinter den Schaltern stehen die würdigen Meister des Empfangs, gemessene, diskrete Herren mit peinlich gescheiteltem Haar und feierlichen Gehröcken, beugen sich gewissenhaft über ihre großen Bücher, geben mit gewinnender Höflichkeit Auskunft, verteilen zeremoniell Schlüssel und Post und lassen mit kaum merklichen Winken die flinken Pagen in Affenjäckchen springen. Gibt es so etwas? Ja, das gibt es.
Unweit von mir sitzt eine schöne Frau und blättert gelangweilt in einem Journal. Sicherlich bezahlt sie für die Pflege ihrer Schönheit an einem Tag mehr, als ich in zwei Wochen verdiene. Auf ihrer Brust glänzen Perlen. Auf meiner Brust glänzt keine Perle, ich trage dafür in meinen Büstenhalter eingenäht eine halbe Rasierklinge. Die schöne feine Dame hat das nicht nötig, sie hat keine verbotenen Informationsbriefe verteilt und nicht im KZ gesessen, sie hat vermutlich nur ge-

liebt. Wahrscheinlich ist der gutaussehende, elastische alte Herr mit dem silberweißen Haar und dem scharf gestutzten weißen Schnurrbart, der sie jetzt mit einem zärtlichen Handkuß begrüßt, ihr Gatte, und sie hat auf ihn gewartet. Ich warte auch auf meinen Mann, nur warte ich vergeblich, denn er wird nach dem heutigen Bescheid in der Prinz-Albrecht-Straße wohl nicht so rasch kommen. Wenn er überhaupt wiederkommt, er hat im Steinbruch von Mauthausen zu tun. Das ist der Unterschied.

Was ist der Unterschied?

Sind die Menschen, die hier herumstehen und in den Sesseln liegen, besser als wir? Nein. Sie haben nicht an andere gedacht, sondern an sich. Sie haben nicht vor Hitler gewarnt, sondern an ihm verdient. Sie haben keine Protestversammlungen einberufen, vielleicht Generalversammlungen, keine Protestreden gehalten. Sie brauchen keine Angst zu haben. Wenn sie den Kopf heben, kommt ein Page herbeigeflitzt oder ein Kellner gewedelt. Zu mir kommt höchstens ein Kriminalbeamter, wenn ich den Kopf hebe, und verlangt meinen Ausweis. Denn mein Gesicht paßt nicht hierher, es ist mager und verhärmt, es stört hier, es ist eine Anklage.

Nein, ich gehöre nicht hierher, das sehe ich. Eine Gruppe hoher SA-Führer lärmt herein, die wohlbeleibten Herren mit den weingeröteten Gesichtern sind laut und rücksichtslos, aber sie stören nicht. Ihr Gelächter platzt mißtönend in die gedämpfte Atmosphäre, aber sie stören nicht.

Nur unsereiner stört. Plötzlich packt mich eine unheimliche Wut. Nicht weil diese Leute hier Geld haben und wir nicht, das ist gleichgültig. Nein – weil sie uns nicht einmal leben lassen wollen. Haben sie mehr Recht zu leben als wir, bloß weil sie sich weniger Gedanken über dieses Recht zu leben machen als wir? Das wollen wir doch sehen! Der Teufel soll mich holen, wenn ich diesen Kampf um dein und damit um mein Leben nicht bis zum Letzten durchkämpfe. Ich bin nicht mehr verzweifelt. Ich drücke mich nicht mehr scheu um die Gummibäume herum, ich gehe mitten durch die feixenden Getreuen des Führers hindurch und hinaus. Mich friert nicht mehr, und ich fürchte mich nicht mehr. Ich bin entschlossen, dich aus dem KZ herauszuholen, koste es, was es wolle.

Und ich gehe ein paar Tage später noch einmal in die Prinz-Albrecht-Straße. Diesmal habe ich Glück. Ich begegne in Himmlers Büro einem Menschen. Auch er trägt die verhaßte Uniform, auch er hat es eilig, auch auf seinem Schreibtisch liegen Papiere, auch sein Telefon schnarrt immer wieder, aber er läßt mich sprechen. Er fragt nicht viel, er blickt mich nur prüfend an, während ich, sein Verständnis fühlend, immer unbedachter alles aus mir herausrede. Er ist einer von Himmlers Adjutanten, Major Suchanek. Vielleicht sieht er, daß ich um mein Leben kämpfe. Oder er hat eine gute Frau zu Hause oder ein heimliches Herz in der Brust oder ein ähnliches Schickal wie ich, nur daß er nicht im KZ ist, sondern bei Himmler, Himmlers Adjutant. Ich weiß es nicht.

»Ich werde versuchen«, sagt er, »den Reichsführer für den Fall zu interessieren. Sie bekommen Bescheid!«

Ich bekomme Bescheid.

Der Reichsführer SS Heinrich Himmler empfängt mich.

Major Suchanek ist dabei. Ich sitze dem ungeheuerlichsten Mann dieses Regimes gegenüber, dem Ungeheuer. Ich habe ihn in der Lichtenburg schon einmal gesehen, aber nicht so nah. Vielleicht sieht ein mittelmäßiger Buchhalter so aus. Es ist unfaßbar, daß hinter diesem Durchschnittsgesicht eines Pedanten ein solches Unmaß von verbrecherischem Willen sein kann. Doch kommen mir diese Gedanken erst hinterher. Im Augenblick setzt bei mir alles aus. Ich weiß nur noch, daß dieser Augenblick alles entscheiden wird, daß dieser Unmensch in der Maske eines harmlosen Spießers unweigerlich die letzte Chance ist. Ich glaube sogar, daß er ein wenig lächelt.

»Ja, was gibt's?« fragt er, indem er auf mich blickt, den Major.

»Das ist die Frau Haag, Reichsführer«, antwortet dieser, »ich habe Ihnen kürzlich den Fall unterbreitet. Ihr Mann ist in Mauthausen –«

»Ich möchte Sie bitten«, setze ich rasch hinzu, »ihn freizugeben!« Mehr sage ich nicht. Ich bettle nicht. Vielleicht sieht er die Angst um dich in meinen Augen.

»Ja«, sagt er, »ich erinnere mich. Das ist doch die Sache mit Murr und dem kommunistischen Abgeordneten?«

»Jawohl, Reichsführer!« antwortet der Major.

Himmler betrachtet mich die ganze Zeit. Er ist nicht unfreundlich.

»Sind Sie auch Kommunistin?« fragt er plötzlich.

»Ja«, sage ich.

Er lächelt flüchtig und wechselt mit Suchanek einen raschen Blick.

»Ehrlich sind Sie«, sagt er dann, »das muß man Ihnen lassen.«

Ich weiß nicht, reitet mich der Teufel oder habe ich alle Gewalt über mich verloren. »Wir sind«, redet es aus mir, »genau so ehrlich und anständig wie die andern! Wir Kommunisten sind nicht das Gesindel, für das man uns hält.«
»Nun«, lächelt Himmler, »wir kennen die Kommune von der anderen Seite...?«
»Und ob, Reichsführer!« erwidert der Major.
Ich bin wie betrunken. Vielleicht weiß ich gar nicht mehr, wo ich bin und weswegen ich hier sitze. Ich denke nicht mehr, ich rede nur noch. Wie mit Engelszungen rede ich.
»Wir haben«, platze ich heraus, »aus Idealismus gekämpft.«
»Hoffentlich haben Sie inzwischen eingesehen«, sagt Himmler, »daß es ein falscher Idealismus war?«
»Ich habe immer nur dafür gekämpft«, erwidere ich, »was ich für gut und recht gehalten habe. Auch mein Mann hat nur dafür gekämpft.«
»Und jetzt«, sagt Himmler und schaut mich scharf an, »soll ich Ihren Mann freigeben, damit Sie vermutlich weiterkämpfen können? Ist es nicht so?«
Ich halte seinen Blick aus.
Himmler erhebt sich. Auch wir stehen auf. Er ist nicht mehr so freundlich wie eben noch.
»Gut«, sagt er kurz, »ich werde mir den Fall ansehen.«
»Vielen Dank!« sage ich. Ich habe plötzlich das Gefühl, daß ich mich unmöglich benommen und nur dummes Zeug geredet habe. Der Major schlägt die Hacken zusammen und reißt den Kopf hoch. Wir sind entlassen.
Draußen sagt der Major zu mir: »Sie haben auf den Reichsführer einen ausgezeichneten Eindruck gemacht, Frau Haag.«
»Das glaube ich«, erwidere ich bitter, »ich habe ihm ja auch nach dem Mund geredet.«
»Im Gegenteil«, sagt er lächelnd, »das ist es ja gerade.«
»Von den Konzentrationslagern«, sage ich, »war überhaupt nicht die Rede.«
»Seien Sie froh«, entgegnet er, »Sie haben es so geschafft.«
Ich weiß nicht, was ich sagen soll. Gewiß, ich freue mich, aber es ist eine zwiespältige, eine mit Unzufriedenheit gemischte Freude. Es wird mir zwar langsam bewußt, was ich erreicht habe, es ist großartig,

daß es mir als einer politisch »anrüchigen« Frau, die vor kurzem selber noch im KZ war, gelungen ist, bis zu Himmler vorzudringen, aber ich werde meines Erfolges nicht recht froh. »Ich bin Ihnen herzlich dankbar«, sage ich, »aber Sie müssen verstehen, daß ich dem Reichsführer noch einiges über die Zustände in den KZs hätte sagen müssen. Selbst wenn mein Mann entlassen wird, Herr Major... die andern bleiben drinnen.«

»Sie dürfen nicht zuviel verlangen«, sagt er, »ich bin sicher, daß Ihr Mann entlassen wird. Sind Sie damit nicht zufrieden?«

»Es ist unvorstellbar«, antworte ich. Plötzlich überwältigt mich der Gedanke, daß es mir gelingen sollte, dich gegen den Willen des Reichsstatthalters von Württemberg aus dem KZ zu befreien. Ein unbeschreibliches Glücksgefühl erfüllt mich. Und Angst. »Wenn Murr davon Wind bekommt«, sage ich, »wird er dem Lagerkommandanten in Mauthausen den Befehl geben, meinen Mann in Strafarrest zu schicken. Damit ist der Beweis schlechter Führung erbracht, der eine Entlassung automatisch unmöglich macht. Ich weiß in solchen Dingen Bescheid.«

Er lacht: »Sie sind eine tüchtige, aber auch eine sehr mißtrauische Frau.«

»Geworden«, sage ich, »Herr Major, geworden.«

Als ich an der SS-Wache vorbeigehe, glaube ich, bin ich der glücklichste Mensch von Berlin.

Das erste ist, daß ich Kätle hole. Ich habe jetzt ein Bett für sie und eine warme Stube, und es soll, wenn du kommst, so sein, wie es früher war. Kätle geht hier gern in die Schule. Sie findet schnell eine Freundin und kennt sich in der Stadt bald besser aus als ich. Wir warten auf dich, und es sind glückliche Tage.

Dann kommt deine Nachricht, daß du plötzlich nach Berlin in das Gestapogefängnis gekommen seiest. Der Stein ist im Rollen. Ich zittere bei dem Gedanken, daß du mit deiner Kompromißlosigkeit durch ein einziges, ungeschicktes Wort noch kurz vor der Entlassung alles zunichte machen könntest. Aber meine Freude ist unbeschreiblich.

Das dritte ist der Krieg. Wir haben ihn vorausgesagt. Wir haben ihn kommen sehen. Dennoch trifft er mich wie ein Blitz. Aus, denke ich, vorbei. Wer wird sich jetzt noch um einen KZ-Häftling kümmern. Großdeutschlands Freiheitskampf beginnt. Die deutsche Jugend marschiert. Es ist soweit. Deutschland, Sieg-Heil!

Es ist gänzlich unwichtig, bellt die hysterische Stimme des deutschen Kriegsgottes aus den Lautsprechern, es ist gänzlich unwichtig, ob wir leben, notwendig ist es, daß Deutschland lebt!
Wer soll sich da noch um einen armseligen KZ-Häftling kümmern?
Ich habe nun, bellt die heisere Stimme des »Friedensfürsten«, über sechs Jahre am Aufbau der deutschen Wehrmacht gearbeitet. Es sind in dieser Zeit über 90 Milliarden für den Aufbau dieser Wehrmacht aufgewendet worden.
Und niemand hat es gesehen? Der deutsche Arbeiter nicht. Auch nicht die ausländischen Diplomaten, die beim Neujahrsempfang in der Reichskanzlei ehrfürchtig antichambrierten? Auch die deutschen Frauen haben es nicht gesehen? Jetzt sehen sie es. Aber sie protestieren nicht. Sie lassen ihre Männer und Söhne ziehen. Sie jubeln nicht sonderlich, aber sie weinen auch nicht sonderlich. Die deutschen Armeen fallen in Polen ein. Die alte Walze spielt ununterbrochen preußische Siegesmärsche und die mitleiderregende Legende von dem uns aufgezwungenen Krieg. Und aus den Lautsprechern plärrt die Stimme des blutigen Scharlatans: Es ist gänzlich unwichtig, ob wir leben, notwendig ist, daß Deutschland lebt.
Gänzlich unwichtig...? Hat dann ein KZ-Häftling überhaupt noch ein Recht zu leben? Wahrscheinlich nicht. Sicherlich nicht.
Die ersten Siegesfahnen fliegen an den Masten empor. Der Feldzug der achtzehn Tage wickelt sich ab wie ein Festprogramm. Eine verbleibende Nation feiert das Feldherrngenie seines Verderbers. Wer sich, schreit seine fanatische Stimme aus den Lautsprechern, an dieser Einigkeit des deutschen Volkes versündigt, hat nichts anderes zu erwarten, als daß er als Feind der Nation vernichtet wird.
Vernichtet wird...? Und da warte ich auf dich. Denke manchmal bei meinem rauchenden, stinkenden Lötkolben, daß du jetzt vielleicht vor der Tür der Wohnung stehen oder auf dem Treppenabsatz sitzen könntest. Und renne nach Feierabend heim, ich Törin. Und immer umsonst. Und immer umsonst.
Ich bin völlig verzweifelt. Ob ich noch einmal zu Himmler gehe? Ich weiß, daß es Wahnsinn wäre. Der Reichsführer SS hat jetzt wirklich andere Sorgen. Seine SS-Formationen folgen dem kämpfenden Heer. Ihre Plünderungskommandos, ihre Strafkommandos, ihre Entvölkerungskommandos haben das überfallene Land nach erprobten KZ-Methoden zu befrieden. Nein, ich gehe nicht noch einmal in die Prinz-

Albrecht-Straße. Man würde mich dort für irrsinnig halten. Was wollen Sie? Ihren Mann? Einen KZ-Häftling? Einen Feind des Staates, einen Feind des Führers, einen Feind des Krieges? Haben Sie nicht gehört: ... wird vernichtet! Wir sind im Krieg, Frau Haag, sollten Sie das noch nicht wissen! Es ist gänzlich unwichtig, daß wir leben, notwendig ist, daß Deutschland lebt!
Nein, ich gehe nicht noch einmal in die Prinz-Albrecht-Straße. Lieber verzweifle ich.
Eines Tages läßt mich der Betriebsführer zu sich kommen. Im ersten Moment erschrecke ich. Nun holen sie dich auch wieder, denke ich. Meinetwegen, denke ich, lege meinen Lötkolben hin und gehe. Mir ist jetzt alles egal. Aber der Betriebsführer ist allein, es sind keine »Herren« da.
»Die Reichsführung hat angerufen«, sagt er, »Sie können Ihren Mann dort abholen.«
Was ist das? denke ich.
Der Chef springt auf, stürzt um den Schreibtisch herum, fängt mich ab und setzt mich in einen Sessel. »Was ist denn mit Ihnen los?« sagt er.
»Oh, nichts«, sage ich. »Danke«, sage ich. »Es ist schon wieder vorbei«, sage ich.
»Ich dachte«, meint er besorgt, »ich mache Ihnen eine Freude damit.«
»Doch«, stammle ich, »es ist nur... ich habe nicht mehr damit gerechnet.«
Dann kommen die Tränen.
Der Chef benimmt sich tadellos. Er fragt nicht viel, obwohl er neugierig ist. Ich erkläre ihm ganz kurz den Sachverhalt.
»Donnerwetter«, sagt er, »hätte ich Ihnen gar nicht zugetraut. Allerhand! Ich gratuliere!«
Ich bin schon wieder auf den Beinen. Alle Schwäche ist verflogen. Ich muß zu dir.
»Kann ich«, sage ich, »ein halbes Jahr Urlaub machen? Mein Mann wird Pflege brauchen nach sieben Jahren Konzentrationslager.«
»Selbstverständlich«, sagt er freundlich, »gehen Sie jetzt nur! Ich werde alles veranlassen.«
Dann sitze ich auf dem Gang des Gestapogebäudes und warte auf dich. Der Tag ist grau, und der Gang ist grau, und die Menschen, die

vorüberhasten, sind bestimmt nicht liebenswerter als sonst oder besser, aber ich bin ihnen plötzlich zugetan mit meinem ganzen Glück, und der Gang ist voll Glanz, und der Tag ist voll Glanz, und das Leben, das vielgeschmähte und verfluchte Leben ist auf einmal wieder unaussprechlich schön. Und das arme kleine gequälte Herz ist dem Sturm der Freude kaum gewachsen.
Da kommst du, von einem SA-Mann geführt, den Gang herauf, und ich sehe dich nach sieben langen, entsetzlichen Jahren wieder. Ich renne den Gang hinunter, dir entgegen, und du fängst mich in deinen Armen auf. Die Leute glotzen uns an, und die Wache ruft »Halt!« und »Nur nicht so stürmisch! Wir sind noch lange nicht fertig!« und drängt mich schroff zur Seite. Du lachst nicht wie früher, aber in deinem Blick ist die Liebe von sieben langen Jahren, und du sagst tröstlich: »Wart nur, ich bin gleich soweit.« Und die SA-Wache führt dich in eines der vielen Zimmer, und ich gehe hinter euch her und bleibe vor der Tür stehen und sehe nichts mehr als nur diese Tür, durch die du hineingegangen bist. Als du später wieder herauskommst, hast du dein Entlassungspapier in der Hand. Du bleibst noch einen Augenblick im Gang stehen, faltest das Papier auseinander und schaust es mißtrauisch an. Ich kann nicht lesen, was da steht, die Schrift verschwimmt mir vor den Augen, ich sehe nur einen Stempel. Also ist es richtig und in Ordnung. Du bist bei mir und frei. Und plötzlich überfällt mich eine jähe Angst, daß alles nicht wahr sein könnte oder daß sie dich wieder in das Zimmer zurückrufen würden, wenn wir noch länger hier stehenblieben. »Komm!« sage ich, und wir gehen. Als wir auf der Straße sind, führen wir uns wortlos an der Hand wie verängstigte Kinder, die der Welt noch nicht trauen. Es ist ein trüber Februarabend und bitter kalt. Du hast weder Mütze noch Hut auf deinem kahlgeschorenen Kopf und keinen Mantel. Nur einen dünnen, geflickten Anzug, der dir zu kurz ist. Unter dem Arm trägst du eine Persilschachtel, ich kenne diese Schachteln, sie sind viel zu groß für den alten Waschlappen, für das Stückchen Seife, für den Kamm und das zerschlissene Hemd, das sie bergen. Wir reden nichts. Ich sehe dich heimlich von der Seite an. Dein Gesicht ist wie aus grauem Stein gehauen. Du gehst mit vorgeneigtem Kopf, den Blick angestrengt geradeaus gerichtet wie einer, der nur den Weg sieht, sonst nichts.
Als wir daheim sind, stehst du zuerst wie ein fremder Gast in dem

kleinen Zimmer und schaust dich um. Dann wird dein Gesicht hell und glücklich, es ist, als erwachtest du aus einem bösen Traum. Du gehst ein wenig herum und nimmst die Dinge in die Hand, die dir in sieben Jahren fremd geworden sind. »So«, sagst du leise, »habe ich es mir manchmal ausgemalt im Lager.« Dann drehst du dich plötzlich nach mir um, und es sind die alten, lieben, strahlenden Augen. »Dieses Zimmer«, sagst du, »würde ich aus tausend anderen als das deine herausgefunden haben.« Ich will in die Küche, um dir ein Essen zu bereiten, aber du nimmst mich bei den Händen, und ich darf nicht mehr weg von dir, keinen Schritt, nicht einmal mehr in die Küche. Nur Kätle darf ich holen, die bei Emil ist. Ach, Liebster, was schreibe ich da. Du weißt es ja...

Wenn es ein Glück gibt auf der Welt, so ist es das Glück deiner Heimkehr, unseres Wiedersehens, dieser Stunde und dieser Nacht und dieser Tage und Monate, das Glück eines Jahres für das Leid von sieben vergangenen und für den Schmerz von wer weiß wieviel kommenden Jahren. Als ahnten wir, daß es nicht von Dauer ist, nützen wir den Augenblick, doch wir vergessen nicht, daß draußen Krieg ist, stehlen dem Schlaf die Stunden und geizen mit den Minuten, um die wunderbare Gegenwart nicht zu versäumen. Es wird uns nichts geschenkt, und doch empfinden wir es als Geschenk. Wir müssen hart zupacken. Ich absolviere in dem halben Jahr meines Urlaubs einen sonst Zweijahreskursus in der Charité und mache bei Professor Dr. Adams mein Staatsexamen als Krankengymnastin. Du findest bei einem Kleinhandwerker Arbeit und Verdienst. Kätle geht fleißig in die Schule. Es ist kein Kinoglück und kein Happy-End mit Musik, es ist das reife, stille Glück der Erfüllung. Das Leben kostet Geld, und wir müssen manchmal die Groschen zusammenkratzen, aber wir möchten mit keinem Menschen tauschen. Mit der Zeit können wir uns sogar eine Zwei-Zimmer-Wohnung leisten, so daß nun auch Kätle ihr eigenes Zimmerchen hat. So wird es Frühling und Sommer, Winter und wieder Frühling, und wir merken es kaum. Jeder Tag ist gleich schön, ob Schnee fällt oder in den Gärten die Blumen blühen. Jede Stunde, die wir nicht beisammen sind, ist unwiederbringlich dahin. Die Abende gehören uns ganz. Wenn wir um die Lampe sitzen, dringt der Lärm der Straße bis in unsere friedliche Stille. Eine Weltstadt von vier Millionen Menschen ist um uns. Es berührt uns nicht, wir sind wie auf einer einsamen glücklichen Insel. Draußen ist Krieg, deutsche Ar-

meen marschieren in fremde Länder ein, wir hören die Siegesfanfaren aus den Radios und die Siegesglocken von den Türmen und sehen die Siegesfahnen vor den Fenstern flattern.
Als die deutschen Heere Rußland überfallen, horchen wir auf. »Jetzt wird abgerechnet«, sagst du, »die Rote Armee macht dem Wahnsinn ein Ende.« Du denkst an die Rote Armee, ich denke an uns. »Jetzt wird man alle ehemaligen KPD-Mitglieder verhaften«, sage ich bedrückt. Die Angst fällt wie ein Schatten auf mein Herz. Wir warten wieder. Wir horchen wieder, wenn in der Nacht Schritte auf der Treppe gehen. Wir fahren wieder zusammen, wenn die Flurglocke läutet. Wie früher. Die Unruhe ist wieder in uns, wir suchen sie voreinander zu verbergen, es gelingt uns nicht. Wenn wir am Morgen an die Arbeit gehen, wird es jedesmal ein Abschied. Aber es passiert nichts. Du meldest dich täglich bei der Polizei wie sonst auch. Ab und zu kommt ein Gestapospitzel ins Haus und fragt bei den Leuten herum, ob wir meckerten, die Spendensammler abwiesen, den Deutschen Gruß unterließen? Wie sonst auch. Es ist alles wie bisher und doch anders. Wir warten wieder...
Wir warten nicht umsonst. Es kommt ein Einschreibebrief der Wehrmacht. Ein Gestellungsbefehl. »Ein Witz«, sagst du und drehst den verdammten Wisch ratlos in deinen Händen, »ich bin doch wehrunwürdig!« Aber es ist kein Witz. Es ist ein Aberwitz. Mit welcher Leidenschaft hast du den Militarismus bekämpft? Du hättest dein Leben hingegeben, wenn du damit diesen Krieg hättest verhindern können. Nun sollst du selbst Soldat werden. Grenadier. Krieger. Garant des Sieges. Es ist zum Lachen, aber wir lachen nicht. »Ich bin doch wehrunwürdig«, sagst du immer wieder. Du bist es nicht mehr. Du bist rehabilitiert. Den anderen, die für den verbrecherischen Größenwahn des entfesselten Weltkriegsgefreiten marschieren, kämpfen, töten und fallen, gleichgestellt. Wehrwürdig.
Du wirst eingezogen. Gott sei Dank nicht zur kämpfenden Truppe, sondern zu einer Handwerkerkompanie. Ich bin wieder allein. Manchmal hast du Ausgang. Dann stehst du in deiner Uniform wie ein fremder Soldat vor der Tür, wenn ich öffne. Ich bin jedesmal aufs neue bestürzt, wenn ich dich so sehe. Ich sehe wohl, daß du dir in dieser verhaßten Uniform selber fremd bist, auch wenn du nicht darüber redest. Die heftige Bewegung, mit der du das abgeschnallte Koppel in die Ecke feuerst, sagt mir genug. Wenn ich dich frage, wie es dir

ergangen ist, weichst du aus. »Ganz gut«, sagst du, »man gewöhnt sich an alles.« Aber du lügst schlecht. Ich weiß, daß du nicht umzubringen bist, du hast es bewiesen, ich weiß, daß du dich an alles gewöhnen kannst, an den Kommiß wirst du dich nie gewöhnen. Ich sehe dir die Verzweiflung an und kann dir nicht helfen. Niemand kann uns helfen, nichts kann uns helfen. Die deutschen Heere haben die Rote Armee überrannt und stehen vor Leningrad, vor Moskau und am Schwarzen Meer. Die Verbände der SS folgen ihnen, es folgen ihnen die Reichskommissare und Gouverneure, die Sonderkommissionen und Sonderbevollmächtigten zur »Befriedung« der eroberten Länder.

Die deutsche Propaganda überschlägt sich. Eine wüste Greuelhetze gegen die Sowjetunion, eine antibolschewistische Verleumdungskampagne ohnegleichen soll das Volk und die Welt über die barbarischen Methoden dieser »Befriedung« hinwegtäuschen. Uns täuscht man nicht. Wir wissen, wie sie aussieht. Das besetzte Gebiet wird kurzerhand annektiert und auf eine unvorstellbare bestialische Weise entvölkert. Endlich kann ich, brüllt der Triumphator in die Mikrofone, offen sprechen. Siegessicher läßt er die Maske fallen. Nun sieht das Volk sein wahres Gesicht. Wir kennen es schon, du und ich. Aber dem deutschen Spießer gefällt es. Ihm gefällt die brutale Offenheit des geliebten Führers. Ihm gefallen die Siege und die Sklavenheere aus Rußland und die Ukraine und der russische Weizen und das russische Öl und die russischen Industrien und der neue Lebensraum. Die Stammtische applaudieren zu dem gelungenen Raub. Die deutschen Frauen sind stolz auf ihre Heldensöhne. Mag die unmenschliche Grausamkeit, mit der im Osten vorgegangen wird und von der die Urlauber erzählen, da und dort ein kleines Unbehagen hervorrufen, die Siegesfanfaren und die Sondermeldungen und die Schlagworte übertönen es. Ein Herrenvolk kennt keine Sentiments. Unsere Kolonien liegen im Osten. Der deutschen Tüchtigkeit ist es vorbehalten, diese reichen Gebiete zu erschließen. Wer fragt da noch: Ist das recht? Niemand. Was gibt es da? wird gefragt. Weizen, schreiben die Zeitungen, Erze, Kraftwerke, Vieh. Wer denkt da noch an Massenmorde? An zerschossene Städte? An niedergebrannte Dörfer? Es ist viel lustiger, auf der Landkarte Fähnchen zu stecken. Jeden Tag neue Fähnchen. Vom Nordkap bis zum Schwarzen Meer. Lauter Fähnchen. Vorwärts nach Osten, du stürmend Heer. Auf den Roll-

bahnen des Sieges rollen die Reserven. Der Vormarsch geht weiter. Sieg das Panier. An den Stammtischen klingen die Gläser. Führer befiehl, wir folgen dir.
»Nur nicht an die Ostfront«, sagst du. Ich weiß, wie du Rußland und seine Menschen liebst. Nur nicht an die Ostfront. Das ist in diesen Wochen und Monaten unsere einzige Sorge.
Dann wirst du abgestellt. An die Ostfront.
Es bleibt uns nicht viel Zeit zum Abschied. Du bist äußerlich ganz ruhig, aber ich fühle, wie es in dir arbeitet. Wir waren immer gegen jedes Zurschautragen unserer Gefühle, doch diesmal möchte ich dich an die Bahn begleiten. Du willst es nicht. Wir trennen uns unter der Wohnungstür. Du ziehst mich noch einmal an dich, meine Tränen fallen auf deinen Mantel, an der Treppenbiegung winkst du zurück, hebst Kätle zu dir empor...
Dann bin ich wieder allein. Wieder allein. Wie leicht sich das hinsagt. Auf dem Tisch steht noch deine Kaffeetasse. Wann wirst du wieder in diesem Sessel sitzen? Dort hängt deine alte Joppe am Haken. Ob du jemals wiederkommst? Eine trostlose Leere ist in mir. Trotzdem ich Kätle habe. Weil ich Kätle habe. Wie schön waren diese eineinhalb Jahre mit dir und Kätle. Wie reich waren sie. Und nun ist alles wieder wie vorher. Ich warte wieder. Wie vorher. Diesmal tut es sehr weh. Ich habe die Nerven nicht mehr. Ich bin vom vielen Warten müde. Ein Leben lang warte ich. Die besten Jahre meines Lebens habe ich gewartet. Nun bist du wieder fort. Nicht im KZ. Im Krieg. In einem Krieg, der ohne Gnade geführt wird und bis zum bitteren Ende. Das ist uns längst klar.
»Warum, Mutter«, fragt Kätle, »müssen denn überhaupt Kriege sein?«
Was wäre ich ohne Kätle! Ihre zehn Jahre sind mein ganzes Glück, mein Trost und meine Freude. Wenn wir an den Abenden beisammensitzen oder plaudernd im Bett liegen, bist du bei uns. Wir sind ein Herz und ein Heimweh. Wo wird jetzt wohl Vati sein? Ob Vati auch schon schlafen geht? Oder wir stehen am Fenster und schauen nach den Sternen. Es sind dieselben Sterne, die auch du siehst. Und dann fragt Kätle, warum Kriege sein müssen.
»Kriege«, sage ich, »müssen durchaus nicht sein, Kätle.«
»Warum sind sie dann doch?«
»Hitler will die Welt beherrschen. Deshalb ist Krieg.«

»Wenn alle so wären wie unser Vati«, sagt sie, »gäbe es keinen Krieg.«
»Nein«, sage ich, »dann gäbe es keinen Krieg und kein Elend. Und keine Polizei.«
»Ich heirate einmal nicht«, sagt sie.
»So«, antworte ich, »warum denn nicht?«
»Weil man«, sagt sie, »doch nur unglücklich wird.«
»Oh«, sage ich, »ich zum Beispiel bin recht glücklich geworden.«
»Du?« meint sie ungläubig. »Du warst doch immer allein? Jetzt bist du wieder allein und unglücklich, weil Vati nicht da ist.«
»Ja«, sage ich, »das wohl.«
»Und weinst.«
»Ja«, sage ich, »soll man da nicht weinen, wenn man sich liebhat?«
»Also«, sagt sie, »siehst du!« Und schüttelt sich die Locken aus der Stirn: »Nee. Alles, nur nicht lieben!«
»Das hat man«, sage ich, »nicht selbst in der Hand, Kätle. Die Liebe kommt ganz einfach über einen. Ohne sie ist man auch kein ganzer Mensch, glaube ich. Wenn es die wahre Liebe ist.«
»Wie weiß man das«, fragt sie, »daß es die wahre Liebe ist?«
»Das fühlt man«, sage ich, »sie verwandelt einen. Sie macht einen besser, als man ist.«
»Habt ihr es gleich gefühlt«, fragt sie, »als ihr euch kennengelernt habt, daß es die wahre Liebe ist?«
»Wir haben es geglaubt«, sage ich, »dann haben wir unsere Herzen geprüft. Man kann sich nämlich manchmal auch irren.«
»Und dann geheiratet?« fragt sie.
»Und dann verlobt«, sage ich.
»Ach so, verlobt«, sagt sie, »mit gedruckten Karten und einer Verlobungsfeier?«
»O nein«, sage ich lachend, »dazu war keine Zeit. Wir wollten über Samstag-Sonntag wegfahren, Vati und ich. Eine Bergtour machen. An Verloben dachten wir gar nicht. Als mich Vati abholte – ich wartete schon mit dem gepackten Rucksack –, wollte mich Großvater nicht gehen lassen. Wir wären, meinte er, noch nicht einmal verlobt, und ich sollte etwas mehr auf meine Ehre und auf die Verwandtschaft bedacht sein. Wir schauten einander verdutzt an, Vati und ich, und waren sehr enttäuscht, und ich sah schon den schönen Sonn-

tag davonschwimmen. Da drehte sich Vati plötzlich um, und raus zur Tür und weg war er. Nach etwa einer Viertelstunde kam er wieder, legte dem Großvater zwei goldene Ringe, die er rasch gekauft hatte, auf den Tisch und sagte: ›Wir grüßen als Verlobte, ganz besonders grüßen wir als Verlobte die Verwandtschaft und danken im voraus herzlich für die Glückwünsche!‹ Dann nahm er mit der einen Hand meinen Rucksack, packte mich mit der anderen am Ärmelbündchen und zog mich glattweg aus dem Zimmer. Großvater stand fassungslos vor den Ringen. Es wurde ein herrlicher Sonntag.«

»Fein«, lacht Kätle begeistert, »das war prima von Vati!«

»Ja«, sage ich, »das war prima von Vati. Vati war immer so.«

Wenn ich an deine Unbekümmertheit, an deine herzerfrischende Ehrfurchtslosigkeit vor dem Spießertum, wenn ich an deine Streiche und an deinen ehrlichen, offenen und anständigen politischen Kampf denke, wird es mir warm ums Herz. Die Erinnerung tröstet mich und erfüllt mich mit Zuversicht.

»Sie haben ihn«, sage ich zu Kätle, »nie kleingekriegt. So wird er auch jetzt einen Weg finden, durchzukommen.«

»Sicher, Mutter«, sagt Kätle, »unser Vati schafft es, wirst sehen!«

So richten wir uns gegenseitig auf und füllen die einsamen Abende mit bunten Bildern der Erinnerung und mit Hoffnungen und träumen von unserem Wunschhäusl, das wir uns bauen wollen, wenn du wiederkehrst. Wenn du wiederkehrst...

Als ich dann einige Tage Urlaub bekomme, fahre ich mit Kätle zu den Eltern. In dem kleinen Landstädtchen merkt man den Stimmungsumschwung, der sich langsam vorbereitet, deutlicher als in Berlin. Der Großstadtbetrieb überlärmt die Zeichen der Unsicherheit. Hier grüßen mich plötzlich ehemalige Gegner. Mit gebotener Vorsicht zwar, aber sie grüßen. Unsere Nachbarin steht auf der Treppe, als wir heimkommen, genau wie früher, wenn die Gestapo einen nach dem anderen von uns holte. Damals blickte sie hämisch und schadenfroh auf uns herab, jetzt fällt sie mir vor überschwenglicher Wiedersehensfreude beinahe um den Hals. Ihre Mausäuglein gehen noch flinker hin und her als damals, irren unstet und verzweifelt von einem zum andern, als suchten sie Verständnis und Schutz. Es ist widerlich. Noch widerlicher sind einige ehemalige Genossen, die sich seinerzeit feige in einen Winkel verkrümelt hatten, um übersehen zu werden. Jetzt tauchen sie wieder auf, grüßen kameradschaftlich und vertraulich, als

ob nichts gewesen wäre, reden von der endlichen Befreiung und der blutigen Rache, die ihnen gehöre. Tragen mir sogar Grüße an dich auf, die ich natürlich nie bestelle. Sie sehen die Verachtung in meinem stummen Gesicht. Dann ziehen sie ab. Wahrscheinlich, um sich aufs neue zu verkrümeln.
Ganz plötzlich kommst du auf Urlaub. Sehr deprimiert, beinahe verzweifelt. Die verhaßte Uniform fliegt in eine Ecke. Dann muß erst einmal der ganze hinuntergewürgte Abscheu aus dir heraus, der hineingefressene Zorn, der nutzlose, ohnmächtige Zorn. »Wann«, sagst du, »wird dieser Wahnsinn ein Ende haben?« Ich habe dich noch nie so erschüttert gesehen.
Es war dir nicht gelungen, zur Roten Armee überzulaufen, obwohl du fließend Russisch sprichst. »Wenn ich es nicht verheimlicht hätte«, sagst du, »hätten sie mich als Dolmetscher zu Partisanenverhören zugezogen, und das hätte ich nicht ausgehalten.«
Die Verwundeten im Lazarett haben mir viel vom Osten erzählt. Du bestätigst es jetzt. »Der Landser«, sagst du, »hockt gottergeben im Dreck oder watet stumpf durch den Schlamm, er weiß, daß dieser Krieg sinnlos ist und glaubt schon lange nicht mehr an den Sieg. Trotzdem gehorcht er. Jeder vernünftige Mensch sieht das Unheil kommen, und keiner macht ein Ende. Es ist unfaßbar.« Von den Sowjetbürgern erzählst du, mit denen du gesprochen hast. Wir kennen euch jetzt, erzählst du, habe die russische Lehrerin gesagt, als sie Vertrauen zu dir hatte. Unser Dorf, habe sie gesagt, war nicht arm, bis eure Truppen kamen. Unsere farbenfrohen Märkte mit ihrem urwüchsigen Handel boten Gurken, Beeren, herrlichen Honig, Kübel voll Rahm und scharfen Ziegenkäse, all die herrlichen wohlfeilen Dinge, die einfach, aber in reichem Maße aus dem unerschöpflichen Vorrat der Natur gegeben werden. Ja, damals war unser Dorf mit seinen 2000 Seelen reich zu nennen. Jetzt? Leer. Nichts, was nicht für die Deutschen beschlagnahmt wäre. Keine Butter, kein Mehl, keine Eier, alles für die Deutschen requiriert. Kein Pferd, das nicht genommen, keine landwirtschaftliche Maschine, kein Haus, kein Mensch, der nicht für die Deutschen nutzbar gemacht wurde. Sie »kauften« beliebige Dinge, gaben irgendeinen Schein mit einem Gekritzel oder Stempel, und die verängstigten Bauern verbeugten sich demütig. Sie nahmen die Wintervorräte in den Mieten und Kellern. Sie nahmen die Schweine, Ochsen, Hühner, Gänse, das Stroh und den Hafer, das

Getreide und die Früchte, konnten oft nicht alles aufessen, es verdarb unterwegs. Unsere Bauern aber und ihre Kinder verhungerten und erfroren, die Männer gingen als Partisanen in die Wälder. Die Dörfer wurden meistens dem Erdboden gleichgemacht.
Eure Offiziere hielten große Reden, sie wären nur nach Rußland gekommen, riefen sie, um uns die Religion wiederzubringen. Das war die Religion der Deutschen, unsere Vernichtung...
Stunde um Stunde erzählst du so, ich kann dich verstehen, du bist randvoll gefüllt mit all dem Leid, aber dein Urlaub ist nach Tagen bemessen, von denen nur die Abendstunden uns gehören. Deshalb kommen mir die Tränen. »Jetzt bist du doch bei mir!« sage ich, aber es braucht Tage, bis du ganz zu mir zurückkehrst. Und wie schnell vergeht so ein Urlaub. Über den Stunden des Glücks liegt der Schatten des Abschieds. »Bist du nicht glücklich?« fragst du, wenn ich plötzlich weine. »Doch«, sage ich, »ich weine ja, weil ich es bin. Weil ich Angst habe, dieses Glück zu verlieren.«
»Komm«, tröstest du in deiner lieben guten Art, »wir werden das auch noch schaffen.«
Auch noch schaffen, sagst du. Ja, du hast recht. Das auch noch. Wir haben schon so vieles geschafft. Wenn ich denke, daß du die sieben Jahre KZ überstanden hast, dann glaube ich es. Du hast nie davon erzählt, aber Robert Ditter hat mir davon erzählt, und daher weiß ich es. Man hat dich, hat mir Robert Ditter erzählt, zweimal ausgepeitscht. Man hat dich an den Daumen stundenlang an den sogenannten Baum gehängt. Man hat dich krummgeschlossen, das heißt, Hände und Beine auf dem Rücken derart zusammengebunden, daß du nur noch ein winselndes Bündel blutabgeschnürter Gliedmaßen warst. Man hat dich ausgepeitscht und in der sogenannten Kantschusterei so mit den Händen an die Wand gekettet, daß du tagelang auf den Zehenspitzen an der Mauer lehnen mußtest. Man hat dich auf dem Rücken, der vom Kohlentragen völlig vereitert war, vollständig nackt durch Brennesselhecken gezogen.
Wenn ich denke, daß du das alles lebend überstanden hast und nun bei mir bist, den Arm um meine Schulter legst und lächelnd sagst: »Wir werden das auch noch schaffen«, dann glaube ich es. Vielleicht dauert es nicht mehr lange. Gerüchte gehen um, daß sich der deutsche Vormarsch bei Stalingrad festgefahren habe.
Vielleicht ist das die Wendung, der Anfang vom Ende.

Vielleicht ist deshalb der Abschied so schwer diesmal. Weil wir wissen, daß dieses Ende furchtbar sein wird und daß wir es allein zu bestehen haben, jeder für sich. »Nur nicht weich werden!« sagst du. Wenn wir jetzt auseinandergehen, denke ich, ist alles aus. In dem letzten Händedruck ist alle Liebe von sechzehn Jahren und alle Angst. »Schreib mir gleich!« schluchze ich. Ich weiß nicht mehr, was ich sagen soll. Wie ein Stich ins Herz ist dieser Abschied. Als du fort bist, breche ich fast zusammen. Wochenlang hält die dumpfe Verzweiflung an, bis dein erster Brief vom Osten kommt. Allerliebstes Mutterle, schreibst du. So hast du noch nie geschrieben.
Doch das Leben hält sich nicht auf. Ich habe mich fremdem Leid verschrieben, da bleibt keine Zeit für das eigene. Es erfordert alle Kraft des Herzens und der Seele, mit dem Verstand ist diese Zeit wohl nicht mehr zu bewältigen. Der hinkende Propagandateufel mißbraucht die Toten von Stalingrad, um das Volk zum totalen Selbstmord aufzuwiegeln. Und ich frage euch, geifert er mit schäumendem Lügenmaul, wollt ihr den totalen Krieg? Das tausendstimmige »Ja!« erschüttert den Sportpalast und die Nation. Der totale Untergang scheint beschlossen zu sein. Ich brauche nur durch unser Lazarett zu gehen, dann weiß ich, woran wir sind. Dabei ist das alles erst der Anfang.
In der Wohnung über uns stirbt eine junge Frau an Lungentuberkulose. Da sie ganz allein ist, gehe ich an den Abenden zu ihr hinauf und pflege sie ein wenig. Ihr Sterben erschüttert mich tief, obwohl ich an den Umgang mit dem Tod allmählich gewöhnt bin. Vielleicht ist es nicht einmal so sehr ihr Tod, der mir so nahegeht, sondern ihre verzweifelte Anstrengung, sich an das erlöschende Leben zu klammern. In der Nacht vor ihrem Tod bleibe ich bei ihr, sie erzählt mir von ihrem Leben, von den Menschen, denen sie einmal etwas war und die sie nun in ihrem Elend allein lassen. »Das Leben ist eine große Enttäuschung«, sagt sie, »man vertraut zu viel, man verschenkt zu viel, man verzeiht zu viel... es ist eine Schande.« Trotzdem will sie leben. Mit einer Hartnäckigkeit ohnegleichen kämpft sie gegen den beginnenden Verfall. »Was wird nachher mit mir sein? Helfen Sie mir doch!« jammert sie in ihren lichten Viertelstunden. Ich wußte nicht, wie ich ihr begreiflich antworten sollte, denn als ich sah, wie sie die drohende Leere um sich spürte, in die sie hineinzugehen hatte, würgten mich alle Worte in der Kehle, und ich konnte keinen farbigen Gedanken des Trostes sagen. Irgend etwas wie, daß es doch im Grunde ganz einfach

sei. Man könne annehmen, daß der Mensch nicht existiere, bevor er geboren sei, was doch offensichtlich gar nicht und von niemandem als so entsetzlich und unbegreiflich empfunden würde… also existiere der Mensch nach dem Tode auch nicht mehr. Eine Pflanze sprieße auf, wachse und verblühe. Das Leben wird geboren, dreht sich im Kreise, vergeht. Generationen wachsen auf, Kulturen kommen und versinken wieder. Was bleibt übrig? Einige Seiten im Geschichtsbuch. Es gibt keine einzige Kraft, die nicht auf materiellen Vorgängen beruht. Auch das Denken des Menschen setzt ohne Ernährung der Gehirnzellen aus. Wenn das Leben ausgelöscht wird, ist eben der Kreislauf geschlossen. So ungefähr sagte ich zu Frau Schonauer, und als dann die körperlichen Qualen alle anderen Fragen verdrängten und sie sich in die tiefe Einsamkeit der Sterbenden hüllte, war ihr Gesicht von einer traurigen Entsagung, und ich fühlte, daß nun alle Fragen für sie überflüssig geworden waren.

Mit erschütternder Deutlichkeit zeigt mir dieses Sterben, was das Leben ist, auch ein armseliges Leben. Wir wissen es nicht mehr. Der Nationalsozialismus hat das Leben und den Tod entwertet. Auch den Tod. Er ist in den Gaskammern von Auschwitz zu einer Industrie der Massenvernichtung geworden. An der Front stirbt die deutsche Jugend. Auch ihr Leben, das noch voller Hoffnung war, gilt nichts. Gilt auch den Angehörigen nichts. In stolzer Trauer, schreiben sie. Sie haben sie nicht sterben sehen. Sie haben keine Ehrfurcht vor ihrem Leben und keine vor ihrem Tod. Niemand in diesem Reich hat Ehrfurcht vor dem Tod. Wie soll da jemand Ehrfurcht vor dem Leben haben?

Auch die Bomben rütteln diese Menschen nicht auf. Kein Feuersturm entfacht in dieser stumpfen, müden Masse Haß gegen den Anstifter dieses Untergangs. Es reicht nicht zur Empörung. Es reicht nur zu Luftschutzorganisationen. Am 22. November 1943 beginnen die schweren Bombardements. Der Krieg kehrt in die Stadt zurück, von der er ausgegangen ist. Goebbels spricht von der Bewährung der Herzen. Die Zeitungen schreiben, daß uns dieser Bombenkrieg nur noch härter mache und fanatischer in unserer Entschlossenheit zu siegen. Wenn es dann kracht, rennt jeder um sein Leben und ist froh, wenn er wieder heil aus dem Keller kommt. Du kennst ja unseren Keller. Sechzig Menschen suchen darin Unterschlupf. Von einem wirklichen Schutz kann keine Rede sein.

Frauen-Konzentrationslager
Lichtenburg
Prettin (Kr. Torgau)

Auszug aus der Lagerordnung:

Jede Schutzhaftgefangene darf im Monat 2 Briefe oder 2 Postkarten absenden und empfangen. Die Briefzeilen müssen übersichtlich und gut lesbar geschrieben sein. Briefe dürfen 4 Seiten je 20 Zeilen, in dieser Größe, nicht überschreiten. Alle Postsendungen müssen mit dem genauen Absender, sowie der Stations- und Häftlingsnummer versehen sein. Postsendungen, die diesen Anforderungen nicht entsprechen, werden nicht zugestellt. Pakete dürfen nicht empfangen werden; Geldsendungen sind zulässig. Zusätzliche Genuß- und Lebensmittel können im Lager gekauft werden. Reichsdeutsche Zeitungen sind nach vorheriger Genehmigung durch den Lagerdirektor zu-[illegible], wenn sie direkt vom Verlag durch die Post übersandt werden.

Der Lagerdirektor.

Meine genaue Anschrift:

Haag Pauline

Nr. 719

Station 6

Fr.-Konz.-Lager Lichtenburg
Prettin (Kr. Torgau)

Prettin, den 16. 6. 38.
(Kr. Torgau)

An das

Rektorat der Gemeindeschule
in Schwäb. Gmünd.

Ich wende mich, mit Genehmigung der hiesigen Lagerbehörde, an das Rektorat der Gemeindeschule in Gmünd, um nachträgliche Aufnahme meines Kindes in die dortige Mittelschule.

Meine Tochter, Käte Haag, geb. 10.8.27. in Gmünd, hat mir, z. Zt. meiner persönlichen Beaufsichtigung, immer gute Zensuren nach Hause gebracht

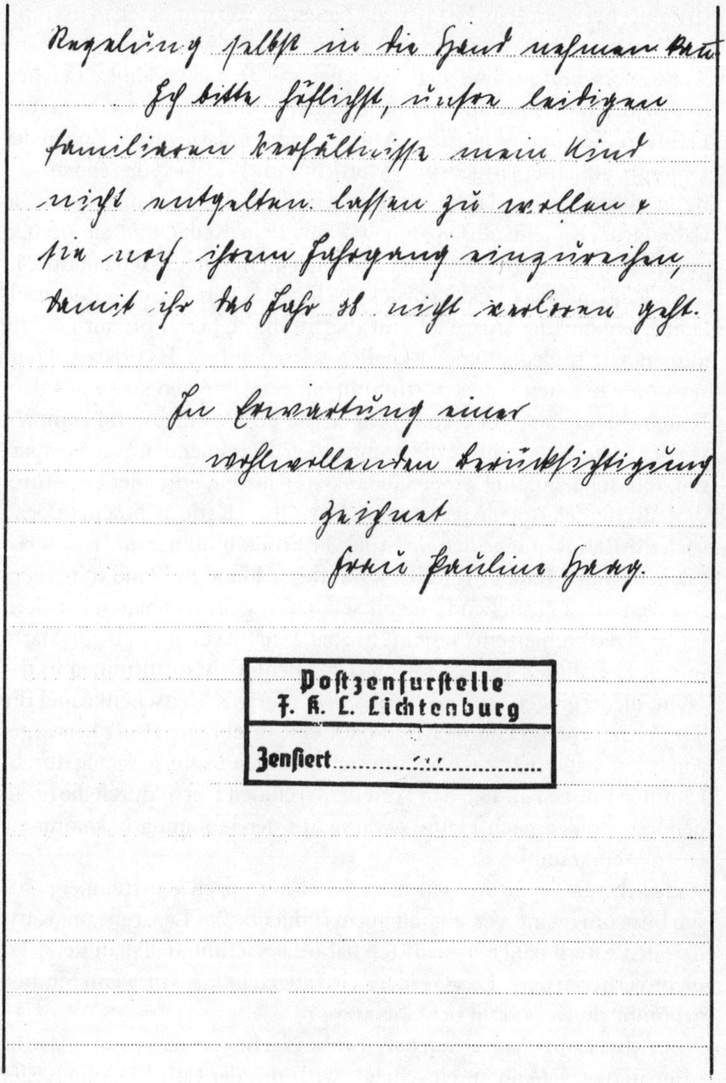
Regelung selbst in die Hand nehmen kann.
Ich bitte höflichst, unsere leidigen
familiären Verhältnisse mein Kind
nicht entgelten lassen zu wollen u.
sie noch ihrem Jahrgang einzureihen,
damit ihr das Jahr 38 nicht verloren geht.

In Erwartung einer
wohlwollenden Berücksichtigung
zeichnet
Frau Pauline Haag.

Postzensurstelle
F. K. L. Lichtenburg
Zensiert ....

Brief aus dem Konzentrationslager, 1938

In unserem Lazarett im Grunewald bauen die Verwundeten in irrsinniger Hast einen Splittergraben. Er ist mir lieber als der Keller. Ich habe Angst, verschüttet zu werden. Es liegen mir zu viel verkohlte Leichen in den Kellern. Tagelang brennt es nach dem ersten Angriff. Ganze Häuserreihen sind wegrasiert. Am Wittenbergplatz soll ein Zug in der Untergrundbahn plattgedrückt worden sein. Wie wird das enden?
Beim zweiten Abendalarm ist Kätle noch nicht zu Hause, weil die Bahnen noch nicht fahren. Ich will aus dem Keller und sie suchen gehen, aber der Luftschutzwart läßt mich nicht hinaus. Ich komme, in irgendeine modrige Ecke gedrückt, schier um vor Angst. Sofort nach dem Bombenwurf stürze ich auf die Straße. Überall brennt es. Die glühenden Straßenbahnnetze knallen peitschend auf das Pflaster. Häuserwände brechen krachend zusammen. Funkenregen stiebt aus dem Rauch. Schreiende Menschen rennen die Straße hinauf und kommen wieder zurück, weil ihnen die brennenden Trümmer den Weg versperren. Ich stehe, unfähig, einen Gedanken zu fassen, unter der Haustüre, die halb aus den Angeln gerissen ist. Wo soll ich Kätle in diesem Inferno suchen? Ratlos stolpere ich ein Stück die Straße hinunter und rufe ihren Namen in den Rauch. Endlich kommt sie, Hand in Hand mit einem fremden Mann, keuchend, mit entsetzten Augen, versengten Kleidern und rußverschmiertem Gesicht. Sie habe sich, keucht sie, beim Alarm in den U-Bahnhof Nollendorfplatz geflüchtet. Als Luftminen in der Nähe niedergingen, sei ein brüllendes, blutiges Menschenknäuel die Treppe heruntergekommen und habe eine furchtbare Panik hervorgerufen. Sie habe sich, sagt sie, um sich schlagend zum Ausgang durchkämpfen müssen und sei dann mit dem fremden Herrn durch die brennenden Straßen nach Hause gerannt. In der Wohnung bekommt sie einen Weinkrampf.
Am nächsten Tag bringe ich sie zu den Eltern nach Württemberg.
Ich bitte um meine Versetzung in ein süddeutsches Lazarett, um Kätle und den Eltern näher zu sein. Ich habe das Gefühl, daß man sich jetzt nicht verlieren darf. Das Gesuch wird abgelehnt. »Nur wenn Sie ausgebombt sind...«, sagt der Chefarzt.
Nun, das kann man abwarten. Eines Nachts ist es soweit. Als die Mine in das Nebenhaus einschlägt, wirft uns der Luftdruck im Keller zu Boden. Es spielen sich unbeschreibliche Szenen ab. Viele der Frauen bekommen Schreikrämpfe, andere beten. Natürlich ist es stockdunkel. Man kann kaum atmen vor Staub. Obwohl es drunter

und drüber geht, fühlt man sich entsetzlich allein. Ich glaube, ich werde zehnmal umgestoßen, ehe ich wieder richtig auf den Beinen stehe. Alles stürzt zum Ausgang. Jemand schreit, daß wir verschüttet sind. Gleichzeitig dringt Rauch in den Keller. Das Haus scheint zu brennen. Jetzt geht es erst richtig los. Wie die Wahnsinnigen drängen sich die Menschen zum Durchbruch. Nur mit Mühe können die paar Männer ein wenig Ruhe schaffen. Inzwischen ist der Durchbruch durchgestoßen, und wir kriechen nacheinander durch das Loch in den Keller des nächsten Hauses. Als ich später auf der Straße stehe, sehe ich, daß unser Haus lichterloh brennt, von oben bis unten. Aus den Fenstern unserer Wohnung schlagen die Flammen. Das Haus ist verloren. Die Wohnung ist hin. Das bißchen Habe verbrannt. Das vierte Heim, das wir uns geschaffen haben, ist zum Teufel. Ich habe nur noch meine Handtasche, das ist alles. Und mein Leben, richtig. Ich lebe noch. Alles andere ist egal. Der Katzenjammer um das Verlorene kommt erst später. In diesem Moment ist das Bewußtsein, noch zu leben, überwältigend und wie ein Rausch. Man könnte lachen und weinen zugleich.

Im Nebenhaus, du weißt ja, wo die Drogerie war, sind alle verschüttet. Sie geben noch Klopfzeichen, die nach zwei Tagen aufhören. Alle kommen um. Ich habe sie alle gekannt. Die nette kleine dunkelhaarige Frau von der Bügelei gegenüber ist mit ihren zwei kleinen Kindern bis ins Dachgebälk hinaufgeschleudert worden und dort hängengeblieben. Es geht über meine Kraft, all das Grauenhafte niederzuschreiben, obgleich man es niederschreiben sollte, damit es nie mehr vergessen wird.

Nachdem nun also dank einer Luftmine und etlicher Phosphorkanister der bürokratischen Vorschrift Genüge getan ist, kann ich versetzt werden. Ich komme nach Garmisch in das große Sportlazarett Hotel Riessersee als Heilgymnastin. Hierher also.

Auch dieses Lazarett ist eine Kv-Fabrik. Die Landser staunen, wie schnell sie zusammengeflickt, geheilt und abgeschoben werden. Allerdings sind auch viele da, die nur noch einen Arm oder ein Bein oder kein Bein mehr haben und die prothesenreif behandelt werden. Das sind die Glücklichen.

Immerhin brauche ich hier nicht mehr in den Keller oder in den Splittergraben zu rennen, nicht mehr mitanzusehen, wie sich fünfzehnjährige Flakhelfer als brennende Fackeln vom Dach stürzen, brauche die

Toten, die Verwundeten und die Verstümmelten nicht mehr zu sehen, die man jedesmal nach den Angriffen noch während der Nacht und am frühen Morgen in unser Lazarett gebracht und in den Gängen niedergelegt hatte, zerfetzte, verbrannte, schreiende Menschen, Kinder mit verzerrten Gesichtern und furchtbaren Wunden.
Nein, das ist hier alles nicht. Hier sind die Berge und die stillen Wälder und die schweigenden Nächte, hier ist Ruhe. Nur das Herz ist unruhig wie noch nie und von Furcht und Hoffnung erfüllt wie nie zuvor. Und wartet auf das Ende.
Ich lehne mich auch gar nicht mehr gegen das Schicksal auf, Liebster. Es ist sinnlos, und immerhin hat es mir eineinhalb Jahre mit dir und Kätle zusammen in Berlin geschenkt... Besser als nichts. Nicht wahr? Aber anderen Frauen gibt es Jahre... Viele, viele Jahre. Man darf einfach nicht daran denken, wie elend man durch diese Schläge wird. Warum aber ist das Schicksal nicht wenigstens so barmherzig und nimmt einem diese brennende, unerträgliche jahrelange Sehnsucht ab? Warum ist man ohnmächtig gegen Kummer und Heimweh und gegen einen Schmerz, der nicht nur im Kopfe sitzt, sondern überall... im Nacken, im Magen, im Herzen...
Seit Mai bin ich hier. Inzwischen ist es Sommer geworden und Herbst, und nun schneit es in den Bergen. Es ist nichts passiert. Aber die Gefahren sind nicht geringer geworden, sondern größer, und auch die Angst ist größer geworden, denn das Ende wird nicht mehr lange auf sich warten lassen. Die Rote Armee steht vor der österreichischen Grenze, die Amerikaner und Engländer sind bis an den Rhein vorgestoßen. Der größte Feldherr aller Zeiten schweigt, die Fanfaren und Sondermeldungen sind verstummt, nur das fanatische Haßgeschrei des besessenen Propagandalügners ist noch dann und wann zu hören. Das Märchen von der neuen Waffe, an das sich die Unentwegten verzweifelt halten, ist die letzte Waffe dieses Krieges. Auch sie wird noch viel Blut kosten, und auch sie wird sich, wie alle unsere Waffen dieses Krieges, am Ende gegen uns selbst wenden. Unsere Städte sind zerstört, unsere Rüstungswerke und Eisenbahnen sind zerstört, es stockt der Verkehr, die Wirtschaft stockt, und der Atem stockt, nur der Krieg stockt nicht.
Der Krieg geht weiter. Seit dem 20. Juli sterben die Generale, was nicht gehängt wird, stirbt freiwillig und in überstürzter Eile. An den Flakgeschützen stehen fünfzehnjährige Jungen und russische Kriegs-

gefangene, und auf den Fußballwiesen tritt jeden Sonntag das letzte Aufgebot dieses Krieges zum Appell an, der Volkssturm der Kranken, der Kinder und der Greise. Die Kriegsgerichte und die Volksgerichtshöfe arbeiten wie Maschinen, doch die Deserteure und die Defaitisten werden nicht weniger. Im Feuersturm der Städte kämpfen die Frauen verzweifelt um ihr bißchen Habe. Elendszüge der Ausgebombten wandern von Dorf zu Dorf und finden keine Hilfe. In unserem Lazarett werden die Invaliden mit wertlosen Ehrenschreiben nach Hause geschickt, weil sie nutzlos sind und weil wir Platz brauchen für neue Opfer. In den Behörden geht es drunter und drüber, die Auflösung setzt langsam ein, und das Ende beginnt.

Jeder sieht es, aber es ist wohl kaum mit einem Aufstand oder einem vorzeitigen Ende zu rechnen. Den Leuten steckt die Angst in den Knochen und das sogenannte Pflichtgefühl und der Kadavergehorsam und die deutsche Gründlichkeit. Auch der Zusammenbruch muß offenbar gründlich sein. Vielen gehen zwar langsam die Augen auf, aber viele glauben auch immer noch an den Sieg, und viele Mütter sind immer noch stolz auf ihre Soldatensöhne oder auf die Uniformen, Sternchen, Kreuzchen und Bändchen ihrer Soldatensöhne, und sie sind in ihrem unbegreiflichen Stolz manchmal sogar noch gefährlicher als die professionellen Kontrolleure der Kriegsmoral, die in vielerlei Verkleidungen umherschleichen. Wer jetzt noch nicht sieht, daß wir dem Abgrund zutreiben, will nicht sehen und ist auch nicht mehr zu überzeugen. Ehe man sich's versieht, hat man wegen »Zersetzung der Wehrkraft« einen Strick um den Hals. Ich will aber keinen Strick um den Hals, ich will dieses Ende erleben. Daß das nicht ganz leicht sein wird, weiß ich. An dem absoluten Vernichtungswillen Hitlers und seiner Komplizen habe ich noch nie gezweifelt. Die Millionen von Toten genügen noch nicht. Um ihre Galgenfrist um Wochen und Tage zu verlängern, werden noch einmal Tausende und Abertausende hingeopfert, auch Tausende von Frauen und Kindern. Die Verderber wollen das ganze Volk mit in den Abgrund reißen. Sie wollen nichts als »Verbrannte Erde« zurücklassen, nur ein Leichenfeld; sie wollen, wenn sie abtreten, die Tür hinter sich zuknallen, daß die Welt erschrickt.

Ich weiß das. Deshalb habe ich Angst. Deshalb fürchte ich mich vor dem Ende, das ich doch mit aller Kraft herbeisehne. Die Ruhe hier trügt. Die einsamen Gipfel der Berge, um die die Wolken segeln, die stillen Wälder und die schweigenden Täler täuschen einen Frieden vor, der nicht ist. Wie eine Theaterkulisse vor dem Drama, das gespielt werden soll. Erst gestern ließ der NS-Führungsoffizier einen Landser von der Gestapo abholen, weil dieser Kameraden gegenüber geäußert habe, daß wir den Krieg verlieren. Der Mann wird wahrscheinlich erschossen. Nicht hier. Hier knallt es nicht. Hier stört kein Laut. Hier beginnen die stillen Wälder hinter dem Haus, und vor dem Gartenzaun stehen am Morgen die Rehe. Manchmal begreife ich nicht, daß es das auf einmal und zu gleicher Zeit geben kann, diesen Frieden hier und den Krieg. Wenn ich den Kopf ein wenig wende, sehe ich draußen vor dem Fenster die dunklen Tannen und die weißen Berge über ihnen. Dabei ist mein Herz von Unruhe erfüllt. Ich kann stündlich verhaftet werden. Ich warte darauf. Seit Mai warte ich, daß mich eines Tages die Gestapo holt. Seit die Mutter schrieb, daß man sich nach meiner Adresse erkundigt habe. Wie ich Murr kenne, wird er mich holen lassen, wenn es ernst wird. Sie werden mich diesmal nicht mehr fassen. Lebend nicht. Ludwig, ein zuverlässiger Genosse aus München – du wirst ihn kennen, denn er war eine Zeitlang mit dir in Dachau –, verständigt mich, wenn die Gestapo kommt. Er ist hier als Verwundeter, macht aber Dienst in der Schreibstube. Notfalls gehe ich durchs Fenster in die Berge. Er wird mich dort mit Essen versorgen. Es ist alles besprochen. Außerdem habe ich ja noch die halbe Rasierklinge.

Aber es ist nicht das allein. Im Frühjahr kam dein letzter Brief. Seitdem nichts mehr. Seitdem warte ich, hoffe ich von einem Tag zum andern. Kannst du dir vorstellen, wie das ist? Jeden Tag dasselbe: »Post? Nein, für Sie nichts, Frau Haag.« Nein, für Sie nichts, Frau Haag. Keine Post, keine Aussicht, keine Hoffnung. Nur Angst, Sorge, verzehrende Ungewißheit, Sehnsucht, Schmerz, nur Schicksal, immer nur Schicksal. Es ist kein Trost, daß nun auch andere weinen. Ich weine seit elf Jahren. Ich warte seit elf Jahren. Ich lebe seit elf Jahren ein Leben der Ungewißheit, der bangen Sorge und der Sehnsucht. Mein Herz ist übervoll von Tränen. In meiner Brust hat sich der Kummer von elf Jahren angestaut und droht sie zu zersprengen. Das Leid von elf Jahren hat meine Kraft aufgezehrt.

Ich kenne meinen Zustand. Es darf nicht mehr lange dauern. Ich wehre mich verzweifelt gegen die Schwäche, aber die Ohnmachtsanfälle treten wieder häufiger auf. Ich will tapfer sein, aber was soll ich

mit einem Herzen, das nicht einmal mehr eine leichte, verwässerte Koffein-Spritze verträgt.
Trotzdem hoffe ich durchzuhalten. Ich möchte am Leben bleiben. Ich möchte dich wiedersehen. Ich möchte, daß wir wieder beisammen sind wie seinerzeit, du und ich und Kätle. Dafür habe ich durchgehalten. Elf Jahre lang.
Elf Jahre sind lang. Elf Jahre sind viel, wenn es die besten Jahre eines Lebens sind. Sie hätten dir und Kätle gehört. Lange habe ich geglaubt, sie wären vertan und an ein sinnloses Schicksal verschwendet. Wie oft habe ich mich gegen dieses Schicksal aufgelehnt und uns töricht geheißen. Vielleicht waren wir töricht vom Standpunkt der sicheren Bürger und der flinken Tatsachenmenschen aus. Der Krieg hat uns auf eine furchtbare Weise recht gegeben. Sein Ende wird auch ihnen die Augen und die verhärteten Herzen öffnen. Dann hat das Schicksal dieser elf Jahre einen Sinn gehabt, und es mag gut sein.
Nur wiedersehen möchte ich dich.
Heute ist dein Geburtstag, mein lieber, geliebter Mann. Ich denke den ganzen Tag an dich und an die Sonnentage unseres gemeinsamen Lebens. Es waren deren wenige, aber ihr Glück ist ohne Ende, und sie wärmen mein Herz, das seit deinem Verstummen nicht mehr aufgehört hat zu weinen.
Ich werde auf dich warten, warten und warten. Bis zum letzten Atemzug meines Lebens.
Das ist es, was ich dir sagen wollte, Liebster.

Nachwort
von Barbara Distel

Ein halbes Jahrhundert ist vergangen seit dem Ende des »Dritten Reiches«, das tausend Jahre dauern sollte und nach zwölf Jahren ein verwüstetes Europa und Millionen Tote hinterließ.
Ein halbes Jahrhundert ist vergangen, seitdem sich Lina Haag, die als Heilgymnastin in dem als Lazarett eingerichteten Hotel Riessersee arbeitete, im Mai 1944 entschloß, ihre elfjährige Verfolgungsgeschichte in Form eines Briefes an ihren damals als vermißt geltenden Mann niederzuschreiben. Der Zusammenbruch schien bereits greifbar nahe, und doch dauerte es noch ein ganzes Jahr, bis es endlich soweit war. Noch erlebte Lina Haag täglich, wie kranke Soldaten unerbittlich aus dem Lazarett an die Front zurückgeschickt wurden. Noch lief die Kriegs- und Verfolgungsmaschinerie auf Hochtouren, noch kostete jeder Tag unzählige Menschenleben, an der Front ebenso wie in den Konzentrations- und Vernichtungslagern. Von ihren Eltern aus dem Schwäbischen erfuhr sie, daß die Gestapo sich dort erneut nach ihr erkundigt hatte. Sie lebte in fortwährender Angst, noch einmal in ein Konzentrationslager verschleppt zu werden, und fragte sich: »Warum darf ich nicht auch einmal sagen: ›Jetzt kann ich nicht mehr.‹« Und gab sich doch gleich die Antwort: »Es geht nicht. Ich kann es mir nicht leisten. Ich darf hier nicht auffallen. Ich darf mir dieses Wunder, hier zu sein, nicht verscherzen. Es ist die einzige Chance, durchzukommen. Ich darf nicht weich werden... Ich will nicht umsonst durch zwanzig Gefängnisse gegangen sein. Ich war nicht umsonst elf Jahre tapfer.«
Mit dem Niederschreiben ihrer Geschichte bekämpfte Lina Haag auch ihre ständige Angst und Einsamkeit, sie bemühte sich, die Ungewißheit über den Verbleib ihres Mannes zu ertragen, für den sie auf diesem Weg ihr eigenes Schicksal seit seiner Verhaftung im Januar 1933 festhielt. Das Schreiben half ihr, sich aufrecht zu halten, und es war auch ein Versuch, sich ihrer Hoffnung auf eine andere, bessere Welt nach dem Ende von Krieg und Unterdrückung zu versichern.

Am 1. Mai 1945 erreichten Einheiten der amerikanischen Armee Garmisch, und damit fand auch dort das »Dritte Reich« sein Ende. Lina Haag brauchte nun keine Angst mehr um ihr Leben zu haben. Sie wußte nicht, ob ihr Mann noch lebte, und da sie nicht in ihre Heimatstadt Schwäbisch-Gmünd zurückkehren wollte, da die Erinnerungen an die dort erlittenen Demütigungen noch zu sehr schmerzten, entschloß sie sich, so schnell wie möglich mit ihrer kleinen Tochter nach München zu ziehen, um dort einen Neubeginn zu versuchen. Das Hotel Riessersee wurde wieder Hotel und gleichzeitig Unterkunft für die amerikanischen Besatzungsoffiziere. Bei einer Routinebefragung traf Lina Haag dort einen deutschsprachigen Offizier, der für Kulturangelegenheiten zuständig war. Sie gab ihm das einzige Exemplar ihrer Aufzeichnungen zu lesen, und als sie daraufhin wochenlang nichts von ihm hörte, befürchtete sie schon, daß es verlorengegangen war. Als sie ihn wiedersah, ermunterte er sie jedoch, sich um eine Veröffentlichung zu bemühen, und sagte ihr seine Unterstützung zu.
Anfang 1947 erschien das Manuskript unter dem Titel »Eine Handvoll Staub« als eines der ersten publizierten Dokumente des deutschen Widerstandes neben Eugen Kogons »SS-Staat«. Es war sofort vergriffen. 1947 wurde Lina Haag eingeladen, beim ersten Deutschen Schriftstellerkongreß in Frankfurt einen Vortrag zu halten, und unter dem Titel »Frau und Pazifismus« formulierte sie einen dringenden Appell zum Aufbau einer friedlichen Welt. Im gleichen Jahr wurde ihr Buch von Victor Gollancz in London und vom Mitteldeutschen Verlag in Halle neu aufgelegt.
Als ihr Mann 1948 aus einem sowjetischen Kriegsgefangenenlager zurückkehrte und sie gemeinsam beginnen konnten, sich eine neue Existenz aufzubauen und das durch Verfolgung und Haft beschädigte Familienleben wieder aufzunehmen, fand Lina Haags Rolle als öffentliche Person der Zeitgeschichte ein vorläufiges Ende. Mit den Ängsten ihres Kindes, den Alpträumen ihres Mannes und der Last ihrer eigenen Erinnerungen mußte sie alleine zurechtkommen.
Alfred Haag war im Jahr 1932 als jüngster Abgeordneter der KPD in den Württembergischen Landtag gewählt und sofort nach dem 30. Januar 1933 verhaftet worden. Aus dem Konzentrationslager Oberer Kuhberg bei Ulm kam er im Sommer 1935 nach Dachau und von dort in das berüchtigte Lager Mauthausen. Im Januar 1940 war es Lina Haag gelungen, direkt bei Heinrich Himmler die Freilassung ihres

Mannes nach sieben Jahren KZ-Haft zu erreichen. Nach einigen Monaten wurde er, obwohl er als »wehrunwürdig« galt, eingezogen und an die Ostfront geschickt, wo er schließlich in Kriegsgefangenschaft geriet. Nach dem Krieg arbeitete er zunächst als Schreiner, bis er eine Anstellung in der Verwaltung einer Krankenkasse fand. Alfred Haag war von Anfang an aktiv in der Vereinigung der Verfolgten des Naziregimes und viele Jahre lang Vorsitzender der Lagergemeinschaft Dachau und Mitglied des internationalen Dachaukomitees. Als Rentner steckte er seine ganze Kraft und Energie in die Arbeit für die überlebenden Verfolgten, er bildete sich selbst zum Fachmann für Fragen der Wiedergutmachung aus und leistete über viele Jahre hinweg Rechtsberatung für Entschädigungsanträge. Mit der Entstehung der Gedenkstätte des ehemaligen Konzentrationslagers Dachau und der Entwicklung der Arbeit dort war er ebenfalls von Anfang an bis zu seinem Tode im Jahr 1982 eng verbunden. Er hatte auch im Alter nichts von seiner ungebrochenen, kämpferischen Haltung verloren. Seine Frau Lina, die nur am Rande an seiner Arbeit beteiligt war, unterstützte ihn, wo sie konnte. In ihrem kleinen Haus, das sie mit der Familie ihrer Tochter teilten, spielte Gastfreundschaft für die überlebenden Leidenskameraden aus vielen Ländern eine wichtige Rolle. Alfred Haag war stolz auf das Buch seiner Frau, aber es gab niemals einen Zweifel an der Priorität seines eigenen Engagements.

Und in Westdeutschland vergingen immerhin dreißig Jahre, bis der Röderberg-Verlag in Frankfurt 1977 eine zweite Auflage von »Eine Handvoll Staub« publizierte. Dem Schriftsteller Oskar Maria Graf, der nach 1945 in seinem New Yorker Exil geblieben war, geriet das Buch dort zufällig in die Hände. Der Bericht bewegte ihn tief, und er schenkte Lina Haag daraufhin ein Vorwort für eine neue Auflage. Bei seinen seltenen Besuchen in München fand er sich dann immer bei den Haags ein. Für den Schriftsteller war das Buch ein »unendlicher Liebesbrief«, über den er schrieb: »Es schwingt im Lesenden nach wie ein innerstes Beben. Es bleibt noch lange in ihm wie eine nachhaltende Bestürzung, ein sprachloses Erstaunen über eine so tiefe Herzenskraft, und es erweckt wieder den Glauben an das Menschlichste in uns allen, an das Wunder einer unbeirrbaren Liebe.« Gleichzeitig beeindruckte ihn aber auch Lina Haags Persönlichkeit und ihre Unerschrockenheit: »Sie kennt keine Furcht aus der

Wirklichkeit, sie bleibt mit allen Fasern ihrer Persönlichkeit in der Zeit, fühlend, beobachtend, urteilend und kämpfend für eine bessere Zeit.«

Lina Haag selbst erläuterte 30 Jahre nach der Niederschrift ihrer Geschichte in einem eigenen Vorwort: »Im Mai 1944, als es endlich soweit war, daß man das Ende des furchtbaren zwölfjährigen Nazimordens und ihres angezettelten Krieges mit Gewißheit voraussagen konnte, wurde mir klar, daß danach sofort Stimmen da sein mußten, die Zeugnisse und lautstarke Wahrheitsbeweise dokumentieren müßten. Überlebende aus den Gefängnissen und den Konzentrationslagern. Es mußten Menschen sein, denen geglaubt werden konnte, persönlich und ideell integre Menschen, die beweisen konnten, daß sie gegen eine unwahrscheinliche Übermacht der Rechtlosigkeit und Gewalt mit nichts als ihren empörten Fäusten zurückschlagen konnten. Und auch das war wichtig: Unter ihnen gab es viele mutige Frauen...«

Die Neuauflage des Buches erschien 1977 zu einem Zeitpunkt, als in der Bundesrepublik das Interesse an der Geschichte von Verfolgung und Widerstand während der Jahre 1933–1945 stark anstieg. An vielen Orten entstanden Initiativgruppen, die sich mit Aspekten der Lokalgeschichte des Nationalsozialismus auseinandersetzten und vielfach unabhängig, ja eher belächelt von der Zunft der Zeitgeschichtsforscher, das Thema popularisierten. Mit einemmal stießen die Erinnerungen der überlebenden Zeitzeugen auf das Interesse einer breiteren Öffentlichkeit, und vor allem junge Menschen begannen, sich mit den Erfahrungen der Gegner und Opfer des Naziregimes auseinanderzusetzen und Fragen nach ihrer eigenen Familiengeschichte zu formulieren.

Auch die Neuauflage des schmalen Bandes mit Lina Haags Geschichte löste wiederum ein starkes Echo aus, ganz besonders bei Frauen, die sich durch ihre eindrückliche, direkte Darstellung und ihre Bereitschaft, auch heftigen Gefühlen Ausdruck zu verleihen, angesprochen fühlten. Lina Haag erhielt zahlreiche Leserbriefe, auch Besuche und spontane Dankesäußerungen von Unbekannten, die ein Bedürfnis nach Identifizierung mit ihrer Person und ihrem kompromißlosen Lebensweg offensichtlich machten. Sie las in Schulen, in Volkshochschulen, bei Frauengruppen, kirchlichen und gewerkschaftlichen Veranstaltungen und immer wieder bei Verfolgtenorganisationen, denen sie sich in besonderer Weise verbunden fühlt. Es folgten Bitten um Zeitungs- und Rundfunkinterviews, in zunehmender Zahl aus Baden-Württemberg, ihrer schwäbischen Heimat, die sie niemals verleugnet hat, obwohl sie nicht dorthin zurückkehren wollte.

»Eine Handvoll Staub« wurde außerdem in der DDR, in der Sowjetunion und in Ungarn publiziert. Zählt man alle Auflagen zusammen, so wurden insgesamt 348000 Exemplare ihrer Geschichte gedruckt. Lina Haag hat alle Honorarzahlungen, die sie erhalten hat, als Spenden verwendet.

Inzwischen ist wieder mehr als ein Jahrzehnt vergangen, in dem das Buch Lina Haags vergriffen war. Die Welt hat sich in diesem Zeitraum verändert und in vieler Hinsicht auch der Blick auf die Geschichte des sogenannten Dritten Reiches. Zwar ist das Wissen um Fakten und Hintergründe der nationalsozialistischen Herrschaftsgeschichte inzwischen ungeheuer angewachsen, und die Zahl der einschlägigen Publikationen ist so groß, daß es für einen Laien immer schwieriger wird, sich zurechtzufinden. Film und Fernsehen haben das Thema auf vielfältige Weise einem breiten Publikum nahegebracht, und es wurde schließlich auch fester Bestandteil von Lehrplänen.

Und doch haben ein halbes Jahrhundert an Information und Aufklärung in Deutschland weder den Antisemitismus zum Verschwinden gebracht, noch rassistische Ideen endgültig diskreditiert. Die Zahl der Gewalttaten gegen Ausländer, gegen jüdische Einrichtungen und Gedenkstätten zur Erinnerung an die Verbrechen des Nationalsozialismus hat ein Ausmaß angenommen, das noch vor einem Jahrzehnt unvorstellbar war. Die Vereinigung der beiden deutschen Staaten hat 1989/90 offensichtlich nicht zu einer fortschreitenden Immunisierung gegen rechtsextreme Ideologien beigetragen. Und die jedes Jahr kleiner werdende Zahl der überlebenden Opfer lebt heute, wenn nicht wieder in Angst, so doch in großer Sorge um die zukünftige politische Entwicklung in Deutschland. Berichte über die Leugnung der Gaskammern von Auschwitz oder die Verharmlosung der Verbrechen berühren die den Todeslagern Entronnenen in besonderer Weise. Ihre leiser werdenden Stimmen vermögen nicht mehr oft, sich gegen den Chor der vielen durchzusetzen, die meinen, bereits alles zu wissen, und nun nach vorne blicken und nichts mehr von der unseligen Vergangenheit hören wollen.

Lina Haags dichter Bericht hat auch nach einem halben Jahrhundert nichts von seiner den Leser unmittelbar in Bann ziehenden Eindrücklichkeit verloren. Daß es ihr nach ihrer Entlassung aus dem Konzentrationslager gelang, persönlich bis zu Heinrich Himmler vorzudringen und bei ihm die Freilassung ihres Mannes aus Mauthausen zu bewirken, war ein einmaliges Vorkommnis und ist sicherlich der historisch bedeutsamste Aspekt ihres Buches.

Für den jungen Leser und die Leserin von heute ist es jedoch in erster Linie das Zeugnis einer Frau, die sich durch Verfolgung und Gewalt nicht von ihren Grundsätzen abbringen ließ, die kämpfen mußte und sich doch ihre Menschlichkeit bewahrt hat und die mit ihrem Buch den Menschen, denen sie auf ihrem Weg durch Zuchthäuser und Lager begegnet ist und die nicht das Glück hatten zu überleben, ein unpathetisches, ergreifendes Denkmal gesetzt hat.

Die Zeit des Nationalsozialismus

Eine Buchreihe

Herausgegeben von Walter H. Pehle

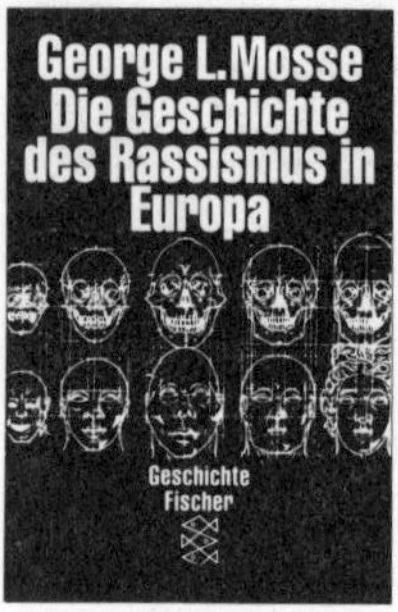

Ernst Klee (Hg.)
Dokumente zur »Euthanasie« im NS-Staat
Band 4327

A. Königseder/ Juliane Wetzel
Lebensmut im Wartesaal
Die jüdischen Displaced Persons im Nachkriegsdeutschland
Band 10761

(Hg.) Eugen Kogon/ Hermann Langbein/ A. Rückerl u.a.
Nationalsozialistische Massentötungen durch Giftgas
Dokumentation
Band 4353

Paul Kohl
Der Krieg der deutschen Wehrmacht und der Polizei 1941-1944
Sowjetische Überlebende berichten
Band 12306

Helmut Krausnick
Hitlers Einsatzgruppen
Die Truppe des Weltanschauungskrieges 1938 - 1942
Band 4344

Hermann Langbein
...nicht wie die Schafe zur Schlachtbank
Band 3486

Georg Lilienthal
Der »Lebensborn e. V.«. Ein Instrument nationalsozialistischer Rassenpolitik. Band 11061

A. Mitscherlich/ Fred Mielke (Hg.)
Medizin ohne Menschlichkeit
Dokumente der Nürnberger Ärzteprozesse. Band 2003

George L. Mosse
Die Geschichte des Rassismus in Europa
Band 10237

Rolf-Dieter Müller
Hitlers Ostkrieg und die deutsche Siedlungspolitik
Band 10573

Fischer Taschenbuch Verlag

fi 1710 / 8 d